地域研究のフロンティア

脱新自由主義の時代？

新しい政治経済秩序の模索

仙石 学 編

CSEAS

京都大学
学術出版会

はしがき

　本書は 2013 年に村上勇介との共編により出版した『ネオリベラリズムの実践現場 ── 中東欧・ロシアとラテンアメリカ』に続く,「中東欧とラテンアメリカのいまを比較する」プロジェクトの 2 冊目の成果となる論文集である。前の論文集ではネオリベラリズムの導入と拡散・実態を軸として, ネオリベラリズムの「全盛期」と称することができる時期の各国の政治・経済の現状についての検討を行った。それに続く本書は『脱新自由主義の時代？ ── 新しい政治経済秩序の模索』と題して, ネオリベラリズムの波が収まったかのように見える現在においても, いまなお「ネオリベラル的なもの」が強く存続している現状について, 新興民主主義国の事例を検討したものである。特に本書が注目しているのは, ネオリベラリズムの「継続の形」である。もちろんベネズエラやハンガリーのようにネオリベラリズムに「背を向ける」国も存在しているが, そうでない国はネオリベラル的な政策を「教条的に」継続するか, もしくはネオリベラル的な政策を状況に合わせて「柔軟に」適用している。そのような政策はどのような形で実現されているのか, もしくはそれはどの程度成果を上げているのかについて, さまざまな事例についての検討もしくは比較を行ったのが, 本論文集である。

　この論文集自体は体系的な分析を示したものではなく, あくまでも現状に関する事例分析・事例比較を行ったものにすぎない。ただ上の「中東欧とラテンアメリカのいまを比較する」プロジェクトを発展させる形で 2016 年度からは, 新興民主主義国（東欧とラテンアメリカのほか南欧と東アジアを含む）およびポスト社会主義国を包括的に比較する「新興国の経済政策比較」プロジェクトを実施している。これは新興民主主義国の比較研究とポスト社会主義圏の比較研究を接続させるもので, 両方の研究に関与することが可能な「東欧」の事例を軸として, 同じような時期に民主化しグローバリゼーション・ネオリベラルの洗礼を受けた諸国の比較と, 社会主義体制という共通の経験を有しているにもかかわらずネオリベラル的なものの現れ方に相違が生じている諸国の比較を接合するもので, この研究を通してポストネオリベラル期の経済政策の形を体系

的に比較していくことを試みている。いずれこのプロジェクトの成果として，多角的な比較に基づく議論を提起していくこととしたい。

　なお前著出版後の「中東欧とラテンアメリカのいまを比較する」プロジェクトは，京都大学地域研究統合情報センターの複合研究ユニット「ポストグローバル化期における国家社会関係」(2013 年度～2015 年度)，および個別研究ユニット「地域内多様性と地域間共通性の比較政治経済分析 —— ポスト社会主義国を軸として」(2013 年度～2014 年度) ならびに「ネオリベラリズム以後の新興民主主義国の多様性 —— ポスト社会主義国を軸として」(2015 年度) による支援を受けて実施されたものである。またその成果としての本書の出版は，「京都大学地域研究統合情報センター叢書原稿公募」制度の助成により行われるものであり，出版に際しては京都大学学術出版会の鈴木哲也氏に編集面でお世話になった。以上の支援について，ここで記して感謝の意を表すこととしたい。

2017 年 3 月

仙石　学

目　次

はしがき　i

序章　「ネオリベラリズム」の後にくるもの　　　　　　　　　［仙石　学］　1
　Ⅰ　なぜいま再び「ネオリベラリズム」なのか ── 経済の選択と政治の選択　3
　Ⅱ　新興民主主義諸国における「ネオリベラリズム」後の「ネオリベラリズム」？　4
　Ⅲ　本書の構成　8

第1章　「ポストネオリベラル」期の年金制度？
　　　　── 東欧諸国における多柱型年金制度の再改革　　　［仙石　学］　13
　Ⅰ　東欧諸国における年金制度の再改編 ──「ポスト」ネオリベラル型の年金制度？　15
　Ⅱ　第2次年金制度改編の背景と方向性　18
　Ⅲ　基金型年金制度とリベラル系政党の対応　25
　Ⅳ　「ポストネオリベラリズム期」における混迷？　37

第2章　危機意識に支えられるエストニアの「ネオリベラリズム」　［小森宏美］　43
　Ⅰ　依然として「ネオリベラリズム」なのか？　45
　Ⅱ　改革党の躍進とその全盛期　47
　Ⅲ　エストニア政治の不安定な側面　57
　Ⅳ　限られた選択肢の中での安定　60

第3章　ネオリベラリズムと社会的投資
　　　　── チェコ共和国における家族政策，教育政策改革への影響とその限界
　　　　　　　　　　　　　　　　　　　　　　　　　　　　　　［中田瑞穂］　65
　Ⅰ　ネオリベラリズム，社会的投資戦略に基づく社会改革の試みと限界　67
　Ⅱ　チェコの家族政策・教育政策　69
　Ⅲ　EUのリスボン戦略とOECD　72
　Ⅳ　EU加盟以降の改革の試みと政党間対立　78
　Ⅴ　ハイブリッドレジームにおける歴史の呪縛　88

第4章　スペイン・ポルトガルにおける新自由主義の「奇妙な不死」
　　　　── 民主化と欧州化の政策遺産とその変容　　　　　　［横田正顕］　95
　Ⅰ　新自由主義の強靭性　97
　Ⅱ　政党間競争のダイナミクス　99

 Ⅲ　新自由主義的欧州の中のスペイン・ポルトガル　106
 Ⅳ　危機の政治的帰結　113
 Ⅴ　新自由主義の「再埋め込み」？　120

第5章　ラテンアメリカ穏健左派支持における経済投票
   ――ウルグアイの拡大戦線の事例　　　　　　　　　　［出岡直也］　127

 Ⅰ　「ポストネオリベラル」期ラテンアメリカにおけるネオリベラル的政策の連続・逆転を決めるものとしての経済投票？　124
 Ⅱ　ウルグアイの事例の意味　133
 Ⅲ　ウルグアイにおける左派政権成立・維持の経緯，および，説明されるべき選挙結果　135
 Ⅳ　拡大戦線票に関連する先行研究からの考察　140
 Ⅴ　2001年と2008年のサーベイ・データによる拡大戦線票の分析　149
 Ⅵ　結論と含意　160

第6章　ポスト新自由主義期ラテンアメリカの「右旋回」
   ――ペルーとホンジュラスの事例から　　　　　　　　［村上勇介］　169

 Ⅰ　ポスト新自由主義段階にあるラテンアメリカ　171
 Ⅱ　ペルーの「急進左派」勢力の台頭と政権の軌跡　173
 Ⅲ　「右旋回」の構造的背景　176
 Ⅳ　ホンジュラスの事例　186
 Ⅴ　ポスト新自由主義期の「右旋回」の構造的な背景　190

序章

「ネオリベラリズム」の後にくるもの

仙石 学

POST
NEOLIBERALISM

I なぜいま再び「ネオリベラリズム」なのか
——経済の選択と政治の選択

　本書『脱新自由主義の時代？——新しい政治経済秩序の模索』は，ポストネオリベラル期と称される近年の状況におけるネオリベラル的な政策の現れ方およびその背景について，東欧，南欧，およびラテンアメリカの諸国を題材として検討することを目的としている[1]。ここでは具体的な議論に入る前に，本書がネオリベラリズムを改めて取り上げることの意味について，簡単に議論しておくこととしたい。

　ラテンアメリカにおいてネオリベラルの「波」が生じた後に左傾化の「波」が生じたことは周知のことであるが［上谷 2013］，近年では東欧においてもネオリベラル的な政策に対する反発が，2010年のハンガリーにおけるオルバーン（Viktor Orbán）政権，および2015年のポーランドにおけるシドゥウォ（Beata Szydło）政権の成立という形で表面化しつつある。この状況において注目すべきなのは，ネオリベラル的な政策をめぐる選択が，本来は別の次元の対抗軸であるはずの「民主主義」をめぐる選択と連動しつつあるという点である。ラテンアメリカにおいては，ネオリベラル的な政策を支持するグループはリベラル民主主義および立憲主義を重視するのに対して，これに反対する左派は厳格な立憲主義では多数派の意思が反映されず本来の意味での民主主義が実現されないとして，広く大衆が参加し反オリガーキー的な政策が実施される政治システムを追求していることが指摘されている［Munck 2015：371-375］。特に左派の議論に関しては，大衆の参加はポピュリズムと結びつくという見方もあるが，これについてもポピュリズムよりネオリベラリズムの脅威の方が大きいという指摘がある［Munck 2015：373］。他方でハンガリーおよびポーランドにおいても，ネオリベラル的な政策に不満を有する層の支持を集める形で政権を獲得したポピュリスト政党が，議会の多数派を背景に立憲主義を軽視する形で，反ネオリベラル的な政策を推進しつつある［平田 2014；仙石 2017］。つまりネオリベラル的な政策は大衆の意向を反映しないエリートが求めるもので，そこには多数派の意向が反映されていないという不満が背景に存在していて，そこ

---

1) 「新興民主主義国」とは一般に，ハンチントンが『第3の波—20世紀における民主化』［Huntington 1991］において提唱した，いわゆる「民主化の第3の波」の時期に民主主義への体制転換が生じた諸国，具体的には，1974年4月のポルトガルの「カーネーション革命」以後に民主化した諸国を指す。

から現在では，経済政策の選択がどのような民主主義を求めるのかという議論——これは古典的な，「自由民主主義」における「民主主義」と「自由主義」をめぐる対立でもあるが——と密接に結びつくという状況が各地で現れていると見ることができる[2]。

　このような状況を踏まえるならば，ネオリベラリズムをめぐる現状を検討することは単に経済政策の分析ということにとどまらず，実は民主主義や社会的公正のあり方といった，より根源的な問題を検討するための糸口となる可能性があることになる。本書の分析はまだ試論的なものでこのような問題に十分に踏み込むものではないが，それでも本書の各章の議論からは，ネオリベラル的な政策の実施をめぐる政治が民主主義のあり方そのものと結びついていることが確認できるであろう。以下本書の具体的な内容について，著者が以前編集に関与した論文集『ネオリベラリズムの実践現場——中東欧・ロシアとラテンアメリカ』の議論とその後の展開を踏まえながら整理をすることとしたい。

II　新興民主主義諸国における「ネオリベラリズム」後の「ネオリベラリズム」？

　2013年に公刊した論文集『ネオリベラリズムの実践現場』の終章において，著者は中東欧・ロシアとラテンアメリカの比較を通して，ネオリベラリズムの「実践」に関して次のような知見が得られたことを明らかにした［仙石 2013：341-346］。

1) ネオリベラリズムの源流はいわゆる「シカゴ学派」にあり，その考え方が各地域に流入していく過程で政策として実現されたという点ではラテンアメリカと中東欧・ロシアは共通している。だがラテンアメリカでは短期間の間にほぼすべての国でネオリベラル的な経済政策が実施されるという「ネオリベラルの波」が生じたのに対して，中東欧ではネオリベラリズムの受容の時期およびその受け手に相違が存在したために，ラテンアメリカのような目に見える「波」が生じることはなかった。
2) ただし同じような歴史的経緯かつ国際環境の中で，また同じような形でネオリベラル的な考え方が流入してきたにもかかわらず，中東欧・ラテンア

---

[2] この点でネオリベラル的な政策を追求しつつ立憲主義を軽視する日本の安倍内閣は，民主主義国の中では特異な位置にあると見ることもできる。

メリカのいずれにおいてもネオリベラル的な政策を主体的に推進した国と，ネオリベラル的な要素とは距離を置いた政策を実施した国とが存在する。このような状況が生じたのには，IMFや世界銀行などの国際機関の意向がネオリベラル的な政策を実施させる契機になるという「プッシュ要因」については両地域において共通しているものの，これに対応する「プル要因」とも称することができる各国特有の要因，特にネオリベラル的な政策を推進する政治勢力の影響力や，有権者によるネオリベラル的な政策の受容の程度，あるいはネオリベラル的な政策の「争点化」の形の相違などの政治要因に明確な相違があることが作用している。

3) ネオリベラル的な政策の実施は格差の拡大や貧困の増大というそれ自体放置できない問題をもたらすが，他方でこれを早期に，かつそれぞれの国の国情にあわせた適切な社会政策と組み合わせて実施するならば，政治および経済の安定がもたらされ，結果としてネオリベラリズム的な政策の行き過ぎを回避することができる場合もある。

　これらの知見からは，1980年代以降のいわゆるレーガノミクスやサッチャリズムをはじめとする「ネオリベラル的な政策」は，一見中東欧やラテンアメリカを含む新興民主主義諸国を席巻したように見えても，実はその実施の程度や政策の効果には国ごとの違いがあり，そこにはそれぞれの国の国内政治要因が作用していること，および現在のグローバル化された経済の中ではネオリベラル的な政策を採用することにはある程度やむを得ない部分もあるものの，そのような政策をとりながらも格差や貧困の拡大を抑制し社会の安定を維持していくことは不可能なわけではないことを，確認することができると考えられる。

　この論文集は基本的に，ネオリベラル的な政策が実施されている段階か，もしくはその直後の時期を主な対象としていた。これに対して本書は，ネオリベラリズムの洗礼を受けた後の新興民主主義諸国がどのような形で近年の政治経済の問題に対処しているかについて，東欧，南欧，そしてラテンアメリカの諸国を事例として分析を行い，その特質を検討することを目的としている。近年の状況については，例えば村上が「ネオリベラリズム全盛の時代は過ぎたという意味で，ラテンアメリカはネオリベラリズム後（ポストネオリベラリズム）の時代に入っている」［村上 2015：3］と指摘するように，全世界的なネオリベラリズムへの傾倒は一段落したかのように見える。だが他方で，ネオリベラルの「後」の時代であってもそれはネオリベラルを「脱する」ことを意味するも

のではなく，むしろネオリベラリズムはその影響力を未だに維持していると見る方が適切であろう。

確かにポストネオリベラル期においては，純粋な市場指向を唱える政治勢力はほとんど存在していない［Crouch 2014：114］。かつてはネオリベラル的な政策を支える主軸であったはずの世界銀行でさえ，2007年10月に当時の総裁ゼーリック（Robert. B. Zoellick）が「包括的で持続可能なグローバリゼーション」というスローガンを提起して以来，貧困からの脱却や環境の保全に留意し，個人に機会を与える経済成長を追求するという方針を提起している[3]。だが現実には「減税」や「公的部門・政府歳出削減」，あるいは「給付よりも労働を」といったスローガンの元で，ネオリベラル的な政策を求める動きは多くの国において継続されている。

なぜこのような状況が生じているのか。一つの考え方として，影響力を有する結束した少数派の存在が，ネオリベラリズムの継続を担保しているという見方がある。この視点についてはクローチが，現在の市場指向というのはアダム・スミスが想定したような相互に影響をもたない無数の生産者と消費者が存在するような市場ではなく，あくまでも「大企業」が活動しやすいような市場の形成を目指していること，およびネオリベラル的な政策を推進する政党やシンクタンク，政治運動などは多くの場合何らかの形で企業の支援を受けていることで，現在ではほとんどの人々が望まないネオリベラル的な政策が一部のエリートにより実施されるという「民主主義の赤字」状態が影響を与えていることを指摘している［Crouch 2014：114-115][4]。

これに対して，リーマン・ショックおよび欧州債務危機（ソブリン危機）を契機として，欧州連合（EU）が財政規律を強化するようになっていることが，ネオリベラル的な政策圧力が継続される要因であるとする見方もある。もともと中東欧の諸国は，EU加盟の際に加盟条件の一つとしてのアキ・コミュノテールの受容を通してEUのネオリベラル的な制度を受け入れていたが［Shields 2012：ch. 5；Appel and Orenstein 2016：319-320][5]，既加盟国であった南欧

---

3) http://www.worldbank.org/ja/news/speech/2007/10/10/an-inclusive-sustainable-globalization（2016年10月24日アクセス）。
4) もしくは後述する佐野［2013：1］の指摘する，「1％」による政治運営と言い換えてもよいであろう。
5) むしろ中東欧諸国の多くは，財政規律を遵守するという点でドイツに同調し，ギリシャなどを批判する立場にある［Handl 2013：333］。

諸国も財政赤字の拡大に伴い財政規律の強化を余儀なくされ，また中南米諸国においても「EU―ラテンアメリカ・カリブ戦略的パートナーシップ」関係によるEUからの支援を通して，ネオリベラル的な方向での変革が進められてきた［Icaza 2010：128-132］。EUが共同市場と共通の通貨を維持しようとする限りにおいて，EUはその内外において実施されるネオリベラル的な政策を制度的に担保する役割を果たすことになる。

　あるいはいまネオリベラリズムの作用が弱くなっているように見えるのは，単に「サイクル」の一段階にすぎないとする見方もある。これについては佐野が，現代資本主義経済における固有の景気循環として，（1）大企業や資産家の経済的自由を広げるような政策・制度転換，（2）これに伴う経済の実物的・金融的不安定化と所得格差の拡大，そして（3）不安定化や所得格差の拡大を引き起こした政策・制度を維持したままの，問題を応急的に補正するだけの政策対応，という「新自由主義サイクル」が存在することを指摘している［佐野 2013：18-24］。この議論に従うのであれば，現在の「揺り戻し」的な状況はあくまでも一時的なものにすぎず，やがてまたネオリベラル的な政策が積極的に推進されるという段階がくるのかもしれない。

　少数派の意向によるものか，制度的な担保によるものか，それともサイクルの一環かという点についてはさまざまな議論がありえるが，それでも現在の「ポストネオリベラル」期においても，「ネオリベラル的な考え方」が一定の影響力を持ち続けることは確実であろう。ただし他方で，先にも述べたように，我々はどのような形でネオリベラル的な政策が実施されるか（あるいはされないか）ということについてはそれぞれの国の政治要因が作用していることを，すでに明らかにしている。そして実際に，少なくともラテンアメリカと中東欧においては，ポストネオリベラル期においてさらなる「多様化」が進んでいることを確認することができる。

　中東欧においては近年，バルト諸国は開放経済を維持するためにネオリベラル的な経済政策を継続しているのに対して，ポーランドは2015年に政権が交代するまでは，EUの財政基準を達成するために歳出削減などは実施しつつも景気を後退させるような過度な政策は回避するという妥協的な政策を実施し，そしてハンガリーは銀行に対する高率の課税や外資系をターゲットとした特定産業に対する課税，あるいは民間年金基金の廃止とその基金の国庫への接収という反ネオリベラル，反グローバル的な政策を実施しているという形での「多様

化」が現れている。これはラテンアメリカにおいても同様で，ネオリベラルに背を向ける「急進左派」，およびネオリベラルと折り合いをつけようとする「穏健左派」がそれぞれポストネオリベラル期に現れた一方，反ネオリベラルのはずの急進左派がネオリベラル路線に逆戻りするという事例も現れている。

　これらの事例を見るとポストネオリベラル期においては，ネオリベラル的な政策を継続する教条的な路線，ネオリベラル的な政策に逆行する反ネオリベラル路線，そして「穏健なリベラリズム」とでも称されるような，ネオリベラル的な政策と人々の不満との折り合いをつける妥協的な路線という「3つの選択肢」が現れていると見ることができる。この中で本書が注目するのは，ネオリベラル的な政策が継続されている国における，その「継続の形」の違いである。本書ではネオリベラル的な政策が継続されている，もしくはネオリベラル的な政策に回帰した新興民主主義国の事例を取り上げ，なぜそれが続けられているのか，また国によりその形に違いがあるのはなぜか，ということについて検討していく[6]。

III　本書の構成

　本書ではこれまでの研究の継続としての東欧およびラテンアメリカの事例に加えて，南欧のスペイン・ポルトガルの事例を取り上げる。ここで両国を含める理由としては，南欧は同じ時期に民主化を開始したという点や文化的に近いという点でラテンアメリカとの比較が可能であり，またEUの中での後進地域という点では東欧とも比較が可能であるという点で，両者にとっての「参照事例」となるということがある。

　東欧に関しては，第1章において基金型年金制度の改編に関する比較を行うほか，チェコとエストニアの事例を取り上げる。ここで基金型年金制度を取り上げる理由は，この制度が実質的にネオリベラル全盛期に東欧とラテンアメリカの2つの地域で広く普及し，かつポストネオリベラル期においてこれを縮小・廃止している国が現れているということにある。今回は東欧の事例に関してのみであるが，基金型の年金制度をめぐる対応の相違，特にリベラル系の政

---

6) ネオリベラル的な路線から離れた国の事例について，ひとまずベネズエラについて坂口 [2016]，ハンガリーについて平田 [2014]，また2015年以降のポーランドの変化について著者の別稿を参照 [仙石 2017]。

党の対応の違いについての比較を行う[7]。事例としてエストニアとチェコを取り上げるのは、エストニアが東欧の中でも特に「模範的な」ネオリベラル的政策を実施してきたこと、チェコに関してはネオリベラル的な政策を追求する有力な政党が存在しながら、実際には指向性の異なる政党との政権交代が繰り返された結果、ネオリベラルと他の要素が混同した政策が実施されてきたという特異な状況にあることによる。ラテンアメリカの事例に関しては、妥協的なネオリベラル的政策が次第に支持を固めつつあるウルグアイのケースと、一度は反ネオリベラル的な政権が成立しながら結局はネオリベラル的な路線に回帰したペルーとホンジュラスのケースを扱う。以下ではその具体的な内容を、各章の紹介を通して整理していく。

第1章「『ポストネオリベラル』期の年金制度？――東欧諸国における多柱型年金制度の再改革」(仙石学)は、東欧において世界銀行などの推奨により導入された民間基金型の年金制度に関して、経済危機の際にこれを縮小する動き（再国有化、任意加入化、および保険料率の削減）が現れたが、これが国により異なる主体（政党）によって実施されていることに着目し、その背景を検討することを試みた論文である。ここでは既存研究の議論をもとに、保守系の政党も社会民主主義系の政党もそれぞれ異なる理由ではあるが基金型年金の導入には消極的であるのに対して、リベラル系の政党についてはこれを拡張する可能性も縮小する可能性もあることを示した上で、同じ時期にポーランドではリベラル系の政党が基金型年金の縮小を実施したのに対して、チェコでは新たな基金型年金が導入されたことに注目した事例比較を行い、そこからリベラル系の政党の支持調達の方向性と国家の財政状況の違いがリベラル系の政党の対応の違いに作用している可能性をまとめている。

第2章「危機意識に支えられるエストニアの『ネオリベラリズム』」（小森宏美）は、エストニアにおいてネオリベラル的な改革の旗手ともいえる改革党に対する支持は必ずしも堅固ではないにもかかわらず、2007年以降の選挙では常に議会で第1党となっていて、その結果としてネオリベラル的な政策が継続

---

7) アペルとオレンシュタインは、東欧諸国のネオリベラル化はワシントンコンセンサス期（1990年台半ばまで）、EU加盟期（2000年台半ばまで）を経て、2000年代後半には外資を引きつけるために、他の地域では実施されていないような極端な政策が実施される「アヴァンギャルド・ネオリベラリズム」の段階となっていたと指摘し、その代表的な政策として民間の基金型年金制度の導入のほか、フラット・タックスの導入と法人税の大幅な引き下げをあげている［Appel and Orenstein 2016］。

されている背景について検討している。ここでは現在のエストニアの主要4政党は文化，福祉，教育，法と秩序の維持という4つの政策を重視しているという点では大きな違いはなく，またそもそも独立当初からカレンシーボード制を採用していたため金融および財政政策の選択肢は限定されていたことから，選挙の際には民族・歴史問題が投票行動を作用する可能性が大きいことを示した上で，改革党は「エストニア人」に受け入れられる（あるいはその危機をあおる）方向の政策を提起することで支持を集めてきたことが指摘されている。

　第3章「ネオリベラリズムと社会的投資 —— チェコ共和国における家族政策，教育政策改革への影響とその限界」（中田瑞穂）では，チェコにおける家族・教育政策に関わる制度についての変遷が議論される。ここではまずEUやOECDといった国際的なアクターの影響力は限定的であることが示された上で，チェコでは歴史的な経緯に加えて，政権交代のたびに政権与党の指向を反映した制度改編が繰り返されたために，現在では社会主義期の普遍的な路線と伝統的・家族主義的要素にネオリベラル的な傾向が組み合わされたハイブリッド的な制度が形成されたこと，およびそれゆえに現在では明確な方向性を有する改革が困難となっていることが，政党ごとの家族・教育政策に対する政策距離の大きさとあわせて論じられている。

　第4章「スペイン・ポルトガルにおける新自由主義の『奇妙な不死』—— 民主化と欧州化の政策遺産とその変容」（横田正顕）では，南欧のスペインとポルトガルにおけるネオリベラル的な政策の継続の理由が検討されている。民主化後の両国では新自由主義的な経済再編と社会政策の拡充との両立を目指し，新自由主義的要素と国家の市場介入とを限定的に組み合わせた「埋め込まれた新自由主義」的な路線が中道左派政権によりとられていたが，ポルトガルの場合はユーロ導入後の財政状況の悪化により，スペインの場合はバブル崩壊への対応の遅れにより中道左派政権がネオリベラル的な政策を実施せざるをえなくなった。そしてその結果として，中道左派と中道右派の政策が大差ないものになるとともに中道左派が支持を失い，その後は有権者の意向を十分に反映しない政権交代により成立した中道右派政権がネオリベラル的な政策を推進してきた。ここでスペインの場合，中道右派政権が強硬な手法で変革を実施したゆえにその持続可能性に問題を抱えていたものの，これに代わる中道左派政権の再登場の可能性もまた低くなっており，他方のポルトガルでは2015年の選挙で中道左派が政権に復帰したものの，この政権もできることは限られているという状況にある。

第5章「ラテンアメリカ穏健左派支持における経済投票 ―― ウルグアイの拡大戦線の事例」（出岡直也）は，ウルグアイの拡大戦線政権を事例として，穏健なネオリベラリズムの政策を採る政権が成立し，かつそれを維持（政策遂行）することができる基盤となる投票行動に関する分析が行われている。先行研究の検討と統計的なデータにより，穏健な路線をとる拡大戦線に票が集まるのは硬い党派性に基づく投票が主な要因であるが，経済投票もある程度の役割を果たしたのではないかとの推論がなされる。急進的な反ネオリベラリズムの政策を採ったベネズエラの左派政権への投票に関するこれまでの研究結果との比較から，経済投票の重要性の違いが，両者を分ける差違の一つではないかとの仮説も提出される。

　最後の第6章「ポスト新自由主義期ラテンアメリカの『右旋回』―― ペルーとホンジュラスの事例から」（村上勇介）においては，一度は反グローバル的な急進左派路線をとったグループが新自由主義的な路線へと回帰したペルーと，急進左派路線に舵を切った政権に対するクーデタが発生したホンジュラスの事例が比較されている。ここでは両国において「右傾化」が起きた理由として，経済成長が再分配を伴わず格差是正が進まない構図の下で反ネオリベラル的な勢力が支持を獲得できない，あるいは分裂して勢力を弱めていく一方で，それまでの新自由主義的な政策の恩恵を受ける一定の層やグループ，あるいは地域が，新自由主義路線の変更に対する拒否権勢力として政治過程に作用していることが影響していることが示されている。

　これらの議論を通して本書からは，ネオリベラル的な政策に対する対応の相違には国内政治のあり方が影響を与えていること，特にネオリベラル的な政策が「争点化」されているかどうか，およびネオリベラル的な政策にどの程度支持があるかが，それぞれの国の動向を左右していることを確認することができる。エストニアのようにそもそも経済政策が争点となっていなければネオリベラル的な政策の継続という方向に変化は見られない一方，ペルーやホンジュラスのようにネオリベラルと反ネオリベラルが争点化されていてかつ双方に一定の支持層がある場合には，政策の大きな振動が生じることになる。あるいはチェコのように，ネオリベラル的な要素とそれ以外の要素が組み合わされ，かつそれが制度化されることで，どの勢力にとっても不満が残る政策が実施されるかもしれない。その一方でウルグアイのように，穏健な路線を取ることで経済を安定的に運営し支持を調達することができれば，ネオリベラル的な政策を継続

できる可能性も現れてくるが，これとスペイン・ポルトガルの事例を対比させると，「穏健」ではあっても何らかの形でのネオリベラル的な政策を継続させなければ，持続可能性は低いのではないかという議論を提起することもできる。

　今後はこのネオリベラリズムをめぐる「争点化」と「支持調達」という論点を軸に体系的な議論を構築していくことを目指すとともに，最初に述べたネオリベラリズムと民主主義のあり方との関連についても，検討を進めていくこととしたい。

参考文献

Appel, Hilary and Mitchell A. Orenstein［2016］"Why did neoliberalism triumph and endure in the Post-Communist world?" *Comparative Politics*, 48（3）: 313-331.
Crouch, Colin［2014］"Putting Neoliberalism in its place." *The Political Quarterly*, 85（2）: 114-121.
Handl, Vladimir and William E. Paterson［2013］"The continuing relevance of Germany's engine for CEE and EU." *Communist and Post-Communist Studies*, 46（3）: 327-337.
Huntington, Samuel P.［1991］*The third wave: democratization in the late twentieth century*. Norman: University of Oklahoma University.
Munck, Gerardo L.［2015］"Building democracy…which democracy?: ideology and models of democracy in post-transition Latin America." *Government and Opposition*, 50（3）: 364-393.
Icaza, Rosalba［2010］"Global Europe, Guilty! Contesting EU neoliberal governance for Latin America and the Caribbean." *Third World Quarterly*, 31（1）: 123-139.
Shields, Stuart［2012］*The international political economy of transition: neoliberal hegemony and Eastern Central Europe's transformation*. London: Routledge.
上谷直克［2013］「新自由主義の功罪と『左傾化』」村上勇介・仙石学編『ネオリベラリズムの実践現場——中東欧・ロシアとラテンアメリカ』京都大学学術出版会，233-271頁．
坂口安紀編［2016］『チャベス政権下のベネズエラ』日本貿易振興機構アジア経済研究所．
佐野誠［2013］『99％のための経済学・理論編——「新自由主義サイクル」，TPP，所得再分配，「共生経済社会」』新評論．
仙石学［2013］「『ネオリベラリズムの実践』を比較する——複雑な現実から見えてくるもの」村上勇介・仙石学編『ネオリベラリズムの実践現場——中東欧・ロシアとラテンアメリカ』京都大学学術出版会，335-349頁．
仙石学［2017］「「ポーランド政治の変容——リベラルからポピュリズムへ？」」『西南学院大学法学論集』49巻2・3号，123-154頁．
平田武［2014］「ハンガリーにおけるデモクラシーのバックスライディング」日本比較政治学会編『体制転換／非転換の比較政治』ミネルヴァ書房，101-127頁．
村上勇介［2015］「ネオリベラリズム後のラテンアメリカ」村上勇介編『21世紀ラテンアメリカの挑戦——ネオリベラリズムによる亀裂を超えて』京都大学学術出版会，1-20頁．

「ポストネオリベラル」期の年金制度?
東欧諸国における多柱型年金制度の再改革

仙石 学

I 東欧諸国における年金制度の再改編[1]
——「ポスト」ネオリベラル型の年金制度?

　東欧諸国の多くは 1990 年代の末から 2000 年代にかけて年金制度の大規模な改革を実施したが[2], それは基本的に, 社会主義期から存在していた確定給付・賦課方式の一元的な公的年金制度を, 当時世界銀行が提唱していた「多柱型 (multi-pillar)」の年金制度へと改編するものであった。そしてこの改革により, チェコとスロヴェニアを除く東欧諸国では, 確定給付・賦課方式を原則とする第 1 段階の公的な基礎年金と[3], 確定拠出・積立方式による第 2 段階の民間基金型の付加年金の二層を軸とする, 新たな年金制度が導入されることとなった [仙石 2007]。この制度変革は, 公的年金のうち第 2 段階の付加年金の運用を民間の基金会社に委ね, かつその資金運用を市場で行うという点で年金制度を「民営化」するものであった。そしてその導入に際しては国際機関, 特に従来の国家主体の年金制度では人口動学に対応できず国家財政を悪化させる, もしくは年金基金を民間で運用することで市場が活性化し経済成長につながるといったネオリベラル的な視点から多柱型年金制度の導入を推進した, 世界銀行の強い影響があったことが指摘されている [Orenstein 2008: chap. 4][4]。

　だが近年では, 多柱型年金制度はその問題点の方が強調されるようになってきている。そのもっとも大きなものは, いわゆる「移行コスト」に関わる問題である。多柱型年金制度の導入をすべての年金制度加入者に対して一斉に実施することは不可能であり, そのためすべての国において, 一定年齢以上の加入者は引き続き公的な基礎年金のみに加入することとされた。だがそのために, すべての加入者が多柱型の制度に移行するまでは, 公的年金のみを受給する層が存続する反面, 現在の保険料の一部が基金型年金に回されることで公的年金

---

1) 本章での「東欧諸国」は, 旧共産圏の中で EU に加盟した 11 ヶ国をひとまず対象としている。
2) 1998 年のハンガリーが最初で, 以下ポーランド (1999), ラトヴィア (2001), ブルガリア・エストニア・クロアチア (2002), リトアニア (2004), スロヴァキア (2005), ルーマニア (2008) と続いた。
3) ポーランドとラトヴィアの第 1 段階の基礎年金は賦課方式ではあるものの, 当人が支払った保険料の総額と年金受給時の平均余命を元に年金額が算定される「見なし確定拠出方式 (NDC: Notional Defined Contribution)」が導入されている。
4) このときの世界銀行の議論は『高齢危機を回避する (Averting the old age crisis)』[World Bank 1994] に示されている。

の保険料収入は減少することから，政府の年金関連の支出が増加することとなる。これが移行コストの問題であるが，この移行コストは当初想定されていたよりもはるかに大きく，またコストがかかる期間も予想されていたより長期化することが明らかになった。加えて2000年代後半の経済危機の結果として，基金の運用益が減少する一方で政府の債務が増加してきたことで，制度の持続可能性も疑問視されるようになってきた [Orenstein 2011；Drahokoupil and Domonkos 2012]。このような事情から現在では世界銀行も年金の民営化を積極的には提案しなくなっているとされ [Orenstein 2011：69-72；Orenstein 2013：269-271]，そこから年金制度に関しては推奨される「モデル」が失われることとなった[5]。このため各国は，ネオリベラル的な要素の強い多柱型年金制度に代わる，「ポスト」ネオリベラル的な年金制度を模索していくこととなる。

　この状況において東欧諸国が実施したのは，基本的には基礎年金の給付の抑制と，基金型年金の縮小である。だがのちに見るように，基礎年金の給付抑制に関しては東欧諸国の間で大きな相違はないのに対して，基金型年金の縮小については，その方向性に相違が存在している。バルト諸国は基本的に保険料率の引き下げのみを実施した（しかもエストニアのように，すでにこれを元に戻している国もある）のに対して，ポーランド，スロヴァキア，およびブルガリアの3ヶ国は，それまで強制加入となっていた基金型の年金制度を任意加入とする変更を行い，またハンガリーは実質的にこの制度を廃止するという，踏み込んだ変革を実施している。このような状況の中，例外的にそれまで第2段階の年金制度が存在しなかったチェコにおいて，2013年から新たに任意加入ながら基金型の付加年金制度が導入されたが，これも短期間で廃止に追い込まれた[6]。かつて中東欧諸国のネオリベラル化について論じたベブラヴィーは，基金型年金は法的に変更が難しいこと，および年金が個人口座化されることで年金が個人の権利と密接に連関するようになることで人々の抵抗を招きやすくな

5）　このことは「国際的な専門家は，年金改革に単一のモデルが存在しないことを示している」として，世界銀行自身も認めている（世界銀行のホームページ〈http://www.worldbank.org/en/topic/pensions/overview#2〉より。なお本章でのホームページへのアクセスは，すべて2016年10月18日に確認している）。

6）　年金制度の再改革という現象そのものは，東欧より先に年金制度の改革を実施したラテンアメリカの諸国においても見られる事象であるが，ラテンアメリカの事例では再改革において年金制度のさらなる民営化を進めた国と民間部門を縮小ないし廃止した国の両方が存在することが指摘されている [馬場 2013]。

ることから，役割が縮小されても制度は存続するという見方を示していた［Beblavý 2014：73］。だが実際には，東欧の複数の国において制度の大幅な変更が実施されているし，またそれに対してこれまでのところ，大きな抵抗は生じてはいない。この点については，国際機関の推奨という「お墨付き」が失われたことが作用していることは確かであろう。

　ここで注目すべき点として，同じような時期に基金型年金の制度の改編を実施していても，その改編を実施した主体には相違が存在しているということがある。具体的には，スロヴァキアでは「方向―社会民主主義（SMER-SD）」という社会民主主義系の政党が制度の縮小の主体となったのに対して，ハンガリーでは保守ナショナリストの「フィデス（Fidesz）」が制度の実質的な廃止に踏み込み，そしてポーランドでは「市民プラットフォーム（PO）」，ブルガリアでは「ヨーロッパ発展のためのブルガリア市民（ГЕРБ）」というリベラル系の政党が，これを任意加入とするという変更を実施している[7]。ネオリベラル的な年金制度の修正が，国により異なる主体により実施されているのはなぜか。本章はこの問題について，リベラル系の政党の対応の違いという視点から検討をしていくこととしたい。

　以下第II節では，近年における東欧諸国の年金制度の改編についての概要を整理した上で，第1段階の基礎年金の変革は少子高齢化およびそれに伴う年金財政の悪化への対応という点で各国の制度変更の方向性に大きな相違はないのに対して，第2段階の年金制度の改編は国により対応が異なるという現状を整理しておく。第III節においては年金制度の再改編に関するこれまでの研究を概観した上で，基本的には年金制度の改編は政党の指向性と連関していること，ただしリベラル系の政党の年金型基金制度への対応には拡張・維持と縮小という2つの選択があるが，どちらを選択するかについては十分な議論がないことを示した上で，リベラル系政党の選択に関して，新たな第2段階の導入を試みたチェコと，リベラル系の政党が基金型年金を縮小させたポーランドの事例を中心とした事例比較を行う。第IV節では全体の議論をまとめるとともに，ネオリベラリズムをめぐる方向性，および年金制度の今後のあり方について，それぞれ補足的な議論を行う。

7）　以下政党名については，「○○党」という名称ではない政党について，初出の際にのみ「　」をつけている。

II　第2次年金制度改編の背景と方向性

1　第1段階の制度改編

　本章の基本的な焦点は，ネオリベラル的とされる民間基金型年金の縮小・廃止に関わる方向性および担い手の相違について検討することにあるが，議論の前提として先に，公的な基礎年金も含めた年金制度の全体的な改編の方向について，ここで確認しておくこととしたい。

　まず第1段階の賦課方式の公的な基礎年金制度に関しては，OECDに加盟している国の場合，おおむね次のような施策を実施してきた［OECD 2013: 18-40］。

1) 支給開始年齢の引き上げ——スロヴェニア（男性65歳，女性63歳），エストニア・ハンガリー（各65歳），ポーランド（67歳）[8]，チェコ（期限を定めずに段階的に引き上げ）[9]，スロヴァキア（2017年以降退職時の平均余命に合わせて調整）
2) 早期（繰り上げ）受給の制限ないし廃止——チェコ・ハンガリー・ポーランド
3) 保険料支払期間の延長——チェコ（年金の満額支給年数を20年から35年に），スロヴェニア（年金の満額支給年数を男性40年から43年，女性37.25年を41年に）
4) 年金支給額のインデックスの縮小ないし停止——スロヴェニア・チェコ・ハンガリー
5) 支給額の抑制＝チェコ（平均所得の4倍までで打ち切り）[10]，ハンガリー（追

---

[8] ポーランドに関しては，2015年10月の選挙で政権を獲得した「法と正義（PiS）」は選挙公約の一つとして年金支給開始年齢引き上げの停止をあげていて，2017年からこれを実施するとしているが（ポーランドラジオのインターネット報道による〈http://www.polskieradio.pl/42/3165/Artykul/1644702,Obnizenie-wieku-emerytalnego-rzad-poparl-projekt-prezydenta-Ustawa-najwczesniej-od-1-pazdziernika-2017-r〉），本稿の執筆時点（2016年10月）においてはまだ議会で審議中である。

[9] 2012年に生まれた人の場合，年金支給開始年齢は72歳と10ヶ月となる予定である［Loužek 2014: 94］。

[10] チェコの年金は，平均所得の半分の所得を受けていた場合のネットの所得代替率は99.1％と高いものの，平均所得と同程度の場合だと64.7％，平均所得の2倍の場合で44.7％と，所得が上がるほど所得代替率が下がる制度のため［OECD 2013: 238］，平均所得の4倍でも受け取る年金額はそれほど高くはならない。

加年金の廃止。)[11]，スロヴェニア（年金引き上げの一時的凍結）

　この中で 1 から 3 の施策は「資格制限的な改革（Eligibility-restricting reform）」，4 および 5 については「寛容性削減的な改革（Generosity-reducing reform）」と称されることもあるが[Directorate-General for Economic and Financial Affairs 2014: 9]，いずれにしても改編の主たる目的は，基礎年金に関する支出を削減することにある。そしてこのような変革が実施される理由としては，東欧諸国における少子高齢化の進展と，年金財政状況の悪化をあげることができる。

　まず少子高齢化に関しては，東欧諸国では社会主義期に女性の社会進出が進んでいたこともあり，表 1-1 に見るように早い時期から出生率の低下が進んでいたが，1990 年代の経済状況の悪化はその傾向をさらに強め，一時期は現在の日本以上に出生率が低い状況にあった[12]。2000 年以降は経済状況の回復に伴い出生率は緩やかに回復しつつあるものの，基本的には現在も少子化が進んでいる。他方で経済状況の回復は平均寿命の急速な上昇をももたらし（表 1-2），その結果として東欧諸国では今世紀に入って高齢化が急速に進展しつつある。そこから生産年齢の人口に対する高齢者の比率を示す老齢従属人口指標も 21 世紀に入って急激に上昇し，大半の国ですでに 25% を超えている状態にある（表 1-3）。

　この生産人口の減少と高齢者の増加は，当然ながら年金財政にも影響を与え

表 1-1　東欧諸国の合計特殊出生率の変化

	1970	1975	1980	1985	1990	1995	2000	2005	2010	2014
エストニア	2.17	2.04	2.02	2.13	2.05	1.38	1.36	1.52	1.72	1.54
クロアチア	–	–	–	–	–	–	–	1.50	1.55	1.46
スロヴァキア	2.41	2.55	2.32	2.26	2.09	1.52	1.30	1.27	1.43	1.34
スロヴェニア	–	–	2.11	1.72	1.46	1.29	1.26	1.26	1.57	1.58
チェコ	1.92	2.43	2.08	1.95	1.90	1.28	1.15	1.29	1.51	1.53
ハンガリー	1.98	2.35	1.91	1.85	1.87	1.57	1.32	1.31	1.25	1.41
ブルガリア	2.17	2.23	2.05	1.97	1.82	1.23	1.26	1.37	1.57	1.53
ポーランド	–	–	2.28	2.33	1.99	1.62	1.37	1.24	1.38	1.29
ラトヴィア	–	–	1.90	2.09	2.01	1.26	1.25	1.39	1.36	1.65
リトアニア	2.40	2.18	1.99	2.08	2.03	1.55	1.39	1.29	1.50	1.63
ルーマニア	–	2.59	2.43	2.31	1.83	1.33	1.31	1.40	1.59	1.52

出典：Eurostat（http://epp.eurostat.ec.europa.eu/portal/page/portal/eurostat/home）

11) 1 ヶ月分の年金を追加で支払うもので，「13 ヶ月目の年金」と称されていた。
12) もっとも出生率が低くなったのは 1998 年のラトヴィアで，1.10 という値を記録している。

表 1-2 東欧諸国の平均寿命の変化

		1990	1995	2000	2005	2010	2014
エストニア	女性	74.9	74.3	76.4	78.2	80.8	81.7
	男性	64.7	61.4	65.6	67.6	70.9	72.8
クロアチア	女性	–	–	–	78.8	79.9	81.0
	男性	–	–	–	71.7	73.4	74.7
スロヴァキア	女性	75.7	76.5	77.5	78.1	79.3	80.1
	男性	66.7	68.4	69.2	70.2	71.8	72.9
スロヴェニア	女性	77.8	78.5	79.9	80.9	83.1	83.6
	男性	69.8	70.8	72.2	73.9	76.4	77.2
チェコ	女性	75.5	76.8	78.5	79.2	80.9	81.3
	男性	67.6	69.7	71.6	72.9	74.5	75.2
ハンガリー	女性	73.8	74.8	76.2	77.2	78.6	79.1
	男性	65.2	65.4	67.5	68.7	70.7	72.2
ブルガリア	女性	74.7	74.9	75.0	76.2	77.4	78.0
	男性	68.0	67.4	68.4	69.0	70.3	71.1
ポーランド	女性	75.3	76.4	78.0	79.3	80.7	81.2
	男性	66.3	67.7	69.6	70.8	72.2	73.0
ラトヴィア	女性	–	–	–	76.3	78.0	78.9
	男性	–	–	–	64.9	67.9	69.3
リトアニア	女性	76.3	75.1	77.4	77.4	78.9	79.6
	男性	66.4	63.3	66.7	65.2	67.6	68.5
ルーマニア	女性	73.1	73.5	74.8	75.4	77.7	78.7
	男性	66.7	65.5	67.7	68.4	70.0	71.4

出典：Eurostat

ることとなる。表1-4には各国の老齢年金の支出額について，2005年を基準とした実質GDP比をあげているが，これを見ると各国ともこの期間に老齢年金に関する支出が増えていることがわかる[13]。他方で年金保険料の収入については明示的なデータが存在しない国が多いため，表1-5には近似値として社会保険料全体の政府の収入を元にした推測値のGDP比を同じく2005年基準の実質GDP比で掲載しているが，多くの国で経済危機の影響を受けた2008年から2011年の間に，年金関連の収入が減少していることを確認できる。

ただ第1段階の基礎年金に関しては基本的には人口動学の作用が大きく，そのためにどの国も同じような施策を実施しているのに対して，第2段階の基金

[13] ただしその中にはエストニアのように，政治的配慮から年金額が増額されたことが影響を与えている国もある［Ainsaar and Kesselmann 2016：187］。

表 1-3　東欧諸国の老齢従属人口比率（％）

	1990	1995	2000	2005	2010	2016
エストニア	17.5	20.2	22.1	24.3	25.9	29.3
クロアチア	-	-	-	26.0	26.7	29.0
スロヴァキア	16.0	16.3	16.6	16.4	17.3	20.6
スロヴェニア	15.5	17.4	19.8	21.8	23.8	27.6
チェコ	19.0	19.3	19.8	19.8	21.7	27.6
ハンガリー	20.0	20.9	22.0	22.7	24.2	27.2
ブルガリア	19.5	22.2	23.8	25.2	265.	31.1
ポーランド	15.4	16.6	17.8	18.7	19.1	23.1
ラトヴィア	17.7	20.5	22.1	24.3	26.8	30.2
リトアニア	16.2	18.5	20.8	23.6	25.6	28.6
ルーマニア	15.6	17.6	19.3	20.7	23.7	25.9

出典：Eurostat
注：データは 15 歳から 64 歳の人口に対する 65 歳以上の人口の比率

表 1-4　東欧諸国の老齢年金支出の対 GDP 比（2005 年基準の実質 GDP 比，％）

	2006	2007	2008	2009	2010	2011	2012	2013
エストニア	4.5	4.6	5.3	5.7	6.5	5.5	5.5	5.5
クロアチア	-	-	4.8	5.0	4.9	4.8	4.6	4.7
スロヴァキア	5.7	6.2	6.3	7.0	7.2	7.4	7.8	8.1
スロヴェニア	5.6	5.9	6.0	6.4	6.7	6.8	6.9	7.1
チェコ	6.1	6.5	6.9	7.4	7.8	8.1	8.4	8.4
ハンガリー	6.3	6.6	6.9	6.6	6.8	7.1	7.5	7.7
ブルガリア	5.5	5.4	6.0	7.1	7.7	7.3	7.3	7.8
ポーランド	7.2	7.1	7.6	8.2	8.7	9.1	9.3	
ラトヴィア	5.3	5.1	5.7	6.9	8.4	7.6	7.6	9.0
リトアニア	5.2	5.8	6.8	7.6	6.9	6.6	6.8	6.8
ルーマニア	5.1	5.8	7.3	8.4	8.4	8.5	8.3	8.4

出典：Eurostat

型年金については国により対応が異っている。この点を次に検討していく。

2　第 2 段階の制度改編

　第 2 段階である積立方式の基金型年金の改編が要請された理由としては，先にあげた年金財政の悪化の他に，以下の 3 つの要因が指摘されている。一つはそもそも制度設計そのものに問題があったという点である。フルツはポーランドとハンガリーで導入された年金制度に関して，保険料収入が減少する第 1 段

表1-5 東欧諸国の年金保険料収入（推定）の対GDP比（2005年基準の実質GDP比，％）

	2006	2007	2008	2009	2010	2011	2012	2013
エストニア	12.7	13.6	13.3	11.8	11.9	12.7	13.1	13.2
クロアチア	12.1	12.7	13.2	12.7	12.1	11.8	11.5	11.2
スロヴァキア	12.7	13.9	14.8	15.1	15.5	15.9	16.5	18.0
スロヴェニア	14.8	15.5	16.4	16.1	16.6	16.5	16.3	15.8
チェコ	16.1	17.1	17.4	15.9	16.7	17.1	17.1	17.0
ハンガリー	12.9	14.1	14.3	12.7	11.9	13.2	12.8	13.0
ブルガリア	8.5	8.6	8.9	8.2	7.7	7.9	8.1	8.9
ポーランド	13.8	14.4	14.6	14.7	14.7	15.9	17.3	18.1
ラトヴィア	9.2	9.9	10.0	9.4	8.6	9.0	9.5	9.8
リトアニア	10.1	11.1	12.1	13.6	12.8	12.9	13.0	13.3
ルーマニア	11.1	11.9	12.2	11.5	10.6	10.5	10.3	10.5

出典：Eurostatにおける社会保険総収入額の対GPD比の値に，社会保険全体の保険料比率に対する年金の保険料比率をかけることで推定。ほとんどの国において年金制度には障害年金や遺族年金が含まれているため，老齢年金のみだとこれより小さな値となる。

階の歳入不足を借り入れにより穴埋めする予定であったこと，第2段階の給付の方法について確定しておらず年金の支給額が不明確なままであったこと，および基金運用会社の手数料に対する制限が弱いことで管理手数料に多額の保険料を取られていたことが，問題として存在していたと指摘している［Fultz 2012：3-4］。

　これに関連する問題として，多くの国で多柱型年金への移行コストを低く見積もっていたということがある。ダッツらによると，多柱型年金を導入した国の多くでは移行によるメリットのみが強調され，反面で移行の際に生じる基礎年金の収入源・支出増に伴うコストは低く見積もられていたとされる［Datz and Dancsi 2013：83-84］。そのために多くの国では借り入れによりこの差額を穴埋めしていたが[14]，2008年の経済危機以後は借り入れが急増することとなり，これが年金財政の持続性そのものを弱める方向に作用した。

　債務の増加はEUの財政基準の達成という，3つめの問題にも影響を与えている。EUは加盟国に対して，政府財政の基準の一つとして国の債務の総額をGDPの60％以内とすることを求めているが，表1-6に見るように経済危機以

---

14) 多くの場合民営化による株式売却や第1段階の合理化で移行コストはまかなえるとされていたが，実際にはそれでは十分ではなく，そもそも対応する措置がとられなかったことも多かったとされる［Drahokoupil and Domonkos 2012］。

表1-6　2008年以降の東欧諸国の債務残高（対GDP比%）

	2008	2009	2010	2011	2012	2013	2014	2015
エストニア	4.5	7.0	6.6	5.9	9.5	9.9	10.4	9.7
クロアチア	39.6	49.0	58.3	65.2	70.7	82.2	86.5	86.7
スロヴェニア	21.8	34.6	38.4	46.6	53.9	71.0	81.0	83.2
スロヴァキア	28.2	36.0	40.8	43.3	52.4	55.0	53.9	52.9
チェコ	28.7	34.1	38.2	39.9	44.7	45.1	42.7	41.1
ハンガリー	71.6	78.0	80.6	80.8	78.3	76.8	76.2	75.3
ブルガリア	13.0	13.7	15.5	15.3	16.8	17.1	27.0	26.7
ポーランド	46.6	49.8	53.3	54.4	54.0	56.0	50.5	51.3
ラトヴィア	18.7	36.6	47.5	42.8	41.4	39.1	40.8	36.4
リトアニア	14.6	29.0	36.2	37.2	39.8	38.8	40.7	42.7
ルーマニア	13.2	23.2	29.9	34.2	37.4	38.0	39.8	38.4

出典：Eurostat

後に政府の債務が増加したことにより，いくつかの国はこの基準を達成できなくなっていた。さらにポーランドやハンガリーは，この債務の半分が年金制度の移行コストであることを主張し，これを政府債務から除外することをEUに求めていたが，これはEUの認めるところとはならなかった［Fultz 2012：10］[15]。そのためにこの両国を含めた東欧諸国の多くは，何らかの形で債務の処理を求められることとなった。

　そこから多柱型の年金制度を導入した諸国では，第2段階の制度の改編を実施することとなる。だが第1段階の基礎年金に関しては基本的に支給削減という同一の方向に向けての改編が実施されたのに対して，第2段階の基金型年金については，その改編の形に国ごとの違いが生じている。その主な動向を表1-7に整理しているが，これを見ると3つの方向性が存在していることがわかる。その1つは，制度そのものは維持したまま一時的に第2段階の保険料を引き下げてこれを第1段階の基礎年金に回すという形で対応するというもので，バルト諸国がこのパターンに対応する。2つめは第2段階の基金型年金を強制加入から任意加入に変更し，被保険者に選択を委ねるようにするというもので，

15）欧州委員会は政府の財政赤字がGDP比3%を超えず，かつ政府債務が同60%以下の場合のみ第2段階の債務の扱いを考慮するとしていて，そのため原則各国の要求は認められないとされた。ただし2012年のポーランドに関しては，財政赤字が3%を超えていたものの債務残高が60%以下であったことから，欧州委員会はポーランドに対して一定の配慮を認めたとされる［Égert 2013：480］。

第1章　「ポストネオリベラル」期の年金制度？　23

表1-7 東欧諸国の基金型年金の修正

	制度変更年	第2段階の減額率*	制度の変更	基金国有化
エストニア	2009	6%→2%**	2012年に6%に再引き上げ	
クロアチア	2011		高齢者の制度離脱可能に	
スロヴァキア	2008/2012	8%→4%（2012）	任意加入に変更（2008）	
チェコ	2013/2016		13年に第2段階を導入、16年廃止	
ハンガリー	2011	実質的に廃止	非常に限定的に	全資産
ブルガリア	2015		任意加入に変更	
ポーランド	2011/2014	7.3%→2.3%（2011）	任意加入に変更（2014）	国債
ラトヴィア	2009	8%→2%		
リトアニア	2009	5.5%→2%		
ルーマニア	2009	年金率引き上げを1年停止		

出典：Naczyk and Domonkos［2016：168］の表にチェコを加え，またその後の変化を追加
＊第2段階を減額した分は第1段階の保険料に移管されるため，全体としての保険料率が引き下げられるわけではない。
＊＊保険料率削減期間中のみこの制度からの一時的離脱が認められた。なお継続した場合には2%の保険料に加えて，国が追加で2%を提供することとされた[16]。

スロヴァキア，ブルガリア，ポーランドがこれを選択している。そして3つめは制度そのものを実質的に廃止しこれまでの基金を国が接収（基礎年金に統合）するといういわゆる「再国有化」で，ハンガリーがこれを実施したほか，ポーランドも基金会社の保有する国債を接収し，以後資金の国債での運用を禁止するという部分的な手段をとっている。

　ただ形は異なるものの，ほとんどの国で第2段階の縮小（再国有化・任意加入化・保険料率削減）が実施されたということは確かである。むしろポイントになるのは，問題提起のところでも示したように，それを実施した主体が国により異なるということである。この点について次節では，既存の研究を検討するところから，議論を進めていくこととしたい。

16）この時基金型制度を離脱しなかったのは37%であったとされる［Ainsaar and Kesselmann 2016：188］。

III 基金型年金制度とリベラル系政党の対応

1 年金制度「再改革」をめぐる議論

　多柱型の年金制度の再改革は近年の減少ではあるが，すでにいくつかの研究が現れている。初期のものとしては，2008年に民間基金型の付加年金を廃止したアルゼンチンの事例を検討した研究が存在する［Ferro and Castagnolo 2010; Rofman, Fajnzylber and Herrera 2010；宇佐見 2011；Datz 2014］。アルゼンチンは1994年の年金制度改革において，公的な基礎年金に加えて，公的な賦課方式の付加年金か民間基金型の積立方式の年金のいずれかを選択して加入するという，任意加入型の基金型年金制度を導入していた。この制度は中東欧諸国の年金制度改革の際にも注目された事例であったが，2001年のアルゼンチンにおける経済危機の発生以降は民間基金型の付加年金は段階的に縮小され，最終的に制度は廃止され公的年金に統合されることとなった。基金型年金を廃止した理由としては，公的には国際金融危機が将来の年金のための資産を減少させたこと，および年金基金会社の基金管理能力や口座管理手数料に問題があったことがあげられている［Ferro and Castagnolo 2010：27；Datz 2014：502］。だが実際には，民間基金会社の運用は決して問題があったわけではなく［Ferro and Castagnolo 2010：32-33］，むしろ国が民間基金の資産を接収することにより国の資産を増やすことができる上に，国債を国の元に置くことで実質的に公的債務を削減でき，さらに民間企業の株式を国が保有することで国が企業の経営にも関与できるようになるという点が，民間基金型年金制度の廃止と公的年金への統合を行った主な理由であるとされる［Datz 2014：503-504］。

　このアルゼンチンの改革において注目されている点として，改革への取り組み方がある。アルゼンチンの改革と同時期に行われたチリの年金改革とを比較したロフマンらは，チリでは長期間にわたる公開での協議を経て制度が変革されたのに対して，アルゼンチンの場合には十分な議論のないままに，唐突かつ拙速に各種の制度の改編が進められたことを指摘している［Rofman, Fajnzylber and Herrera 2010：102-103］。またフェーロらもこの改革がコンセンサスのないままに決定されたことを指摘し，あわせてこのような状況は東欧などでも生じる可能性があることを早い段階で提起していた［Ferro and Castagnolo 2010：34］[17]。そして実際，2010年の年末にはハンガリーで同様の事態が生じること

となるが，アルゼンチンとハンガリーの改革を比較したダッツらも，基金型の年金制度を完全に廃止し「再国有化」を行った両国はそれぞれの地域の中の例外であると指摘した上で，この両国では国の公的債務の負担が大きくなっていたことに加えて，改革を行ったオルバーン（Viktor Orbán）首相およびアルゼンチンのクリスティーナ・キルチネル（Cristina Fernández de Kirchner）大統領はいずれも議会の多数派で，議会内からの抵抗を受ける可能性が少なかったことから，この両国では反対を押し切って再国有化を実施することができたと指摘している［Datz and Dancsi 2013］[18]。

ただこれらの議論は強権的に制度の大幅な改編を実施した事例のみを取り扱っているため，基金型年金への対応で見られる相違を説明することができないという問題がある。これに対してナチックとドモンコスは，政府の債務の規模と年金基金のポートフォリオの構造の違いが政府ごとの対応の相違を導いたという議論を提起している［Naczyk and Domonkos 2016］。彼らはスロヴァキア，ハンガリー，ポーランドの基金型年金制度について，まず各国にはもともと「世界銀行と結びつき多柱型年金を導入しようとした勢力」と「これに反対する勢力」という対抗関係が存在していたが，経済危機により後者の影響力が強まったことでこれを改編しようとする動きが現れたという点では共通しているとした上で，それぞれの国で制度の改編の形が異なっていることを示している。具体的には，政府の債務が多く，また年金基金の半分以上が国債などのソブリン債であったハンガリーでは，年金基金を再国有化することが債務の削減と結びつくことから制度そのものの廃止が実施されたのに対して，同様に政府債務が多かったものの，国内株式がポートフォリオの中心でそのためにビジネス界などが基金型年金の縮小に反対したポーランドでは，国債の接収は実施されまた加入も任意加入へと変更とされたものの，基金型年金制度そのものは存続し，そして国内市場が小さく年金ポートフォリオの40％以上が海外の有価

---

17) 宇佐見［2011］はアルゼンチンの年金制度改革におけるコンセンサスの欠如を，それぞれの改革における「行政言説」と，それに対抗する言説との関係から説明している。この言説という視点についてはセラーミも，年金制度改革には制度的視点の他に権力政治，もしくは言説やアイデアを考慮した「新しい高齢化の政治」を検討することが必要であると指摘している［Cerami 2011: 339］。

18) アルゼンチンの大統領について，クリスティーナ・キルチネル大統領の前の大統領がその夫であるネーストル・キルチネル（Néstor Kirchner）であったことから，ここではファーストネームも表記している。

証券であったスロヴァキアの場合は，基金を接収しても国の債務の削減とは結びつかないために，制度の縮小のみにとどまったとしている。この議論は基金型年金の縮小のパターンの違いを説明できるという点では有効性が高いが，他方で本章が注目する，多柱型年金の導入に反対する勢力・政党の相違という点については議論はなされておらず，特にリベラル系のポーランドの市民プラットフォームがなぜ制度縮小に動いたのかについての説明はほとんどなされていない[19]。

　これに対して，政党政治に焦点を当てて年金制度の再改革を説明しようとする研究もある。前節であげたフルツはポーランドとハンガリーの制度改編を比較し，ハンガリーではフィデス，ポーランドでは農民党（PSL）という，それぞれ市場に強い関心を有さない政党が第2段階の縮小を提起したことを指摘し，その上で経済危機の程度や社会との協議の有無といった点での相違が，ポーランドとハンガリーの対応の差に結びついたことを指摘している[Fultz 2012]。この指摘そのものは適切であり，また政党の指向性と追求する政策とが一致する説明となっている。ただのちに述べるように，ポーランドでは市民プラットフォームの主導で付加年金を任意加入とするより進んだ制度改編が行われたが，これについてフルツの議論だけでは十分な説明を行うことができないという問題がある。

　他方でドラホコウピルとドモンコスは，年金制度の再改革の方向性は政党のイデオロギーと政権構成政党という2つの要因に作用されることを指摘している [Drahokoupil and Domonkos 2012]。まず政党のイデオロギーとの関連でいくと，保守政党は基本的に「国家」の役割を弱める民間基金年金の導入には消極的であり，労働組合に依拠する古典的な左派政党も基本的には反対，個人指向の強い新左派系の政党は当初は基金型年金を受け入れる場合もあったが，近年では運用益の減少もあり反対に回るようになっている。そしてリベラル系の政党については，実は基金型年金への対応は曖昧である。その理由としては，基金型年金の導入は一方で市場の役割を高め国家の責任を軽減させるという点ではそのイデオロギーに合致するものの，他方で第2段階を強制加入とするこ

19）　経済危機に伴い移行コストが上昇したこと，および市民プラットフォームの内部で経済ナショナリズムが強調されるようになったことが理由としてあげられているが［Naczyk and Domonkos 2016：177］，前者に関してはどの国も同じ条件であるし，後者についてはそのような変化が生じた理由が説明されていない。

とは個人の選択を制限し，また結果として国家の関与を強めるという点でイデオロギーに反するという状況にあることによる。そのためリベラル系の政党が基金型年金にいかなる対応を示すかは，状況に応じて変わることになる。そして実際に制度が改編される際には，それを実施する政党の政策指向が改編の方向性に影響を与えることになるとしている。

　ドラホコウピルらの議論は基金型年金制度改編の主体となる政党の基本的な方向性を明確にしている点で有益であり，これを利用すれば少なくともハンガリーにおいて保守系のフィデス，スロヴァキアにおいて方向―社会民主主義がそれぞれ基金型年金制度の縮小を実施したことを説明することは可能となる。ただ彼らの議論のみでは，リベラル系の政党がどちらの方向に向かうのかという点をアドホックにしか説明できないという問題がある。先にも述べたように近年の東欧諸国の年金制度変革では，ポーランドとブルガリアにおいてリベラル的とされる政党が制度の縮小を実施し，チェコでは新たな基金型年金制度の導入が実施されるという事例が存在している。本書の視点から見ると前者は妥協的なリベラリズム，後者は教条的なリベラリズムと見ることができるが，この違いは何により生じているのか。ここではひとまず，チェコとポーランドの事例を検討することで，両者の相違を見ていくこととしたい。

2　チェコの事例

　チェコは東欧諸国を席巻した「多柱型年金制度の波」には乗らなかったが，このことはチェコにおいて多柱型の年金制度の導入が検討されていなかったことを意味するわけではない。制度の導入そのものについては，2004年から2005年にかけて設置されたベズディエク（Vladimír Bezděk）を委員長とする特別委員会（通称「ベズディエク委員会」）のレポートにおいて，年金制度の選択肢の一つとしてすでに提案がなされていたとされる。ただしチェコにおいては，左右政党の政治的対立や労働組合の反対のために，これが実施に移されることはなかった［池本 2014：137；Adascalitei and Domonkos 2015：90-95][20]。だが2010年の5月の選挙において，保守・リベラル系の3政党が議会の過半数（200議席）を超える118議席を獲得し市民民主党（ODS）のネチャス（Petr Nečas）

---

[20]　ちなみにこの時期の年金をめぐる対立構造は，社会民主党がみなし確定拠出方式の導入，市民民主党は公的年金の削減であったとされる［Adascalitei and Domonkos 2015：92-93］。

を首班とする連立政権が形成されたことで，基金型年金制度の導入という話が現実化することとなった。

ただし年金改革が本格的に議論され始めたのは，その少し前のことである。選挙前の 2010 年 1 月，チェコの財政相と労働・社会問題相は合同で，最初のベズディエク委員会により用意された年金システム改編案をさらに発展させるための第 2 期ベズディエク委員会を設置したが，この委員会は年金の保険料を給与の 28％から 23％に下げた上で，3％分を基金に回すという具体的な形での年金制度の多柱化を提言していた［Loužek 2014：90］。またこれとは別に，満額の障害年金を受けることとなった裁判官が，自分の受給する年金の額が以前の給与に比べて著しく低いことを不服としてこの件を 2010 年の 3 月に憲法裁判所に提訴したが，これに関して憲法裁判所は，低額所得者に対して高額所得者の年金の所得代替率を低く計算し，かつ保険料の所得に対する上限額が存在しないという現在の制度は，給付と負担の関係でバランスを欠くという判断を示した［Loužek 2014：91-93；Potůček and Veronika 2015：181-183］。このように年金に関する状況が変化する中で政権が交代したことで，新政権は年金制度の変革に取り組むこととなる。

だがチェコにおいて導入された基金型の制度は，他の中東欧諸国において当初導入された制度に比べると，その規模は控え目なものであった。まず基金型年金への加入は任意とされ，2013 年 1 月 1 日時点で 35 歳を超える加入者は 6 ヶ月以内に，それ以外の加入者は 35 歳になるまでに第 2 段階に加入するかどうかを決めることとされた。ただし一度加入したらその後で変更することは認められていない。また第 2 段階に加入する場合の年金保険料率は，第 1 段階のみに加入する場合の賃金の 28％から 30％へと引き上げられ，差額の 2％は被雇用者が負担することとされた［Batty and Hailichova 2012］[21]。

明確にネオリベラルな指向を有していた政党が年金制度の改編を「部分的民営化」にとどめた背景には，他の諸国の例で見られたような移行コストの拡大を回避するということが背景にあったとされる［Drahokoupil and Domonkos 2012：Loužek 2014］。先にも書いたとおり，年金保険料率を変えずにその一部を第 2 段階に回した場合，賦課方式をとる第 1 段階の保険料収入が減少し，

---

21) 労使負担率は，第 1 段階のみ加入の場合 21.5％が雇用者，6.5％が被雇用者となるが，第 2 段階に加入した場合は被雇用者の負担が 8.5％となる。なお 30％のうち第 2 段階に回されるのは 5％分で，残り 25％分は第 1 段階の年金となる。

現在の年金受給者への給付に困難が生じるということがある。そのためチェコにおいては，第2段階に回す保険料率を低めに抑える一方で，年金制度の改編と同時に付加価値税を引き上げてこれを年金財政に回すことで，移行コストを抑えることが追究された。それに加えて，この決定にはネチャスやリベラル派の政治的な意図があったことも指摘されている［Adascalitei and Domonkos 2015：94-95］。まずこの時期は，世界銀行などはすでに多柱型年金を推奨しなくなっていた一方で，他の東欧諸国では基金型年金の縮小が進められていた時期であり，そのため国内での反対を無視することはできなかった。またネチャスらは，社会民主党（ČSSD）が任意加入の基金制導入を主張していたことから，加入を任意とすることにより今後政権交代があっても社会民主党が制度の廃止を主張しなくなるという想定もしていたとされる。そのためにチェコでは当初から，基金型年金への加入が任意とされることになった。

だがそのような配慮にもかかわらず，社会民主党は個人加入型の付加年金がすでに存在している以上任意加入の基金型制度を導入する必要性はない，もしくは基金型年金の導入は憲法裁判所の判断を超えているという理由から，この制度の導入に反対し続けた［Loužek 2014：100；Potůček and Veronika 2015：186-187］。加えて当時大統領であったクラウス（Váciav Klaus）は，現在の年金制度に持続可能性がない以上，国による保障は最低限として各自で老後に備えるべきである，およびそもそも基金型への移行により保険料収入が減る分を補うために付加価値税を引き上げるというのは，結局のところ人々の財産を奪い老後への対応を難しくする，という別の意味でのリベラルな視点から，この基金型制度の導入に反対していた［Loužek 2014：97-98］。だがそれでも，チェコでは下院の多数派を保持していれば基本的には法案を通すことは可能なため，ネチャス政権は基金型年金制度を社会民主党が多数派となっている上院の否決，および大統領の差し戻しを超えて導入することとした[22]。

にもかかわらずこの基金型の制度は一般には十分に浸透せず，従来から存在していた第3段階の年金（企業年金や個人年金などで，500万人ほどが加入）と比

22） チェコ共和国憲法47条では，上院は下院の議決に対する否決ないし修正を行うことができ，また50条では，大統領は憲法的法律を除く法律について議会に差し戻す権利が認められているが，いずれについても下院は，総下院議員の単純過半数（101名）以上による再可決を行うことで覆すことができるため，連立3党（市民民主党の他は新党の「TOP09」と「公共（VV）」）は問題なく再可決を行うことができた。

べて，加入者は圧倒的に少なかったとされる（8万3千人ほど）［Adascalitei and Domonkos 2015：95］。さらに2013年の8月には内閣不信任決議案が可決されたことに伴い議会が解散され下院選挙が実施されたが，このときには市民民主党を含む当時の連立3党は大幅に議席を減らし，選挙後には社会民主党とキリスト教民主同盟＝チェコスロヴァキア人民党（KDU-ČSL），および新党の「ANO2011」が新たに連立政権を組むこととなった。この結果としてチェコでは，第2段階の基金型年金は2016年6月までに廃止されることとなった[23]。

3　ポーランドの事例

　ポーランドでは2007年以降2015年まで，市民プラットフォームが穏健保守の農民党と連立して政権を担当してきた。市民プラットフォームは当初の強いリベラル指向を弱めることで支持を広げてきたが［仙石 2013：185-191］，これには社会主義時代の支配政党の後継政党となる「民主左派同盟（SLD）」が弱体化した後，2005年から2年間の「法と正義（PiS）」による強権的な政治に嫌悪感を感じる層の受け皿となりえたのが，市民プラットフォームのみであったということも作用している［Rae 2013：414］。そのためこの時期の市民プラットフォームは多様な支持層を抱える「包括政党」状態にあり，極端にリベラルな政策を実施することは難しくなっていた［Jasiewicz and Jasiewicz-Betkiewicz 2013：186］。さらに市民プラットフォームは農民党との連立がなければ単独では政権を維持できないため，農民党に対する譲歩の必要もあった。そのため市民プラットフォームは社会協議を軸に，プラグマティックな政策対応を進めてきたことが指摘されている［Fultz 2012：15-16；Myant, Drahokoupil and Lesay 2013：398］。

　ポーランドでは1999年に多柱型の年金制度が導入されたが，2011年には第2段階となる基金型年金の割合を引き下げること，具体的には，第2段階の保険料率を賃金の7.3％分から2.3％分に引き下げ，その分を第1段階の公的年金に回すことが定められた。ただこの時点では，第2段階の保険料率は2017年

23）　Prague Daily Monitor の2015年12月1日の記事 "Senate consent to abolition of second pension pillar" によると，基金型年金は2016年7月までに廃止され，蓄えられた資金は2017年の1月までに被保険者に返還されることとされている〈http：//praguemonitor.com/2015/12/11/senate-consents-abolition-second-pension-pillar〉。

第1章　「ポストネオリベラル」期の年金制度？　　31

までに段階的に3.8%まで戻すことが想定されていた。だがその後2013年12月に政府は再度年金制度の改編を実施し，第2段階への加入をそれまでの強制から任意とすることとした[24]。あわせて各年金基金は資産の5.15%およびすべての国債を社会保障庁（ZUS）に引きわたすことが求められ，また今後は国債での資産運用が禁じられることとなった。

　このような再編の契機となったのは，やはり2008年の経済危機である。ポーランドは人口が多く内需がある程度維持されていたことや，通貨をユーロと連動させていなかった（変動相場制を維持していた）ために貨幣価値の暴落を免れたこと，ウクライナとの共済によるEURO2012実施のための建設ラッシュが生じていたこと，および金利が高かったことで個人債務残高も少なかったことなどが幸いして，他のヨーロッパ諸国に比べて経済危機の影響は小さかったとされる［Rae 2013：417］[25]。だがそれでも年金制度は経済危機の影響を受け，基金型年金における運用益が減少したのみならず，景気の後退に伴い年金保険料収入そのものも減少したことで，国内では年金制度の今後に関する議論が広がっていた。

　このような中で，農民党所属の労働・社会政策相フェダック（Jolanta Fedak）は，市民プラットフォームに近い立場にある無所属の経済相ロストフスキ（Jacek Rostowski）と2009年の11月に会合を行い，そこで第2段階の保険料率を現行の7.3%から3%に引き下げる提案を行った［Naczyk and Domonkos 2016：177］。この提案は，農民党の内部事情からなされたものであるとされる。ポーランドにおいて農業従事者は，一般的な制度とは別の年金制度（KRUS〈農業社会保険会計〉）に加入することとされているが，この制度は多額の国費を投入して維持されてきたことで，その非効率性がかねてから問題とされていた。そのため農民党は，年金制度に関する議論がKRUSに飛び火することを回避するために，基金型年金の縮小という提案を行ったとされる［Guardiancich 2013：181-182］。この提案に対しては法と正義の他，旧官製労組（OPZZ）や自営農が賛意を示し，他方で労働組合『連帯』や経営者団体，中央銀行，バルツェロヴィッ

---

24) ただし基金型年金に加入するかどうかは1回限りの選択ではなく，2016年を起点として4年おきに選択を変更することができる（ポーランド労働・社会政策省ホームページの新着情報〈2013年12月17日付"Prezydent podpisał ustawę reformującą system emerytalny"〉による〈http://www.mpips.gov.pl/aktualnosci-wszystkie/ubezpieczenia-spoleczne/art,6540,prezydent-podpisal-ustawe-reformujaca-system-emerytalny.html〉）。

25) そこから2009年には，EU加盟国の中で唯一プラスのGDP成長率を達成することとなる。

ツ（Leszek Barcerowicz）など主要なエコノミストが反対の意向を示していた［Natali 2011：22-23；Fultz 2012：15-16］。

　ここで問題となるのが，市民プラットフォームの意向である。この時期の市民プラットフォームにおいては，基金型を維持する声も一定数存在していたものの，他方で国家財政の負担になり将来の年金額を増やすことも難しいとして，これを縮小することはやむを得ないとする見方も強くなっていた［Rae 2013：420-421］[26]。この状況の中で首相のトゥスク（Donald Tusk）は，2011年3月に第2段階の保険料率の引き下げを決定した。その背景としては，トゥスクはネオリベラル指向ではあるが教条主義的ではなく，これまでも経済政策ではプラグマティックな対応を行っていたこと，およびトゥスクは協議による変革を追求していたということがある。トゥスクは2008年の経済危機の際にも極端な緊縮財政策をとることはせず，むしろ経済状況の悪化を防ぐために財政赤字と公的債務の増加を一定程度容認していた［Rae 2013：418-419］[27]。そしてそれゆえに，基金型年金の維持を主張するグループが主張する，緊縮財政策の提案を受け入れることはできなかったとされる［Rae 2013：421-422］。またトゥスクの第1次政権は連立政権であるのみならず，当時の大統領で法と正義に所属するカチンスキ（Lech Kaczyński）とはいわゆるコアビタシオン状態にあったことから，政権運営を慎重に行う必要があった。そのためトゥスクは，経済危機の際には三者協議を通して危機克服策を決定するなど，様々な利益を考慮した政策運営を進めていた［Myant, Drahokoupil and Lesay 2013：398］。この点は年金制度改編に際しても同様で，一方的に制度の縮小を実施するのではなく，国営テレビにおいてそれぞれの立場を代表するバルツェロヴィッツとロストフスキの公開討論を放映しそれぞれの見解を周知したのみならず，政労使の三者協議を含めて様々な形での議論・協議の場を設けたとされる。多様な意見を集約する中で最終的にトゥスクは，本来の立場を離れて基金型年金の保険料率の引き下げを実施することとなる。

　この点は2013年に実施された，基金型年金制度の任意加入制度への変更に

26）これ以外にKRUSの改革を求める声や，EUに対して年金関連の債務を国の債務に含めないよう要求すべきという声も存在していたとされる［Natali 2011：23］。
27）これには市民プラットフォームがリベラルな主張のみでは十分な支持を獲得できなかったことから，支持層を広げるためにリベラル以外の支持層にも受け入れられるような路線をとるようになったことも影響している［仙石 2013：186-187］。

関しても同様であった。第2次トゥスク政権は引き続き連立政権ではあったが，2010年の繰り上げ大統領選挙の結果市民プラットフォームのコモロフスキ（Bronisław Komoarowski）が当選したことでコアビタシオン状態が解消され，政権の基盤が安定することとなった。他方でポーランドは，2012年に財政赤字をGDP比3％以内とする財政協定を欧州委員会と締結したこともあり，財政支出の削減など一定の財政改革を行う必要が生じていた。そこから第2次トゥスク政権は，基礎年金における支給開始年齢引き上げや早期退職制度の廃止に加えて，子ども手当や税額控除の所得制限強化や農民に対する医療保険料軽減の廃止など，いわゆる「ネオリベラル的」な福祉削減，緊縮政策を実施することとなる［Rae 2013：422-424］。

だがそのような中で年金制度に関しては，先に述べたように第2段階の基金型年金への加入を任意化するという，一見すると他の政策とは逆方向に見える改編を実施している。その契機は2013年の6月に，労働・社会政策省と経済省とが合同で作成した「年金システムの機能に関する考察（Przegląd funkcjonowania system emerytalnego. Bezpieczeństwo dzięki zrównoważeniu）」が公表されたことにある［MPiPS and MF 2013］。ここでは国の財政赤字・債務増加，特に基金型年金に関連する債務の増加などが説明された上で，年金制度の今後として9つの選択肢が提示されたが，その中で現実的な選択は（1）第2段階の一部の廃止，（2）第2段階の任意加入化，および（3）保険料率を引き上げた上での第2段階の任意加入化，の3つとなることが示されていた[28]。その上で政府は専門家や労使団体などと社会協議を実施したが，ここでも2011年のときと同様に旧官製労組や社会指向の専門家は基金型年金の縮少に同意を示し，逆にエコノミストや雇用者団体などは反対を表明するという状況にあった。

ただこの時期には，社会の全体的な意向が基金型の縮小という方向に向いていたことに加えて，市民プラットフォームと法と正義という2大政党を含めて，議会において基金型年金の維持を主張する政党が実質的に存在していなかったことで，この改編は議会の多数派の支持により採択されるにいたる[29]。つまり

28）　他の選択肢のうち，保険料率7.3％での第2段階の維持，保険料率2.3％での第2段階の維持，および第2段階の廃止と一時金の支払いについては，年金世代の社会保障に対する憲法上の権利を保障できなくなり，年金システムの改編について基本的な要請を満たせなくなること，並びに第2段階の一時停止，休止（復活時期未定），および廃止については経済への影響や年金制度の長期的な安定に障害になることから，それぞれ否定的な見解が出されている［MPiPS and MF 2013：84-94］。

2013年の段階においては，政治の場において基金型年金制度の存続を追求する勢力が存在しなかったことで，基金型制度の縮小は抵抗なく実施されることとなった。

4　比較の視点から

　チェコとポーランドの事例を比較すると，前者では市民民主党が中心となって独断的に基金型年金制度の導入が実施されたのに対して，後者では市民プラットフォームは，他の部分ではネオリベラル的な政策を実施しつつ，基金型年金についてはこれを縮小する選択をしたことがわかる。このような相違が生じた理由としては，一つには両国における政党間の対抗関係，およびそれと連関する，リベラル系の政党を支持する層の違いという要因があった。チェコの場合は基本的に経済軸が政党の対抗関係と呼応していることで，市民民主党はよりリベラルな政策を実施することで支持を確保できる可能性があった。他方で市民プラットフォームはリベラル性を抑えることで支持を獲得していたため，基金型年金への不信が広がりつつある状況の中でこれに執着することは同党への支持を減らす可能性があった。むしろ他の面でのリベラルな改革を進めるためにも，負担となっていた基金型年金を縮小したと考えられる。

　この「他の面」で特に重要となるのは，国の財政状況である可能性が高い。先に示した表1-6では，チェコの政府債務残高はこの時期ほぼ対GDP比40％前後であったのに対して，ポーランドではこれが50％を超えていて，これ以上の債務の増加はEUの財政基準および国内の財政法に抵触する恐れがあった。さらにその債務のかなりの部分が移行コストを埋めるためのものであったことから[30]，基金型年金の維持は不利益の方が多いと考えられていた。また表1-8には両国の近年の財政収支の対GDP比を上げているが，ここでもポーランドよりチェコの方が財政状況はよいことがわかる。国の財政を安定させるということもネオリベラル的な政策の一つの目標であることから，市民プラット

29）　下院の第三読会での投票結果は，446名の議員の出席で賛成408，反対0，棄権38（主にリバタリアン系の政党「君の力（TL）」の議員）であった（ポーランド下院ホームページ "Przebieg procesu legislacyjnego" 内の druk nr 1270 による）。

30）　2012年の時点でポーランドの政府債務残高は対GDP比56％であったが，移行コスト関連の債務がなければ38％だったという推計がある［MPiPS and MF 2013：37］。

フォームは基金型年金を維持することより，財政再建という別のリベラル的な政策をとることとしたと見てよいであろう。

　この2つの要因を検討すると，他の国のリベラル系政党の方向性についても検討できる可能性はある。例えばエストニアは，2009年に一度基金型年金の保険料を削減したものの，これを廃止したり任意加入としたりすることはなく，2012年からは再び第2段階の保険料を元の6％に戻している。これにはまず第2章で小森が述べているように，エストニアの主要政党の間では経済や福祉に関しては政策の大きな相違がなく，基金型年金の改編についても政治の争点とはされなかったことで，リベラル系の改革党も制度を縮小することで支持を確保するという必要が生じなかったということがある[31]。加えて表1-6に見られるようにエストニアは政府債務が東欧の中でも少なく，また表1-8にあげているように財政収支も健全な状況にある。そこからエストニアでは，基本的に基金型年金制度が現状のまま維持されることとなった。

　ただ2015年に実施されたブルガリアの制度改編については，考慮の余地がある。この年にブルガリアでは，第2段階の基金型年金が任意加入へと変更されたが，これを実施したのは穏健なリベラル系のヨーロッパ発展のためのブルガリア市民（以下「ブルガリア市民」と略）であった。ここで支持調達の問題に関しては，ブルガリアにはよりリベラルな「改革派ブロック（РБ）」が存在し基金型年金の維持を主張していたことから，これに対抗するという点では基金型年金の縮小という選択はありうるものの，これを実施した際にはブルガリア市民は改革派ブロックと連立を組んでいたことで，制度縮小を実施するにはブレーキとなる要因が存在していた。加えて表1-8に示されているように，この時期のブルガリアの国家財政は年による変動は大きいものの比較的堅調であり，また表1-6にあげた債務も東欧の中では少ない方であることから，基金型制度を縮小する誘因はポーランドよりも小さくなっている。

　このような状況で，なぜブルガリア市民は基金型年金の縮小を実施したのか。この問題については直近のできごとで研究も少ないため推測的な議論しかできないが，年金制度の財政状況が影響を与えている可能性はある。確かにブルガ

---

31) エストニアでは基金型年金の一時的縮小についてはこれに賛成する勢力と反対する勢力の間で対立が生じ，その結果として社会民主党の政権離脱という事態が生じたが（これのみが原因ではない。第2章も参照），基金型年金そのものを改編しようという動きは存在していなかった［Ainsaar and Kesselmann 2016：188］。

表1-8 本節で比較対象とした4ヶ国の財政収支（対GDP比%）

	2008	2009	2010	2011	2012	2013	2014	2015
ブルガリア	1.6	−4.1	−3.1	−2.0	−0.3	−0.4	−5.5	−1.7
チェコ	−2.1	−5.5	−4.4	−2.7	−3.9	−1.3	−1.9	−0.4
エストニア	−2.7	−2.2	0.2	1.2	−0.3	−0.2	0.7	0.1
ポーランド	−3.6	−7.3	−7.5	−4.9	−3.7	−4.0	−3.3	−2.6

出典：Eurostat

リアは政府債務や財政収支の状況は悪いわけではないが，年金に関してのみは，2000年代に保険料率の引き下げを繰り返してきたこともあり，特に経済危機のあとには財政状況が悪化していたことが指摘されている［Adascalitei 2015：17-18］。この問題について，2010年当時首相であったブルガリア市民のボリソフ（Бойко Борисов）は基金型年金の改編を検討していたが，当時のブルガリア市民は少数単独政権であったためにこれを実現することはできなかった。その後2014年に首相の座に返り咲いたボリソフは，連立パートナーからの支持を受けることはできなかったものの，このときは基金型年金の任意加入への変更には賛成していた野党でトルコ系の中道政党「権利と自由のための運動（ДПС）」の支持を受けて，制度変更を実現することとなった[32]。支持調達と財政状況という2つの要因が，ブルガリアでは変則的に作用したと見ることができるかもしれない。

IV 「ポストネオリベラル期」における混迷？

本章では東欧諸国における年金制度の再改革，特にネオリベラル的とされた基金型年金の改編（縮小）に際して，それを実施する主体が国により異なる理由を検討してきた。まずは既存研究の検討を通して，基本的には基金型年金制度に対する対応は政党の政策指向と連関していて，現在では保守政党や社会民

32) ロイターの2014年12月19日報道 "Bulgaria approves pension change despite coalition rift" によると，最初にこの制度改編が議会に提出された際には，連立パートナーの改革派ブロック以外に閣外協力をしていた2党も反対に回ったものの，「権利と自由のための運動」が賛成したことで，賛成120，反対57，棄権35（ほか欠席38）で法案は成立したとされる〈http://www.reuters.com/article/us-bulgaria-pension-idUSKBN0JX2BM20141219〉。なおこの最初の制度改編の際には改革に対して強い反対が生じたことから，ボリソフはその後社会協議を通して制度の修正を行い，最終的に2015年7月に制度改編を実現した（ロイターの2015年7月28日報道 "Bulgaria parliament approves pension reform" 〈http://www.reuters.com/article/bulgaria-pension-idUSL5N1084LV20150728〉による）。

主主義政党は基金型年金に対して消極的になっていること，およびリベラル系の政党についてはこれを拡張しようとする場合と縮小しようとする場合の両方があることを明らかにした。その上で既存研究では十分に検討されていなかった問題として，いかなる場合にリベラル系の政党が基金型年金の拡張を行い，またいかなる場合にこれを縮小するのかという問題を取り上げ，チェコとポーランドの比較を軸にこれを検討し，そこからどちらに向かうかはリベラル系政党の支持調達の方向性と国家財政の状況が影響を与えていることが確認された。ここで取り上げた事例は少数であるため，支持調達と財政状況という要因に依拠する枠組みにどの程度の妥当性があるかは，まだ検討の余地がある。今後は南米との比較を行うことによって，議論の適切さを検証していくこととしたい。

　なお基金型年金制度については，これまで実際の効果について確認がされたことがなく，しばしばイデオロギー的な主張の方が前面に出ていることが議論されているが［Walker 2005 : 823 ; Cerami 2011 : 339 ; Adascalitei and Domonkos 2015 : 100］。この点から見ると基金型年金に固執したチェコの市民民主党は教条的なネオリベラル・イデオロギーに依拠して基金型年金を導入したのに対して，財政健全化を優先し基金型年金に執着しなかったポーランドの市民プラットフォームは柔軟なリベラリズムの立場に依拠しているということになるであろう。そしてこの2ヶ国にハンガリーを加えると，東欧の年金制度改編には「徹底した反ネオリベラル」，「プラグマティックなネオリベラル」，そして「教条的なネオリベラル」という方向性が全て現れていることがわかる。反ネオリベラル・反グローバルを貫くにはそれに耐えるだけの何らかの資源があることが必要で，ハンガリーが今後長的にわたって現在のような路線を維持できるかは，現時点では判断しにくい。他方で教条的なネオリベラリズムはこれに抵抗する勢力も強く，広範な支持を獲得しにくいというのは，チェコの事例が示すとおりである。現在の状況の中では，様々な勢力の合意を得ながら必要なところではリベラルな対応を行うというトゥスク的なプラグマティック路線が，もっとも持続可能性のある政策となるのかもしれない[33]。

---

33) ただしそのポーランドにおいて，2015年5月の大統領選挙で勝利が確実視されていた現職のコモロフスキが法と正義のドゥダ（Andrzej.Duda）に敗北し，また10月の議会選挙で法と正義が単独過半数の議席を確保したことで，ポーランドもハンガリーに近い政策をとるようになっている。この2つの選挙とその後の変化については，著者の別稿を参照［仙石 2017］。

最後に年金制度そのものの今後について，簡単に議論しておくこととしたい。最初にも述べたように，市場を利用する基金型の年金制度は経済危機の結果その信頼が（少なくとも中東欧においては）失われ，どの国もこれを縮小する方向に動いている。だが賦課方式の比重を高めると，現在の人口情勢では保険料収入の減少と支出の拡大がさらに続くこととなり，その結果として支給年齢の引き上げや支給額の削減という「ネオリベラル的」な対応がとられるというジレンマがある。オレンシュタインは世銀提唱の強制加入の基金型モデルに対する信頼が失われたとしても，年金政策を持続させるためには何らかの基金型の制度が必要であり，その点で今後は新たな，かつ様々な形の基金型年金が現れるであろうという指摘をしているが［Orenstein 2011：77］，その場合にどのような制度が構築されるかということについて，まだ明確なアイデアは現れていない。もちろんOECDは，人口動学などを考慮せずに現在の政治で年金制度を改編することは，結局のところ国民に負担をかけることになるため，現状の多柱型は「最も現実的であり最も望ましい政策」と指摘している［OECD 2012：95-96］[34]。だが先にも述べたが，民間基金の導入を主張する国際機関は，現実には正当性が証明されていないネオリベラルの「イデオロギー」に依拠しているにすぎないと主張する論者も多い。いずれにしても現在の人口動学を考えると，既存の賦課方式の公的年金のみで今後の高齢化に対応することは困難であり，今後とも何らかの制度の組み合わせを検討していく必要があろう。

＊本稿ははしがきにあげた資金のほか，科学研究費補助金・基盤研究（B）「ポストネオリベラル期における新興民主主義国の経済政策」（課題番号16H03575，2016年度～2019年度），および基盤研究（C）「中東欧諸国における福祉と経済との連関の比較分析」（課題番号24530163，2012年度～2014年度）の成果の一部である。また北海道大学スラブ・ユーラシア研究センターの専任研究員セミナー（2016年2月5日開催）において，本章の草稿に対してコメンテーターの平田武氏（東北大学）および同僚の専任研究員より有益なコメントを受けた。記して感謝の意を表したい。

34）OECD［2012：ch. 3］は，制度変更により公的年金の比重を高めることで将来の年金額が減少するという試算を行っている。

参考文献

Adascalitei, Dragos [2015] "From austerity to austerity: the political economy of public pension reforms in Romania and Bulgaria." *Social Policy and Administration*, early view version 〈http://onlinelibrary.wiley.com/journal/10.1111/(ISSN)1467-9515/earlyview〉.

Adascalitei, Dragos and Stefan Domonkos [2015] "Reforming against all odds: multi-pillar pension systems in the Czech Republic and Romania." *International Social Security Journal*, 68 (2): 85-104.

Ainsaar, Mare and Liisa-Evi Kesselmann [2016] "Economic recession and changes in the Estonian welfare state: an occasion not to waste a good crisis." In: Klaus Schubert, Paloma de Villota and Johanna Kuhlmann (eds.) *Challenges to European welfare systems*. Cham: Springer, 177-195.

Appel, Hilary and Mitchell A. Orenstein [2016] "Why did neoliberalism triumph and endure in the Post-Communist world?" *Comparative Politics*, 48 (3): 313-331.

Batty, Iain and Helena Hailichova [2012] "Major pension fund reform in the Czech Republic: Creating a three-pillar system." *Pensions*, 17 (4): 225-228.

Beblavý, Miroslav [2014] "Why is 'new' Europe more neoliberal?: pension privatization and flat tax in the Postcommunist EU member states." *Eastern European Economy*, 52 (1): 55-78.

Cerami, Alfio [2011] "Ageing and the politics of pension reforms in Central Europe, South-Eastern Europe and the Baltic states." *International Journal of Social Welfare*, 20 (4): 331-343.

Datz, Giselle [2014] "Varieties of power in Latin American pension finance: pension fund capitalism, developmentalism and statism." *Government and Opposition*, 49 (3): 483-510.

Datz, Giselle and Katalin Dancsi [2013] "The politics of pension reform reversal: a comparative analysis of Hungary and Argentina." *East European Politics*, 29 (1): 83-100.

Directorate-General for Economic and Financial Affairs [2014] *Identifying fiscal sustainability challenges in the areas of pension, health care and long-term care policies* (Europe economy, Occasional paper 201). Brussels: European Union.

Drahokoupil, Jan and Stefan Domonkos [2012] "Averting the funding-gap crisis: East European pension reforms since 2008." *Global Social Policy*, 12 (3): 283-299.

Égert, Balázs [2013] "The impact of changes in second pension pillars on public finances in Central and Eastern Europe: the case of Poland." *Economic Systems*, 37, 473-491.

Ferro, Gustavo and Fernando Castagnolo [2010] "On the closure of Argentine fully funded system." *Pensions*, 15 (1): 25-37.

Fultz, Elaine [2012] "The retrenchment of second-tier pensions in Hungary and Poland: a precautionary tale." *International Social Security Review*, 65 (3): 1-25.

Guardiancich, Igor [2013] *Pension reforms in Central, Eastern and Southeastern Europe: from post-socialist transition to the global financial crisis*. Oxon: Routledge.

Jasiewicz, Krzystof and Agnieszka Jasiewicz-Betkiewicz [2013] "Poland." *European Journal of Political Research Political Data Yearbook*, 52, 183-188.

Linek, Lukáš [2013] "Czech Republic." *European Journal of Political Research Political Data Yearbook*, 52 (1): 50-55.

Loužek, Marek [2014] "Pension reform in the Czech Republic after 2010." *Post-Communist econo-*

mies, 26（1）: 89-102.
MPiPS and MF［2013］*Przegląd funkcjonowania system emerytalnego. Bezpieczeństwo dzięki zrównoważeniu*. Warszawa : Ministerstwo Pracy i Polityki Społecznej oraz Ministerstwo Finansów.
Malová, Darina and Peter Učeň［2013］"Slovakia." *European Journal of Political Research Political Data Yearbook*, 52（1）: 208-216.
Myant, Martin, Jan Drahokoupil and Ian Lesay［2013］"The political economy of crisis management in East-Central European countries." *Europe-Asia Studies*, 65（3）: 383-410.
Naczyk, Marek and Stefan Domonkos［2016］"The financial crisis and varieties of pension privatization reversals in Eastern Europe." *Governance : an International Journal of Policy, Administration and Institutions*, 29（2）: 167-184.
Natali, David［2011］*Pensions after the financial and economic crisis : a comparative analysis of recent reforms in Europe*. Brussels : European Trade Union Institute.
OECD［2012］*OECD Pensions Outlook 2012*. Paris : OECD Publishing.
OECD［2013］*Pensions at a Glance 2013 : OECD and G20 Indicators*. Paris : OECD Publishing.
OECD［2015］*Pensions at a Glance 2015 : OECD and G20 Indicators*. Paris : OECD Publishing.
Orenstein, Mitchell A.［2008］*Privatizing pensions : the transnational campaign for social security reform*. Princeton : Princeton University Press.
Orenstein, Mitchell A.［2011］"Pension privatization in crisis : death or rebirth of a global policy trend?" *International Social Security Review*, 64（3）: 65-80.
Orenstein, Mitchell A.［2013］"Pension Privatization : evolution of a paradigm." *Governance : an International Journal of Policy, Administration and Institutions*, 26（2）: 259-281.
Potůček, Martin and Veronika Rudolfová［2015］"Czech pension reform : how to reconcile equivalence with fiscal discipline." *Central European Journal of Public Policy*, 9（1）: 170-195.
Rae, Gavin［2013］"Avoiding the economic crisis : pragmatic liberalism and divisions over economic policy in Poland." *Europe-Asia Studies*, 65（3）: 411-425.
Rofman, Rafael, Eduardo Fajnzylber and Germán Herrera［2010］"Reforming the pension reform : Argentina and Chili." *Cepal Review*, 101, 83-106.
Saxonberg, Steven and Tomáš Sirovátka［2014］"From a garbage can to a compost model of decision-making? social policy reform and the Czech government's reaction to the international finance crisis." *Social Policy and Administration*, 48（4）: 450-467.
Stepan, Matthias and Karen M. Anderson［2014］"Pension reform in the European periphery : the role of EU reform advocacy." *Public Administration and Development*, 34（4）: 320-331.
Stoilova, Rumiana［2016］"The welfare state in the context of the global financial crisis : Bulgaria -between financial stability and political uncertainty." In : Klaus Schubert, Paloma de Villota and Johanna Kuhlmann（eds.）*Challenges to European welfare systems*. Cham : Springer, 59-78.
Walker, Alan［2005］"Towards an international political economy of ageing." *Ageing and Society*, 25（6）: 815-839.
World Bank［1994］*Averting the old age crisis : policies to protect the old and promote growth*. Washington D.C. : World Bank.
Żukowski, Maciej［2013］*Country document 2013 : pensions, health and long-term care, Poland*. Brussels : ASIPs.

池本修一［2014］「欧州の福祉国家レジームとチェコの老齢年金改革」『紀要（日本大学経済科学研究所）』44 号，123-139 頁.

宇佐見耕一［2011］「アルゼンチンにおける福祉国家と高齢者の生活保障言説の変容」宇佐見耕一編『新興諸国における高齢者生活保障制度 —— 批判的社会老年学からの接近』IDE-JETRO アジア経済研究所，61-92 頁.

仙石学［2007］「東欧諸国の年金制度 —— 比較政治学の視点からの多様性の説明の試み」『西南学院大学法学論集』39 巻 4 号，143-168 頁.

仙石学［2013］「中東欧諸国における『ネオリベラリズム的改革』の実際 —— 『さらなる改革』が求められるのはいかなる時か」村上勇介・仙石学編『ネオリベラリズムの実践現場 —— 中東欧・ロシアとラテンアメリカ』京都大学学術出版会，165-197 頁.

仙石学［2017］「ポーランド政治の変容 —— リベラルからポピュリズムへ？」『西南学院大学法学論集』49 巻 2・3 合併号，123-154 頁.

馬場香織［2013］「ラテンアメリカにおける年金制度『再改革』—— 第 1 世代改革後の制度変容の視角から」日本比較政治学会編『事例比較からみる福祉政治』ミネルヴァ書房，135-175 頁.

第2章

危機意識に支えられるエストニアの「ネオリベラリズム」

小森宏美

I 依然として「ネオリベラリズム」なのか？

エストニアでは，2015年3月の総選挙でまたしても改革党が第一党となり，ターヴィ・ルィヴァス（Taavi Rõivas）同党党首（当時）を首相とする内閣が発足した。改革党は2007年以来2016年11月まで，一度もその座から降りることなく政権を担い続けた。このことは，2008年の世界金融危機を経験した後も，エストニアの政治のあり方に大きな変化がなかったことを示している。

1991年8月にソ連から独立を回復した後，エストニアが極度に自由主義的な経済政策を追求してきたことは，つとに指摘されている。早くも1992年に行われた独自通貨クローンの導入，カレンシーボードの採用，関税の撤廃，フラット・タックスの採用，2000年1月1日に導入された再投資分に対する法人税免除など，自由で効率的な経済環境の構築が目指された。一方，社会保障関連予算の割合は，中東欧諸国と比べても小さく［Bohle and Grakovskis 2007：448］，社会的格差を示すジニ係数はEU加盟国平均を上回っており，かつ，2009年以降上昇傾向にある[1]。政権を担った諸政党自身がいかなる評価をするかは別として，体制移行期のエストニアが他の中東欧諸国との比較の中で「ネオリベラリズム」に分類されるのは理由がないことではない。むろんそれは，「ネオリベラリズム」という概念にそもそも確立した定義がないことを脇に置き，あくまでも他と比較した場合に相対的にそのように位置づけられるという程度であるともいえる。社会主義体制から市場経済へ移行した中東欧諸国では，どのような政策指向の政党が政権の座に就こうとも，一定程度の経済改革は不可避であった。したがって，程度の差こそあれ，いずれの国も「ネオリベラリズム」的改革を行ったとも言え，その意味では，エストニアも例外ではなかったということになる。

このことは政党関係の変遷からも見てとれる。「ネオリベラリズム」の旗手と目される改革党の設立は1994年のことであるが，エストニアの急進的な経済改革の柱である独自通貨の早期導入とその為替レートのドイツ・マルクとの固定，関税の撤廃，フラット・タックスの導入などは，いずれもそれ以前の政権時代に実現された政策である。ここで改革党設立以降の同党と他党の関係を軸にエストニアの政党政治の変化を見てみると，若干の重なりはありつつも，

---

[1] http://ec.europa.eu/eurostat/tgm/refreshTableAction.do?tab=table&plugin=1&pcode=tessi190&language=en 参照（2017年1月6日閲覧。以下，URL閲覧日は全て同日）。

それが大きく3つの時期に分かれていることがわかる。すなわち，(1) 改革党が政権内のジュニア・パートナーであった時期 (1995～2005)，(2) アンドルス・アンシップ (Andrus Ansip) 党首の下での改革党主導の時期 (2005～2014)，(3) 改革党の交渉力低下の予兆が見られる時期 (2012年以降) である。改革党の政策のうち，特に大いなる成功としてあげられる法人税免除は，1999年選挙で公約として掲げられ，(1) の時期にあたるマルト・ラール (Mart Laar) 率いる祖国連合，穏健党，改革党の三党連立政権下で導入された。

　この (1) の時期はEUとの加盟交渉期と一致している。それがすべてを決定するとは言わないが，EU加盟を最優先事項とするエストニア政治において，少なくとも経済政策については合意形成がおおむね容易であった時期である。この時期は目標が明確であった。EU加盟に向けては年次報告書として提出される評価書の項目の一つ一つについて課題を解決していけばよかった。それでは，EU加盟実現後の (2) の時期，すなわち改革党主導の時期には，どのような問題が争点化されたのか。この時期には，EU加盟を経て解き放たれた歴史的記憶，ロシアと周辺国の関係，世界金融危機など，必ずしも明確な正答のない複数の課題，言い換えればある種の危機に対処する必要が生じた。そうしたEU加盟後の危機，あるいは危機意識はエストニアの政治にいかなる影響を及ぼしたのか。

　論理的には，エストニアでネオリベラリズム的と評される諸政策が長期間継続されたことと，改革党に対する国民の支持は表裏の関係にあるように思われる。しかし実際には，改革党に対する有権者の支持は必ずしも堅固ではない。にもかかわらず，EU加盟後，国政選挙では常に改革党が強さを発揮し，国会内で第一党の地位を保持し続けてきた。本章では，この状況に対する一つの仮説として，エストニア社会の危機意識との関連があると想定し，EU加盟以降のエストニア政治を，国内的要因および対外的要因と政党支持の関係という視点から分析することでそれを検証する。こうした視点は，必ずしも筆者独自のものではない。危機との関連という見方ではないが，エストニアをはじめとする中東欧政治においては，政党に対する支持が社会経済的亀裂ではなく，価値観（旧体制に対する評価，民族間関係など）を軸にして行われているという指摘がある [Saarts and Lumi 2012: 190, 218]。ただし，エストニアにおいてアイデンティティならびに歴史・民族問題をめぐる考え方が有権者の態度を左右しているという見方は的を射ていると思われるものの [小森 2013]，それらが有

権者の投票行動を一義的に制約するわけではなく，各選挙時点で国内的要因と対外的要因が絡み合って作用する様態にも着目する必要があると考える。

II　改革党の躍進とその全盛期

1　改革党に対する支持の急騰

エストニアの政党政治は，他の中東欧諸国同様，いわゆる西ヨーロッパと比較して選挙変易性が高いことを特徴の一つとしていたが，2003年選挙以降，その数字は低下し，2011年選挙では11.5％であった[2]。こうして現時点で見れば，与野党の交代が限定的であり，また新党の政治参入の例も，例えば隣国ラトヴィアと比べてはるかに少ないエストニア政治は，中東欧諸国の中では安定した状況にあると言える。1991年の独立回復後3回目となる1999年選挙以来，改革党，祖国連合（2006年以降，祖国・共和国党連合），社民党（2004年以前は「穏健」），中央党の4党体制が維持されてきた[3]。だが，そうした安定した状況にあっても，祖国連合と社民党は獲得議席数を大きく減らす選挙戦を経験しているのに対し，表2-1に示したように，中央党と改革党は常に一定の議席を獲得し続けている。

そうした中で目立つのが，2007年選挙における改革党の躍進である。1999年および2003年の選挙で第一党であった中央党に代わり，改革党が第一党となったのである。これは中央党が得票を減らした結果というよりは，改革党の得票が増えた結果である。中央党に対する支持は安定していることから，それ以外の既存政党の支持者ないし無党派層からの票が改革党に集まったことがその理由として考えられる。その後の2回の選挙でもこの傾向に変化はなかった。2011年選挙が世界金融危機後に行われたものであることも踏まえ，こうした傾向についてより詳細に検討してみる必要がある。

---

2)　各選挙での選挙変易性（ペダーソン・インデックス）は，27.5％（1995年），34.2％（1999年），27.3％（2003年），21.6％（2007年），11.5％（2011年）[Saarts and Lumi 2012: 212]。

3)　農村部の利益を代表する政党としてエストニア人民連合が2003年と2007年には国会に議席を獲得したが（その前身の農村人民党は1995年および1999年選挙で議席を獲得している），2011年選挙で国会議席を失い，2012年にエストニア保守人民党に再編された。また，後述するように，2015年の選挙では，新たに，エストニア自由党ならびにエストニア保守人民党が議席を獲得した。

表 2-1　国会選挙における獲得議席数（101 議席中）

	改革党	中央党	祖国・共和国連合	社民党
1999 年	18	28	—	17
2003 年	19	28	—	6
2007 年	31	29	19	10
2011 年	33	26	23	19
2015 年	30	27	14	15

出典：北海道大学スラブ・ユーラシア研究センター・データベース・中東欧・旧ソ連諸国の選挙データより筆者作成（http://src-h.slav.hokudai.ac.jp/election_europe/index.html）

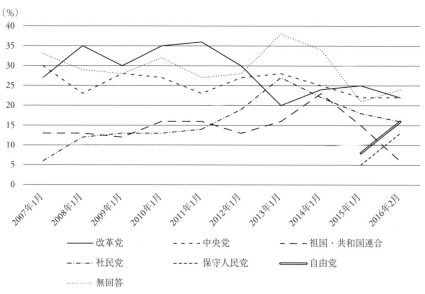

図 2-1　各政党の支持率の変化（http://www.erakonnad.info/reiting.html）

　図 2-1 は，各政党の支持率の動向である。2007 年から 2015 年の間に実施された 3 回の選挙で第一党となったのは改革党であり，図 2-1 で示した支持率でも，大半の時期において改革党に対する支持が他を上回っている。とはいえ，3 年分を比較すると年ごとの違いがあることも見えてくる。2007 年では，改革党に対する支持が 1，2 月に比べて 3 月には上昇している。それは無党派層の

支持を集めた結果であると考えられる。一方，2011年では，選挙が近づくにつれて改革党の支持率は低下している。これは祖国・共和国連合ないし社民党に支持が移ったことが原因であると推測される。この年は無党派層に大きな動きはない。それに対し，2015年は無党派層の減少が見られるものの，これは既存政党に対する支持が増加した結果ではなく，2つの新党に対する支持者が増えたためであると考えられる。他の政党に対する支持の変化に着目するならば，2007年の時点では，祖国・共和国連合ならびに社民党に対する支持率は改革党と中央党に比べかなり低いが（特に社民党），2011年および2015年にはその差は縮小している。こうした変動の背景を見るために，次節ではそれぞれの年の選挙戦での議論を中心に，支持率の動向に変化を与えたと思われる要因について整理する。

2　2007年選挙

　エストニアの政治学者の間では，2007年の選挙でそれほど大きな変化があったとは認識されていないものの，改革党が最も有力な政党となったという見方では一致している［Solvak and Pettai 2008］。この選挙は，その後に続く改革党優勢時代の始まりであるといえる。前節の図2-1で示したとおり，政党支持率でも，それまで中央党の優位を切り崩せなかった改革党が，2007年3月にはついに第一位の座を奪取した。

　2007年選挙では次の3つの点が重要であった。第一にEU加盟という最大の政治目標達成後の方向性，第二に国民の政治不信，第三に第二次世界大戦をめぐる記憶である。

　第一の点について，祖国・共和国連合は挑戦的な公約を掲げた。すなわち，同連合は，家族政策，なかんずく両親の育児休暇ならびに教育の無償化を選挙戦の中で積極的に取り上げたのである。これらの政策は歳出の増大につながるものであるが，同連合は「金銭は幸せを意味しない」として，経済効率を優先してきたそれまでの方向性からの転換の必要を主張したのである。これに対し，2005年4月から2007年3月まで政権与党であった改革党と中央党はどのような公約を提示したのか。自由主義的な社会経済政策を推進する改革党と，再分配の強化を求める中央党ではそもそも立場が異なるはずである[4]。だが，両党による連立政権期にはエストニア経済の堅調な成長が続いていたため，改革党

の掲げる所得税の段階的引き下げと，中央党の求める年金受給額の引き上げの両方を実現することができたのである。そうした実績を踏まえた両党の公約は，更なる所得増を追及するという意味で極めて近いものであった。改革党がエストニアを繁栄するヨーロッパの中でも上位5番目までに入る国にすることを誓う一方，中央党は2007年の間に公共セクターの月給を25000クローン（約1600ユーロ）に引き上げることを約束したのである [Solvak and Pettai 2008]。祖国・共和国連合と改革党ならびに中央党の違いを際立たせる形で言い換えるならば，前者が金銭的価値から離れて国民の生活を豊かにする方向性を模索し始めたのに対し，後二者は従来どおり経済成長を前提とし，国民の幸福度を金銭的指標で測り続けていくことをこの選挙でも表明したのである。

　二点目については，この時期からJOKKという言葉が流行し始めたことがその象徴である。JOKKとは，エストニア語で「法律的にはすべて正しい」という文章に使われる単語の頭文字をとったものである[5]。最初に使ったのは全国紙『アリパエヴ』(Äripäev,「ビジネス・デイリー」の意) 紙であった。そのきっかけとなったのは，エトカル・サヴィサール (Edgar Savisaar) 中央党党首（当時）の不動産取得にまつわる疑惑である。このとき政権の連立相手であった改革党は，「法的には問題ない」としてこれを不問に付したのである。『アリパエヴ』紙の記事は社会全体に蔓延する倫理観の欠如に対する告発であり，サヴィサール氏を個人的に批判することのみを目的としていたわけではなかった。このJOKKという略語を選挙戦のスローガンとして選んだのが社民党である。JOKKという略語のその後の流行と定着を見れば，社民党の慧眼であったと言える。しかしながら，選挙結果への反映は最小限にとどまった。社民党が前回選挙から4議席を増やして10議席を獲得したのに対し，権力を握る政党として批判の対象であった改革党は，19議席から大きく議席を伸ばして31議席を獲得したのである。

　2007年選挙で改革党に勝利をもたらした原動力が記憶の問題である。第二次世界大戦での戦没者に対する哀悼の意を表したソ連兵の像については，その撤去がしばしば取りざたされてきた。第二次世界大戦の終結をソ連による占領

4）　とはいえ，欧州議会では両党ともに欧州自由民主同盟グループに属しており，また2005年以前にも改革党と中央党による連立政権の実績はあるので，完全なる呉越同舟とは言えない。また，Mölder [2011a, b] も，両党の政策の近さを数値で示している。

5）　エストニア語ではJuriidiliselt on kõik korras.

と見なすエストニアの「公式」の歴史認識に対し，解放者としてのソ連兵を称えるこの記念碑の存在は，大戦の終結を記念する 5 月 9 日前後の時期にはとりわけ，社会の中の緊張を高める原因となった。ロシア語系の老人たちが勲章で飾り立てた軍服に身を包み祝い合う風景は，エストニア人にとっては控えめに言っても不快であった。一方，それに耐えきれない者たちの手による記念碑に対する破壊行為は，エストニア人が多数派を占める社会に対してロシア語系住民が抱く反発を強める原因ともなった。2006 年の「戦勝記念日」にはこの記念碑近くに掲げられたロシア国旗をめぐるトラブルも起こった。こうした緊張の高まりに，警察は記念碑のある緑地への立ち入りを禁止し，周辺での警戒を強化した［小森 2009］。

　改革党は，この記念碑の移設を選挙公約に含めた。その効果を立証することはできないが，すでに述べたとおりこの選挙で改革党が大きく議席を伸ばしたことは事実である。上で述べたように，改革党の選挙スローガンがそれまでと大きく変わるものではなかったことから考えれば，記念碑移設の公約が集票に大きな役割を果たしたことは想像に難くない。いずれにせよ，国会内第一党となった改革党は，選挙戦では競合関係にあったとはいえ，記念碑問題については立場を同じくする祖国・共和国連合との連立政権を成立させた。

　選挙後，首相となったアンシップ改革党党首は公約どおり記念碑の移設に着手した。ところが，移設に反対するロシア語系住民らと警官隊の間で，2007 年 4 月下旬，衝突が起こった。これが 1991 年の独立回復後初めての暴力を伴う騒動に発展し，隣国ロシアとの関係の悪化，公的機関や銀行およびマスメディアなどへのサイバー攻撃など事態は深刻化した。だが，アメリカおよびヨーロッパ各国の理解を得て事態に対処した政府，とりわけ改革党への支持は安定した。同年 6 月に 43％ という記録的な政党支持率を達成した改革党の本格的な主導時代の始まりであった。

3　2011 年選挙

　2011 年の選挙は，中央党が 1992 年以降の選挙で初めて得票数を減らした選挙となった。その主たる「敗因」として次の 2 つを指摘できる。すなわち，一つは中央党党首のスキャンダル，いま一つは政権与党の経済政策に対する肯定的評価である。

中央党は，その前身である人民戦線の時代から包摂的な国籍政策の必要性を主張し，ロシア語の使用にも寛容な政策を掲げてロシア語系住民の支持を集めてきた。中でもサヴィサール中央党党首に対する支持は絶大であり，同党首が国政選挙での個人への投票数で長年首位を守り続けてきた背景にもそれがある[6]。

　2010年12月，このサヴィサール党首にまつわる政党資金疑惑が報道された。それは，ロシア国有鉄道社長のウラジーミル・ヤクーニン（Vladimir Yakunin）氏に対し，同党首が150万ユーロの寄付を求めたという内容であった。この報道は，エストニアの安全保障警察の情報に基づくと主張されたが，サヴィサール氏側は当然これを否定している。他方，エストニアの首都タリン市における正教会建設を目的とした寄付がヤクーニン氏から行われたことは認めており，いずれにしても，両氏の関係の深さは白日の下に晒されることになった。

　如上の事態を受けて，当時，タリン市議会において連携関係にあった社民党は中央党との関係を解消し，また，改革党ならびに祖国・共和国連合は，サヴィサール氏が中央党党首である限り，同党との協力はありえない旨を明言した［Solvak 2011c］。

　一方，政権与党の改革党および祖国・共和国連合にとって，2008年の世界金融危機からの回復が順調に進んだことは僥倖であった。2008年当時の内閣は，これら2党に社民党を加えた3党連立政権であったが，社民党は経済危機に対応した緊縮財政，とりわけ予算削減を支持できずに内閣を離脱した（2009年）。この緊縮財政とは，健康保険予算の削減（8％），年金額の増額制限など支出を抑制する一方，失業保険の引き上げ，付加価値税の引き上げ（18％から20％へ）などにより国庫の増収を図り，さらに，政権の公約であった所得税の段階的引き下げを停止することで減収を防ぐものであった。

　こうして緊縮財政を国民に強いる中，政府はユーロ加盟を決断する。この緊縮政策によって従来からの均衡予算を維持すると同時に，消費が抑制されたためにインフレ率がユーロ加盟基準を満たすことになり，2010年7月に，2011年1月1日からのユーロ導入が決定された。経済状況回復の兆しは早くも2010年後半には表れていたため，社民党の離脱の結果少数派内閣に転じていた政権

6）エストニアでは比例代表制が採用されているが，投票時には，個人候補者ないし政党のいずれかを選んで投票できる。2007年，2011年選挙では，サヴィサールに替わり改革党のアンドルス・アンシップが首位を獲得したが，2015年選挙では，再びサヴィサールが首位に返り咲いた。

に対する国民の支持は維持された。改革党が43%という高い支持率を再び記録したのは2010年11月のことであった。

2011年の選挙はこうした状況の中で行われた。改革党の立場はそのスローガンに良く表されている。すなわち，「安心できる政治」（図2-2参照）あるいは「ボートを揺らしてはならない。エストニアを救ってください」というものであった（Postimees, 2011 February 26)[7]。自党の政治的手腕を誇り，具体的な政策ではなく，信頼すべき政治家としてのアンシップ党首と改革党に投票するよう有権者に訴えたのである。政権与党として経済危機を克服し，ユーロの導入にこぎつけ，経済を回復基調に乗せたことは，改革党にとって大きなアピール・ポイントに違いなかった。

図2-2 改革党の選挙ポスター。「安心できます。経済が堅調ならば，あなたの生活も良くなります」とアピールしている。

では，連立パートナーの祖国・共和国連合はどのように選挙戦を戦ったのか。2007年に引き続き税率の引き下げを最も具体的な公約として掲げたものの，それは状況が許せばという条件付きであり，ビジネス環境の自由化を第一の目標とした改革党に対し，祖国・共和国連合は，いわゆる「母親年金」の創設を掲げて，改革党優位の選挙戦に臨んだ。同制度は，出産や育児で休職せざるをえない時期がある女性に対し，それを補償するための年金を支給しようとするものである。こうした政策に対し，改革党は資金源の問題を取り上げて批判を行った。祖国・共和国連合はこの他にも，大学授業料の無償化など歳出の増加につながる政策を打ち出した［Solvak 2011c]。

有権者が祖国・共和国連合の公約そのものを支持したのかどうかは判じ難いものの，図2-1から明らかなように，2011年2月の時点では，改革党と祖国・共和国連合の間の支持率の差は，前者の28%に対して後者の21%と，かなり縮まっている。しかしながら，3月に行われた選挙では，改革党が33議席を獲得したのに対し，祖国・共和国連合の獲得議席数は23であった。

7) http://poliitika.postimees.ee/394334/mari-liis-jakobson-reformierakond-kui-riigi-raamatupidajad

一方，選挙時に野党であった中央党および社民党は互いに類似の戦略を採用した。前者のスローガンは「もう十分だ」であり，後者は「新しい始まり」を選んだのである［Solvak 2011c］。中央党の公約の中核は北欧型の平等主義的福祉国家への移行であった。社民党も同様に北欧型の福祉社会を目標とした。こうした大きな目標のみならず，この2党の政策には共通点が多い。すなわち，累進課税の導入とそれによって確保される財源を基盤とした福祉の充実，食料品を対象とした付加価値税の免除などである。
　こうした類似の戦略をとった2党の選挙結果は，対照的であった。中央党が結党以来，初めて選挙で得票数を減らしたのに対し，社民党は前回選挙から9議席増やしたのである。中央党にとっては，サヴィサール党首の政治資金スキャンダルが打撃であったことは間違いない。しかしながら，同氏自身に対する得票数はむしろ増えており，同氏以外の候補者に対するエストニア人票の減少が「敗因」として考えられる。
　後で見るように，社民党は改革党，祖国・共和国連合のみならず中央党や前回選挙での無党派層から満遍なく票を集めることに成功したと考えられる［Solvak 2011a, 2011b］。少なくともこの時点では，社会経済政策の変更を望む層がある程度生じていたことがわかる。

4　2015年選挙

　2011年から2015年選挙までの4年間の間には2つの大きな出来事があった。その一つが，2012年5月に始まる改革党の政治資金疑惑（同党員のシルヴェル・メイカル（Silver Meikar）による暴露が発端となったことからシルヴァー・ゲート事件とも呼ばれる）である。詳細は省略するが，匿名の献金を党員からの寄付として処理したという新聞紙上での暴露に対し，捜査が行われた。証拠不十分で捜査は打ち切りとなったものの，市民による各種の抗議活動につながった。同年11月，犯罪性を認めたわけではないが，アンシップ首相が政治資金をめぐる混乱に対して政府記者会見の席で陳謝するという一幕もあった。この後，2014年5月まで改革党の支持率は20%台前半で推移し，替わって支持を集めた社会党に水をあけられる事態となった（図2-1参照）。
　こうして支持率の低下した改革党が2015年選挙を前に講じた一手が，アンシップ首相の辞任である。とはいえ，その時点でEU加盟国の中で首相として

最長の在任期間を誇っていたアンシップの2014年3月4日の辞任は，突然のことではなかった。上に述べた2012年の政治資金疑惑の際に，アンシップは次の内閣を率いることはないと明言していたのである。政治学者のヴェロ・ペッタイ（Vello Pettai）によれば，アンシップの辞任と，欧州委員で首相経験者であるシーム・カラス（Siim Kallas）の後任としての指名は，次の選挙を有利に進めるための戦略であった。首相辞任によって祖国・共和国連合との連立を解消し，新たな連携相手を社民党とすることもその戦略の一環であった（*Postimees*, 2014 march 13）[8]。しかしながら，中央銀行総裁時代の金銭疑惑が再燃し，批判に晒されたカラスが，首相候補となることを固辞したために，仕掛けた改革党自身も予想もしない方向に事態は動くことになる。支持率が低迷する中での挽回策として，知名度の高いカラスを擁立しようとして失敗し，首相候補を失った改革党が選んだのが，35歳のルイヴァスであった。

　このアンシップ辞任とその後任探しの中で世を騒がせたのが，いわゆるウクライナ危機をめぐるサヴィサール中央党党首の一連の発言と行動である。2014年3月初旬，タリン市の記者会見の場で，ウクライナの現政権の正統性を否定するような発言をサヴィサール市長が行った（*Postimees*, 2014 March 3）[9]。これは当然物議をかもし，多くの政治家がサヴィサールに対する批判を表明した。その後，時を置かずしてサヴィサールはモスクワを訪問し，ロシア外務省の外交アカデミーで講演を行った。このときはウクライナないしクリミアをめぐる発言はなかったが，ロシアとEUの関係が緊張する中で，ロシアと自らが党首を務める中央党との緊密な関係を示す出来事としてエストニアでは受け取られた。その2ヶ月後，欧州議会選挙関連のインタビューの中で今度は明確に，ロシアによるクリミア併合を肯定する発言を行ったのである[10]。

　実は，サヴィサールの親ロシア的言動は以前からのことであるから，これらの言動は驚くには値しない。先に述べた2007年4月の騒乱では，その原因となった戦勝記念碑の移設に反対し[11]，また，2011年選挙の直前にもロシアからの政治献金をめぐる疑惑が取り沙汰された。だが，国家の外交方針に明確に

8）　http : //arvamus.postimees.ee/2726154/vello-pettai-kallase-valik-nurjas-keeruka-mangu
9）　http : //www.postimees.ee/2715348/savisaar-praegusel-kaikameeste-diktaadi-jargi-moodustatud-ukraina-valitsusel-pole-mandaati
10）　http : //valimised.err.ee/v/euro_2014/valimisuudised/esinumbrid_raadios/259237d4-3644-404e-9621-a860620285b4

抵触するこれらの言動により，議会に議席を有するいずれの政党との協力も難しくなった。その一方，ロシア語系住民からの支持は磐石であった。2014 年 2 月時点での世論調査会社の調査によれば，中央党支持者の 81％ がロシア語系住民であるのに対し，エストニア人は 13％ であった。これに対し，社民党ならびに改革党の支持者に占めるロシア語系住民の割合は，それぞれわずか 7％ である[12]。

　2015 年の選挙戦も，2007 年，2011 年の選挙戦同様，改革党と中央党の相互非難合戦になった。改革党が中央党の親ロシア的態度をエストニアにとって危険なものとして批判する一方，中央党は，改革党政権時代にエストニア人の生活水準が低下したと主張した。特にテレビコマーシャルでは，経済力でラトヴィアやリトアニアに遅れをとり，また，より良い雇用環境を求めての人口流出が増加している責任が改革党にあると喧伝した。中央党の選挙スローガンである「他のやり方で行こう」には，従来の改革党路線を非難する意味が込められている[13]。このように選挙戦を 2 者対立の形に収斂させる手法は，実は，双方にとって集票効果を狙ったものであり，それがこれまでのところ功を奏してきた。このことは主として社民党の政治家から指摘されている。スヴェン・ミクセル（Sven Mikser）社民党党首（当時）は，「サヴィサールに対して恐怖でパニックに陥る者が，プーチンに対して国民を守ることはできない」と，恐怖心をあおることで国民を動員しようとする手法を厳しく非難した[14]。しかしながら，選挙結果は改革党と中央党のやり方がある程度効果的であることを，再び示すこととなった。

　こうした状況の中で行われた選挙の結果，前回選挙から 3 議席減らしたものの 30 議席を獲得した改革党が前 2 回の選挙に続き国会内第一党となった。同じく，祖国・共和国連合ならびに社民党も議席を減らした。後者について言えば，期待したほどロシア語系住民からの票が集まらなかった。結局，ロシア語系住民の票は中央党に集中し，旧来の政党の中では中央党のみが議席数を若干ではあるが伸ばした。

---

11) 中央党に加え，社民党ならびに人民連合も移設には反対し，記念碑の意味そのものを変えることで，社会統合のシンボルとすることを提案していた。
12) http://valimised.err.ee/v/riigikogu_valimised_2015/valimisuudised/39825659-e7d2-4a2d-b86f-669274f220a2
13) https://www.youtube.com/watch?v=1rumdVULrbo
14) http://valimised2015.sotsdem.ee/est/ringkonnad/harju-ja-raplamaa/sven-mikser

では，中央党を除く3党が失った票はどこに投じられたのだろうか。2015年選挙には2党の新規参入があった。一つはエストニア自由党であり，いま一つはエストニア保守人民党である。前者は，祖国・共和国連合を離党したアンドレス・ヘルケル（Andres Herkel）を中心に2014年9月に結成されたばかりの政党である。同党は「国民の手に国をとり返そう」，「政党を養ってやるのは止めよう」をスローガンに，既存政党の政党エゴイズムを批判して，参加民主主義を唱えた[15]。後者は，農村を主たる支持母体として2011年選挙まで国会に議席を有していた人民連合を大きく再編し，2012年3月に改名した政党である。元ロシア大使で対ロシア強硬派として知られるマルト・ヘルメ（Mart Helme）が党首であることに表れているとおり，民族主義的政党である。国会にはエストニア民族の利益と伝統的価値を守る政党が存在しないなどといった民族主義的色彩の極めて強い主張を行っている。選挙では，自由党が8議席，保守人民党が7議席を獲得した。前回選挙から9議席を喪失した祖国・共和国連合の票がこの2党に流れたのは，主張の重なりから考えてわかりやすいが，改革党および社民党からもある程度の票が移動したことは疑いない。次節では，個人レベルでのエストニアの有権者の投票行動を見ることで，選挙を左右する要因について考えてみたい。

III　エストニア政治の不安的な側面

　前節までに見てきたとおり，少なくとも2007年から2012年の政党資金疑惑問題までの間，国政選挙とその直前直後の時期に限定して見るならば，改革党の地位は磐石であった。また，政治制度の安定を示す指標の一つである選挙変易率も11.6％（2011年）と，ラトヴィアおよびリトアニアとの比較では言うまでもなく[16]，西ヨーロッパとも比較しうる低い数字を記録した［Mair 1998］。しかしこの数字には表れてないことがある。政党別に見た有権者一人ひとりの投票行動である。
　2011年3月にタルト大学国家学研究所が行った対面でのインタビュー調査

15）　http : //vabaerakond.ee/manifest-riigikogu-valimisteks, http : //www.delfi.ee/news/riigikogu2015/arvamus/andres-herkel-kuidas-mina-adams-ja-mattheus-populismi-tuumapommi-lohkasime?id=70804351
16）　エストニアの2011年選挙とほぼ同時期に行われた選挙では，ラトヴィアの選挙変易率は36％，リトアニアは同32.2％であった［Auers 2015：95］。

[Solvak 2011a]によれば，2007年と2011年を比較した場合，2つの選挙で同じ政党に投じた回答者の割合は，次の通りである。すなわち，改革党55％，中央党70.3％，祖国・共和国連合54.5％，社民党58.5％と，中央党は別として，総得票数で見れば比較的安定した支持を確保し続けているその他の3党では，およそ半数の票を他党に奪われたことになる。その票が流れた先は，改革党からは祖国・共和国連合ならびに社民党，祖国・共和国連合からは社民党，社民党からはその反対に祖国・共和国党連合であった。ここで，他党に半数近くの票を奪われた改革党が，なぜ第一党になれたかをいぶかしく思う向きがあるだろう。あくまでのこのインタビュー調査の結果に依拠すればという条件付きであるが，2007年選挙では投票しなかった者，あるいは，泡沫政党や無党派の個人候補へ投じた者などが2011年には，改革党をはじめとする主要4政党に投じたためであると推測される。いずれにせよ，全般的な選挙変易率が低下傾向にある一方で，有権者個人レベルに目を向けるとかなり大幅な票の移動が起こっていることがわかる。
　こうした票の移動が可能である背景と，そうしたことが実際に起きる理由については，以下のように整理することができるだろう。
　まずその背景としては，各政党間の政策距離の接近が指摘できる[17]。選挙公約の分析研究によれば，エストニアの主要4政党は，中央党も含めて重要視している政策分野がかなりの程度重なっており，さらに，重なる度合いが年々高まっている。その分野とは，文化，福祉における国家的役割の拡大，教育，法と秩序であり，とりわけ福祉の充実はいずれの政党でも重点分野にあげられている。また，二政党間の政策内容の一致度も，選挙ごとに高まっている。すなわち，全体の平均では，1999年選挙の約57％から2011年選挙の約71％に上昇している。これを個別の政党間で見てみると，例えば，中央党と改革党の政策一致度は1999年には約51％であったのに対し，2011年には約66％にまで上昇した。中央党と社民党で同じ年を比べると，約50％から約78％にまで上昇している［Mölder 2011b］。したがって，有権者にとってみれば，どの政党

17）　こうした選挙公約の接近については，推測の域を出るものではないが，支持基盤拡大を狙う各政党が互いに他の政党の公約を採用し合っていることにその理由が求められる。Mölder［2011a］によれば，諸政党の選挙公約については年を追うごとに項目が増加している。このことが一つの証左となろう。とはいえ，体制転換などの共通した経験と人口規模の小ささなどのために，そもそも価値観が比較的均質であるエストニア社会において，政治に求められるものもまた収斂してきている可能性もある。この点についての検証は今後の課題としたい。

に投票しても大きな差はないことになる。無論，このことは政党ごとの特徴がないことを意味しない。例えば，民族主義的政党に位置づけられることの多い祖国・共和国連合では，愛国主義と民族性に関する主張が選挙公約の中で大きな部分を占めている。しかしながら，先述の戦勝記念碑移設事件のあった2007年を見てみると，改革党でも愛国主義と民族性が重視されていることから，こうした差異は絶対的なものではなく，むしろ状況によって変化することに留意する必要がある。

では，政策内容に大きな違いがないのならば，なぜ有権者は選挙ごとに投票先を替えるのであろうか。換言すれば，中央党の支持者以外の政党帰属意識はなぜこれほど低いのであろうか[18]。ここではこの問いに十分に答える用意はないため，いくつかの仮説を提示することでそれに代えたい。

第一に，社会主義時代を経験したエストニア社会では，社会階級的アイデンティティが希薄である［Solvak 2011b: 130］。このことは社会的格差がないことを意味しないどころか，体制転換後に格差は拡大してきた。だが，ソ連解体にともない，旧来の産業構造も解体された同国では，そうした格差は必ずしも固定的ではないため，階級的なアイデンティティを支えるものとはなっていない。したがって，自由，保守，社民などといった古典的なイデオロギー政党にエストニアの諸政党を分類するのは容易ではない［saarts and Lumi 2012: 190］。社民党の支持母体は労働者であるといったような伝統的な社会的亀裂に沿った政党帰属意識が醸成されにくいのである。

第二に，ソ連からの独立回復以降，2004年のEU加盟を経て，2011年のユーロ導入まで，実際には政策選択の幅は極めて狭かった。EU加盟にもユーロ導入にも厳格な基準を満たす必要があり，そのために行うべき政策のメニューを変えることは困難であった。一方，全体として見れば，「ヨーロッパへの回帰」を実感した国民はこれらの方針に満足していた［Eesti Koostöö kogu 2011］。しかしながら，全般的に満足度の高い社会であるとはいえ，不満が全くなかったわけではない。そうした不満は，2003年および2012年には知識人を中心とした市民運動として[19]，また2009年の欧州議会選挙の際には無党派個人候補

---

18) 実際には，Solvak［2011a, 2011b］から言えることは2007年選挙と2011年選挙の間での票の動きであり，必ずしもそれ以前および以後の選挙での政党帰属意識の低さが確認されているわけではない。エストニアの主要各政党はそれぞれ支持基盤として異なる社会層やイデオロギーグループを確保しており，政党支持者層の重複が少ないことが特徴であるという中井［2015: 191］の指摘もある。政党帰属意識の変化についてはさらなる検証が必要である。

への大量投票を通じて，既存政党および従来の政策方針への抗議という形で表明された[20]。

それでも多くの人々が，基本的な政策方針の大幅な変化を恐れていることは明らかである。2015年の選挙結果が示しているように，包摂的な社会建設を意味する「人々のエストニア」をスローガンに掲げた社民党が，事前の予想を裏切り前回選挙から4議席を減らしたことがその一つの証左である。ロシア語系住民に比べエストニア人は政党帰属意識が弱い。だがそれは，民族政策や対外政策についての違いを越えてエストニア人有権者の票が移動することを意味しない。2015年選挙で，民族主義的な2つの政党が新規参入し，それらが中央党を除く既存政党から票を奪い国会に議席を獲得したことは，そうした民族軸を超えない範囲での投票先の変更というエストニア政治の特徴を良く表している。

有権者一人一人の投票行動という観点から見れば変易率は高いものの，それが政党配置の劇的な変化につながることはない。逆説的ではあるが，そうした限定された変化の可能性が，人々に限られた範囲での意思表明として投票先を替えさせるのであろう。

IV　限られた選択肢の中での安定

2015年3月の国会選挙の結果を踏まえ，第二次ルィヴァス内閣が成立した。だが，その組閣交渉過程が示しているように，改革党の指導力にはすでにこの時点で陰りが見え始めていた。何度も頓挫が取り沙汰されながらもなんとか合意に至った，連立政権の諸政策の指針となる行動計画は，改革党，祖国・共和国連合，社民党のそれぞれの主張の寄せ集め的な内容であった。すなわち，各

19）　2003年の動きについては小森[2013]を参照。
20）　2009年の欧州議会選挙では，無党派のインドレック・タラントが，全得票のうちの約3分の1を獲得して当選した。タラントは，外交分野での経験もあり，またテレビ・タレントや評論家として著名な人物ではあるが，比例代表制をとるエストニアでは前代未聞の結果となった。タラントの勝因については，(1) 既存政党に対する不満，(2) 一般の国民にとっての欧州議会の重要性の低さが指摘されている[Ehin and Solvak 2012]。すなわち，親ロシア的な立場を隠さない中央党には投票できないが，既存政党の政策にも必ずしも満足していない層が，国会選挙ほど身近な問題とはならない欧州議会選挙でその不満を行動に表したと考えられる。とりわけ，このときの欧州議会選挙は緊縮財政政策がとられる中で実施されたものであり，連立与党である改革党と祖国・共和国連合に対する懲罰的な投票行動であったと推測できる。

党が選挙戦で掲げていた安全保障の重視，子ども・家族政策の拡充，低所得者支援である。

他方，予算均衡やビジネス環境のさらなる改善も行動計画の文言に含まれていた。したがって，行動計画の目標を実現するために必要な社会福祉関連予算の増額は，あくまで経済成長に裏打ちされたものでなければならない。

外国資本に依存するエストニアの経済構造は，国の規模が小さく，資源にさほど恵まれない同国にとって容易には変え難い。2011年のユーロ導入を待つまでもなく，1992年にドイツ・マルクとエストニア通貨クローンを連動させたときから，金融ならびに財政政策の選択肢はそもそも限られていたのである［Kattel 2012：395］。社会主義時代を経験したエストニアの人々には，国家の介入に対する根強い不信と自助努力の必要に対するこれも根強い信念がある。そうした中で，外資誘致のために可能な限り国家的な規制を撤廃し，透明性の高い安定したマクロ経済を達成し，経済成長を可能にした経済政策は支持すべきものであった。

ただし，本章で述べてきたとおり，常にそうした考え方が社会全体で優先されてきたわけではない。社会的格差の拡大や世界金融危機による経済状況の悪化を受けて，社会経済政策の転換を求める声が市民社会から響くこともあった。しかしながら，そうした声が国政のあり方を変えるほど大きくなることは，少なくともこれまでのところはなかった。それは，選挙戦では，社会経済政策が争点になっていたとしても，民族・歴史問題が最終的な投票行動に甚大な影響を及ぼしたからである。

その状況を最も巧みに利用しているのが改革党と中央党である。改革党は，国民の対ロシア危機意識を煽ることで集票効果を上げている[21]。中央党はロシア語系住民の支持をほぼ独占している状態にあり[22]，この状態は国会選挙のみならず，首都タリンにおいても同様である。タリン市ではロシア語系住民が人口のほぼ5割を占めており，その結果，1990年代前半以来タリン市の政治の

---

21) 選挙直前になるとサヴィサールとロシアの親密な関係を示すような事実が都合よく暴露されることが多い。これについては，サヴィサール自身の口から，仕組まれたものである可能性があるとほのめかされたこともある。http://valimised.err.ee/v/riigikogu_valimised_2015/valimisuudised/raadiodebatid/fea032d9-52fd-4169-b2cb-028a7d8dc8de。

22) ただし，地方選挙において，ロシア語系住民が9割以上を占めるナルヴァ市議会選挙で中央党の有力候補が社民党の候補に敗れたこともある。その社民党からの候補者が，イェヴゲニーオシノフスキー（元教育・科学相，現保健・労働相）である。

中心に中央党はとどまり続けている[23]。

　一方，選挙戦での戦い方の変化から判断すれば，社民党と祖国・共和国連合はこうした政治構造の変化を望んでいる。だが，ことは資本と地政学的状況の絡まり合いの中で動いているために変化が訪れる可能性はそれほど大きくない。とはいえ，中央党の党首交代ならびに改革党の求心力の低下により，ついに，2016年11月，改革党が下野した。この政権交代が本質的な構造変化であるかいなかを見きわめるには，いましばらく時間を要するであろう。

参考文献

Auers, Daunis [2015] *Comparative Politics and Government of the Baltic States ; Estonia, Latvia and Lithuania in the 21st Century.* Palgrave macmillan.
Bohle, Dorothee and Bela Grakovskis [2007] Neoliberalism, Embedded Neoliberalism and Neocorporatism : Towards Transitional Capitalism in Central-Eastern Europe. *West European Politics*, 30 (3) : 443-466.
Eesti Koostöö kogu [2011] *Estonian Human Development Report 2010/2011 : Baltic Way(s) of Human Development : Twenty Years On.* Tallinn.
Ehin, Piret and Mihkel Solvak [2012] Party Voters Gone Astray : Explaining Independent Candidate Success in the 2009 European Election in Estonia. *Journal of Elections, Public Opinion and Parties*, 22 (3) : 269-291.
Kattel, Rainer [2012] Majanduspoliitika. Raivo Vetik (ed.), *Eesti poliitika ja valitsemine 1991-2011.* TLÜ Kirjastus, 389-410.
Mair, Peter [1998] *Party System Change : Approaches and Interpretations.* Oxford University Press.
Mölder, Martin [2011a] Valimisprogrammid aastatel 1999-2011. *Sirp.*
Mölder, Martin [2011b] Eesti erakondade valimisprogrammide iseloomustus 1999-2011. *Riigikogu valimised 2011.* Tartu Ülikooli Kirjastus, 74-114.
Saarts, Tõnis and Ott Lumi [2012] Parteipoliitika. Raivo Vetik (ed.), *Eesti poliitika ja valitsemine 1991-2011.* TLÜ Kirjastus, 184-244.
Solvak, Mihkel and Vello Pettai [2008] The parliamentary election in Estonia, March 2007. *Electoral Studies*, 27, 574-577.
Solvak, Mihkel [2011a] Hääle vahetamine 2011 aasta Riigikogu valimisel. *Riigikogu Toimetised*, 23. http : //www.riigikogu.ee/rito/index.php?id=14460
Solvak, Mihkel [2011b] Parteivaliku vahetamine 2011. aasta valimistel. *Riigikogu valimised 2011.* Tartu Ülikooli Kirjastus.
Solvak, Mihkel [2011c] Europe and the Estonian Election of March 6 2011. *Election Briefing* No. 62.
小森宏美 [2009]『エストニアの政治と歴史認識』三元社。

---

23) この状態もエストニア人の潜在的な危機意識に作用していることは間違いない。

小森宏美［2013］「過去の克服としての『新自由主義なるもの』——エストニアの社会正義観と改革党の成功」村上勇介・仙石学編『ネオリベラリズムの実践現場——中東欧・ロシアとラテンアメリカ』京都大学学術出版会.
中井遼［2015］『デモクラシーと民族問題——中東欧・バルト諸国の比較政治分析』勁草書房.

第3章

ネオリベラリズムと社会的投資
チェコ共和国における家族政策, 教育政策改革への影響とその限界

中田瑞穂

I ネオリベラリズム,社会的投資戦略に基づく社会改革の試みと限界

　2000年代のチェコ共和国は,他の多くのヨーロッパ諸国や日本と同様,社会政策について新たに改革を実施せざるを得ない状況にある。90年代までは,社会保障制度を維持し,失業者や高齢者への福祉を継続するかどうかは,政策選好の問題であったのに対し,2000年代には,少子高齢化の進展の中で,社会保障制度を維持しようとしても困難な社会環境が生じ,就労人口を確保するための政策に重点を置かざるを得なくなったことがその背景にある。

　この際,影響力を持ったのは,ネオリベラリズムや,ネオリベラリズムの影響のもと,そのオールタナティブとして広がった社会的投資戦略である[Jenson 2012]。しかし,チェコの社会政策の改革は,実際には進展は鈍く,明瞭な改革の方向性も見えてこない。ネオリベラリズム的な改革案が提示されたのち撤回を余儀なくされたり,部分的に実施された社会政策の改革も実効性を欠いて批判されたりと,改革の失敗の方が目につく。

　なぜチェコでは,ネオリベラリズムや社会的投資戦略が,社会政策改革に与える影響力が限定的なのであろうか。チェコにおいて何らかの明白な方向性を持った社会政策改革の実現はなぜ困難なのだろうか。チェコでは広く経済政策,社会政策を見ても,ネオリベラリズムの導入は不徹底であり,ポストネオリベラル期においても,制度改革の方向性はクリアではないがそれはなぜなのだろうか。本章では,家族政策と教育政策における改革を素材に,これらの問題の考察を試みる。家族政策と教育政策を取り上げるのは,これらの政策分野が,ネオリベラリズムの影響を受けると同時に,社会的投資戦略においても重視されている分野であり,両者の影響を分析するために適しているためである。

　これまでの研究は,90年代に導入された家族政策,教育政策の課題を指摘することに焦点が置かれてきた。2000年代に入ってからの改革については,現在進行形の対象であり,まだ十分な研究対象となっていない。しかし,興味深い研究視角も既に提示されており,本章はそれらから示唆を受けつつ,試論を試みるものである。

　まず,社会政策改革に影響を与えるEUやOECDなどの国際的アクターの存在については,いくつかの研究がある [Jenson 2010;Šteigrová 2007]。これらの国際的アクターの影響については,特に社会的投資戦略に基づく改革を各

国に促す側面が興味深い。しかし，チェコの場合，改革がスムーズに進まないことから，これらの影響力に限界があることが推測されよう。本章では，EUやOECDのチェコの社会改革への影響について，具体的に検討する必要があろう。

また，家族政策についてチェコ，オーストリア，スロヴェニアを比較したブルムらの研究は，家族によるケアをサポートする再家族化と公的ケアをサポートする脱家族化に分ける方法を採用し，それぞれの中で，公共政策によって両親，特に母親に新しい機会が開けるのかどうかによって，否定的政策と肯定的政策を分類している［Blum et al. 2014：472］。ネオリベラリズムと社会的投資戦略は，脱家族化の推進という点では一致しているが，ネオリベラリズム的な政策は緊縮によって，両親の機会を縮小させるのに対し，社会投資的な政策は，両親の機会を拡大する役割を果たす。このように，家族政策に関しては，脱家族化という点でネオリベラリズムと社会的投資戦略は重なるが，緊縮的か，それとも両親の可能性を広げる方向に公的資金を使うかの点で，大きく異なっている。それぞれの戦略の推奨者はある具体的な改革案については共同歩調を取れても，別の政策では対立するため，全体としての進捗状況に問題が生じる可能性があるだろう。そこで，本章では，このようにネオリベラリズムと社会的投資戦略の重複する点と対立する点を整理して検討する。

最後に，家族政策についてのサクソンベルクらの研究は，2007年の世界金融危機を機にチェコでも中道左派政党がネオリベラル的改革を実施しようとしたが，改革の規模が小さく，漸進的なものにとどまったことを指摘し，その理由として，与党と野党の勢力差がわずかであったという政党間関係上の特色を指摘している［Saxonberg and Sirovátka 2014］。教育政策の分野では，既存の教育制度によって，教育関連公共支出の増大への支持が左右どちらの政党から生じるかが異なるという研究があるが［Busemeyer et al. 2013］，各政党の立場を詳細に見ることで，政党間関係が政策改革に影響を与えている可能性も考察できよう。

これらの先行研究を参考に，本章では，家族政策，教育政策とその改革について，1990年代の改革と，EU，OECDの推奨する改革の方向性を検討し，伝統主義，ネオリベラリズム，社会的投資戦略のそれぞれの方向性を整理する。その上で，国内の諸政党の立場，考えを検討し，チェコにおけるネオリベラリズムや社会的投資戦略の社会政策改革への影響力とその限界を明らかにする。

まず第 II 節では，90年代のチェコの家族政策と教育政策の特徴を整理する。第 III 節では，EU や OECD によるチェコの家族政策，教育政策の現状評価と改革提言を検討し，EC や OECD の推薦する社会的投資戦略がチェコでは受け入れられていない現状を確認する。第 IV 節では，チェコ共和国内の政策改革の試みと，政党間の対立状況を，2013年下院選挙時の各党の選挙綱領の分析から明らかにし，今後の展望について考察する。

II　チェコの家族政策・教育政策

　チェコの社会政策は，社会民主主義的な要素とネオリベラルな要素，さらに伝統的，家族主義的な要素のハイブリッドである点に特徴がある。社会主義時代の労働者中心の普遍主義的な社会政策が継続している側面と，それへの反発としての伝統主義への回帰があり，さらにネオリベラル的な個人主義的要素が加えられた結果，全体としての制度の方向性が不鮮明になっている。社会政策が内在的発展を遂げた国でも，改革やヨーロッパ統合の影響の下でハイブリッド化は進んでいるが，チェコの場合はさらに複雑な状況といえるだろう。

1　家族政策

　家族政策については，社会主義時代には女性の就労が義務的であった。母親の育児休暇も認められていたものの，0歳児から3歳児までの保育園も整備され，2割の子どもに利用されていた。3歳から5歳の幼稚園には8割の子どもが通い [Saxonberg et al. 2012：38；Myant and Drahokoupil 2012：5]，育児休業後の母親たちは職場に復帰していた。

　1989年の体制転換以降，国は，それまで国営であった保育園を市町村の管轄に移し，財政支援をやめた。そのため，保育園の数は，1990年の1000ヶ所から20年で50にまで減少し，3歳以下で公式の保育施設に入園した子供は2010年には約5％にとどまり，OECD 諸国の中でスロヴァキアに次いで二番目に低い水準となっている[Paloncyová et al. 2013：88, 90；OECD 2014：95-96]。さらに育児休暇（両親休暇）が子どもが4歳になるまで認められ，家で育児に専念していることを条件に，休暇中に平均年収の半額の定額給付（両親休暇）を受け取ることができる制度がつくられた。制度の対象は母親と父親の

両方を含むが,結果的には,母親が家で育児をすることを促進する制度となっている。また,児童手当に関しては,1995年の国家社会扶助法で,所得制限が導入され,親の所得が一定水準以下の場合にのみ支給されるようになった[Inglot 2008: 234]。

女性の就労が当たり前のものとして受け入れられていた旧社会主義国のチェコで,このような「女性を家庭に返す」政策が実施されたのは,興味深い。原因としてあげられるのは,社会主義政権は女性の就労を求めたが,家庭内の役割分担は進まず,家事や育児は女性の仕事と考えられており,女性たちはこれを「二重の負担」とみなしていたことである。既に社会主義期にも,このような立場からの批判を受けて,母親の育児休暇の延長が始まっており,3歳までは母親が家庭で育てる傾向にあった。体制転換後は,社会主義体制による女性への労働の強制と集団育児を批判し,「女性を家庭に返す」ことに,党派を超えた合意が形成された[Saxonberg et al. 2012: 40]。これは同時に,経済の資本主義への転換に伴い失業率が上昇することへの対応策でもあった。

この政策は大規模な公的支出を伴うが,子育て家庭全体を社会で支える仕組みではなく,仕事をせずに家で子どもの世話をする親のいる家庭を支援している点に特徴がある。家族のあり方について,個々人の選択を支援するのではなく,母親が仕事をせずに家で子どもの世話をするという,一定の家族のあり方を事実上政策的に支援し,その方向に誘導する効果をもたらしている。児童手当についても,所得制限がかけられ選別的な構造になっているため,子育て家庭の全体的な支援にはつながらない。家族主義的であると同時に,国家の支出も大きい点に特徴がある。

2 教育政策

教育政策も,体制転換以降に伝統回帰的な政策が実施された分野である。大学を含む私立教育機関の設立が認められ,学費が導入された点は,ネオリベラル的改革と位置づけることができる。一方で,無償の公教育は高等教育まで維持され,普遍主義的な側面が残された。

しかし,より特徴的なのは伝統的な初等・中等教育制度の復活である。社会主義初期に導入された中等の統合教育は,70年代から80年代にかけて徐々に緩み,ギムナジウムが部分的に認められつつあったが,体制転換後は,早期ト

ラック分岐推進の方向が明白になった。6歳から15歳までの統合教育は廃止され，初等，中等教育における早期のトラック分岐が導入された。生徒は基礎学校5年生修了の段階で，10%の生徒が8年制ギムナジウムに進学する。残りの生徒のうち，上級基礎学校で2年ないし4年学んだ後，ギムナジウムに進学する生徒も10数%存在する。ギムナジウムに通う生徒は中等教育終了資格（maturita）の試験に合格したのち，大学などの高等教育機関に進学する。上級基礎学校卒業後は，ギムナジウムに進む者以外は，技術科の後期中等教育に進み，卒業時には高等教育に進むのに必要な中等教育修了資格（maturita）の試験を受ける者と，職業教育校に進み，労働市場に出ることを前提に修了証明書（výuční list）の取得を目指す者に分かれる。

　このような変化は，市民民主党を中心とする中道右派連合政権の下で実施された。ヨーロッパ諸国では一般に，左派が統合教育を主張し，右派が伝統的なトラック分けを支持してきた。しかしここでは，左派政党による抵抗は特に見られなかった。統合教育が共産党政権による押しつけであったと解釈されていたため，社民党など中道左派からは，統合教育維持の主張がなされなかったのである。実際は，戦後直後の時点で統合教育を支持していたのは社民党を含む広範な勢力だったが，実際には共産党政権下で統合教育が導入されたため，中道左派の統合教育支持の流れが途切れてしまったのである。

　このように，1990年代の体制転換後の社会政策形成期を見ると，家族政策と教育制度については，社会主義期以来の普遍主義的な要素や，ネオリベラル的な要素に加えて，伝統的，家族主義的な要素が導入されている。これらの改革は，社会主義期の政策に対する反動として，社会的には受け入れられた。だがこれは，人的資本への投資と個々人の雇用可能性の向上という，EUやOECDの推奨する近年の社会政策のトレンドとは，相反するものとなる。その中で，チェコの家族政策，教育政策は，どのような力学の下で，いかに変化したのだろうか。次節ではその点を検討する。

III　EUのリスボン戦略とOECD

1　EUの社会政策の展開

　元来，EUにおいて社会政策は，経済統合に対し周辺的位置づけしかもたなかった。経済統合が重視され，加盟国の社会政策の多様性を尊重する立場がとられていたといえよう。しかし，労働市場の統合に伴い，社会政策においても，一定の共同歩調が求められるようになったこと，また，グローバル市場において，EU経済圏が安定成長を維持するための方策が求められたことから，社会政策への取り組みが始まった。

　その画期となったのが，1997年のアムステルダム条約である。同条約では，雇用と社会政策をEUの取り組むべき重要な課題として設定した。また，雇用政策に特定多数決を導入したことは，EUにおける社会政策への取り組みにおける歴史的転換点となった。1997年のルクセンブルク欧州理事会では，積極的労働市場政策を充実させるために，欧州雇用戦略（EES）が打ち出された。

　さらに2000年のリスボン欧州理事会では，経済・社会政策に関する「リスボン戦略」が打ち出され，今日のEUの社会政策を方向づける枠組みが示された。2010年までに「競争力を持ったダイナミックな知識集約型経済」になることを目標とし，「貧困」や「社会的排除」を根絶するための具体的な手段として，雇用と労働市場政策を通した社会的統合が目指されている。現在の「ヨーロッパ2020」戦略も基本的にこの路線を継承している。

　従来の伝統的な福祉国家では，所得再分配システムやセイフティネットの構築によって，貧困に対応してきた。しかし，リスボン戦略が提示したのは，雇用の量的拡大，質の向上，差別の解消によって，労働市場に参加できる仕組みを作り出し，労働市場を通じた社会的統合を進めることであった。このような社会政策の新方針は，社会政策の「現代化（modernisation）」と呼ばれ，これまでの福祉国家とは異なる「活性化する（activating）福祉国家」が目指された［Lisbon European Council 2000］。

　2000年12月のニース欧州理事会では，リスボン戦略実施のための具体的指針として，「社会アジェンダ」が承認された［Nice European Council 2000: Annex I］。その内容は，（1）失業を減少させるためのより多くの質の高い雇用，（2）労働市場における柔軟性と保障のバランス，（3）貧困の削減やその他の差

別や社会的排除との戦い，(4) 社会保障制度の現代化，(5) 男女平等の推進，(6) EU 拡大と EU の対外関係における社会政策的視点の強化であった。

そこに見られるのは，グローバル化する社会の中で，社会保障にできることは，市民一人一人の能力を高める支援であり，社会保障を受ける側から，社会保障費を支払う側に多くの市民に回ってもらうことが必要である，という考え方である。社会的投資によって個人の雇用可能性（employability）を高めることに重点が置かれており，労働市場への参加こそが，貧困と社会的排除を解消するという考えや社会的統合という目標は，OECD が追求してきた目標とも重なり，教育や雇用政策，女性政策において多くの共通点が見出せる。

しかし，社会政策は，EU が直接に立法措置などを通じて統合を進められる分野ではない。その中で採用されたのは，OMC（Open Method of Coordination）という手法である。雇用政策とルクセンブルク・プロセスの中で開発されたこの手法は，リスボン戦略の手段として定式化されたもので，各国の国内政策を，EU の共通目的に沿うものにするための，加盟国間の新たな協力のフレームワークである（EU glossary）。

OMC では，共通の目標を設定し，それを測る統計，指標，ガイドラインを設定し，加盟国間のパフォーマンスを比較し，ベストプラクティスを交換することによって，目標達成のために各国が改善努力を行う。リスボン戦略では，加盟国は各々改革計画を作成し，委員会に提示する。EU 委員会の監視の役割には限界があることから，加盟国の相互評価（peer pressure）がその推進力となっている。ただし，青年層に関する政策については，EU レヴェルの調整なしに各国の計画を決定できる。

具体的には，雇用，貧困の解消，社会的統合，年金制度などについての目標を設定し，就業率，若年層の教育状況，長期失業率などを指標とした。失業率ではなく，就業率に着目することで，フル就業を目標とし，失業者，高齢層，女性などの労働市場への参入が目指され，2010 年までに 70％（女性は 60％），55 歳以上の高年齢層の就業率を 50％にすることが目標として掲げられた。これは，労働市場からの撤退を促すことも含む「完全雇用」を目標とした従来の福祉国家と比較すると，大きな転換になっている。

このようなリスボン戦略の立場は，ケインズ主義的福祉国家政策からの転換という点で，ネオリベラリズムによる批判を踏まえたものとなっている。人的資源の活用に重きを置き，福祉の一方的な受給者の減少を目指すという点では，

ネオリベラリズム的なワークフェア政策とも共通点を持っている。しかし，人的資源の活用という観点だけではなく，雇用による「社会的統合」も目標としている点で，経済的効率性を重視し，市場原理を優位に置くネオリベラリズムとは異なっている。

2　EUの社会政策と旧社会主義新規加盟国の社会政策

このようなEUの社会政策改革への動きは，旧社会主義圏の新規加盟国にどのような影響を及ぼしてきたのだろうか。

(1) ネオリベラルの「トロイの木馬」

2004年の加盟前後には，新規加盟国に対して，「ネオリベラルのトロイの木馬」として警戒する見解が既加盟国内に存在した [Malová 2004；Kvist 2004]。これは，新規加盟国のネオリベラルな社会政策が，底辺への競争を引き起こすのではないかという懸念であった。新規加盟国には，バルト諸国やスロヴァキアのように，企業税，給与税（社会保険料など）を引き下げた国があり，実際，スロヴァキアの19％のフラットタックスは，オーストリアの企業税引き下げに影響を与えた。また，ハンガリー，ポーランド，エストニア，リトアニア，ラトヴィアに見られる世銀モデルの年金の導入もネオリベラル的なものと見られた（第1章参照）。

そもそもEU加盟という目標が，新規加盟国の社会政策に影響を与えた側面も看過できない。市場経済への移行に焦点を置く加盟過程の中で，民営化，市場化の徹底が求められたことが，社会政策の自由化，民営化を促した。エストニアなど，「宿題を過剰にこなしすぎた生徒」[Malová 2004] のように，EUの標準を超え，既加盟国よりも民営化，規制緩和を進めた例も存在する（第2章参照）。また，経済的な遅れから，低労働コストという優位性の維持するために，ネオリベラルな社会政策を優先した側面もある。通貨統合参加のための，財政上の制約や，労働組合の弱さも影響を与えた。

ただし，このような見方は，旧社会主義新規加盟国の社会政策の多様性を十分とらえていないといえる。東中欧諸国の中でも，ネオリベラル的社会政策だけがとられているわけではなく，制度的な遺産と政治状況の違いにより，旧社会主義諸国各国の状況は大きく異なる [仙石 2011]。チェコのように，ネオリ

ベラル的な改革の要素が明白ではない国家も存在していた。

（2）リスボン戦略と EU 拡大

　加盟交渉の最中に始まったリスボン戦略は，新規加盟国の EU 加盟に際し，何らかの影響を持ちえたのであろうか。

　まず，考慮しなければならないのが，コペンハーゲン基準とリスボン戦略の内容の重点の違いである。1993 年に開始されたコペンハーゲン基準では社会政策には高いプライオリティは置かれず，経済，政治，法的な加盟の条件に重点があった［Potůček 2004］。それに対し，リスボン戦略のころまでには EU の姿勢が，雇用，教育，社会的統合が経済の競争力の前提という方向に変化していった。この時間差が重要であったといえよう。

　2000 年 12 月のニース欧州理事会では，前述のように「社会アジェンダ」が議論されたが，拡大は，EU の社会政策におけるチャレンジかつチャンスであるとされ，候補国と経験や戦略を共有することの必要性が確認された。ここでは，加盟国のヨーロッパ雇用戦略への参画を助け，完全雇用を目指し，社会的排除と闘い，統合された経済社会を共に創るという目標が掲げられ，そのための社会的対話の役割が確認され，NGO の発展が促された。

　しかし，新規加盟国は，1990 年代には IMF や世銀の影響のもとで，すでに社会政策改革を実施していた。そののち，2002 年になって，ほぼ EU 加盟の準備が最終段階になって，リスボン戦略への参画を求められたのである。そのため，リスボン戦略の新規加盟国に対する影響力は限定的なものにとどまった。2004 年 5 月 1 日の加盟実現後は，EU が加盟過程において候補国に対し持っていた影響力の源泉であるコンディショナリティ（conditionality）が失われ，OMC による弱いガイドラインのみとなったことの影響も大きい。

　さらに，リスボン戦略の実現には大きな投資が必要であり，教育や研究に費やす資金が乏しい新規加盟国には難しい課題であった。ユーロ加盟の財政制約も考慮すると，条件は一層厳しい。ヨーロッパ雇用戦略への参画の実現のために推奨された社会的対話という手法も，労働組合，市民社会組織の弱体な旧東欧諸国では，現実的ではなかった。

　ただし，前述したとおり，リスボン戦略自体が，伝統的な福祉国家における所得再分配システムやセイフティネットの構築というより，労働市場を通じた社会的統合を目的としていることを考慮すると，いくつかの新規加盟国がこの

間進んでいた方向性と共通点も見出しうる。

　むしろ問題は，チェコ共和国の家族政策や教育政策のように，ネオリベラルとも社会的投資戦略とも異なる伝統主義的な方向性の改革を行っていた国家にあったといえよう。

3　社会的投資戦略の改革提案とチェコの家族政策，教育政策の現状

　では，EU や OECD の推奨する改革の方向性は，現在のチェコの家族政策，教育政策に影響を与えているのだろうか。

　チェコの改革プログラムと EU の勧告によると，チェコについては，貧困率や社会的差別の指標が EU の中で最も低いことは評価されている。チェコ全体の失業率は 2013 年で 7％程度であり，それほど高いものではない。また，就業率も相対的に高い水準を維持している。

　しかし，積極的労働市場政策においては，幼い子供のいる女性，若者，高齢者という，統合されていない層に明確に向けられた対策に乏しく，潜在的労働力が生かされていないことが指摘されている。その一つの理由が家族政策と教育制度である。

　家族政策については，0 歳から 3 歳までの子どもの保育園の減少を放置し，育児休暇期間を延長して，無業を条件に両親手当を給付する政策は，女性，特に幼い子供を持つ女性の社会統合とは逆行する政策である。40 代，50 代の女性の就労率は 2012 年時点でも 80％を超え，OECD 平均を上回り，スウェーデンと並ぶが［OECD 2014：95］，30 代では減少し，M 字カーブを描いている。0 歳から 3 歳までの子供の保育園就園の割合は，EU 平均が 30％であるのに対し，約 5％にとどまる。子どもの有無が就労に与える影響は，チェコは東中欧でも大きいほうに位置する［Saxonberg et al. 2012：154］。両親休暇の後，元の職場に戻れる女性は半数程度であり，失業予備軍となっている［Dlouhá 2014］。この結果，チェコのジェンダー間就業率格差と賃金格差は EU でも 4 番目に大きいものとなった。出産を控えて就業を続けることを選ぶ女性が増えた結果，少子化が進み，特殊合計出生率は 2013 年には 1.46 と低水準に落ち込んだ［Czech Statistical Office 2014］。

　OECD が指摘しているのは，チェコがこの制度の維持にかなりの国費を投じていることである。国家は 2014 年には，両親休暇中の 28 万 8 千人もの母親

ないし父親に，240億コルナを支給し，社会保障の保険料を肩代わりもしているのである［OECD 2014：94；Dlouhá 2014］。具体的には，育児休暇（両親休暇）を4年から3年に短縮すること，両親休暇の一部を父親に取得することを義務づけること，両親手当の一部をバウチャー化し，民間育児サービスを増やすことなどを提言している［OECD 2014：99］。

教育政策については，社会的投資戦略によれば，高等教育の拡大と質保障，職業教育の現代化が望まれている。チェコの早期トラック分岐の教育制度は，中等教育世代全体の教育水準の引き上げが目指される時代に逆行するものである。2009年の段階で，親のどちらかが高等教育を受けている割合は，ギムナジウムの生徒では54%であったが，基礎学校の生徒では16%であった［OECD 2014：104］。優秀な生徒を早く分離するために，基礎学校のレヴェルが低下し，OECDによるPISAテストでは生徒の学力は低下傾向にある。読解力と社会経済的背景の相関が，成人全体より若年成人層で高まっていることも［OECD 2014：103］，体制転換後に教育の格差が広がっていることを示している。

第二の問題は，職業教育の内容である。技術学校や職業学校に進む生徒が多いにもかかわらず，技術革新に教育内容が追いついておらず，就労時には身につけた技術が役に立たないという問題が指摘されている［OECD 2014：106］。

以上の状況から，EUに示したチェコの改革プログラムには，義務教育の評価制度の改善，ロマの生徒の統合，教育職に能力のある人材を引きつける工夫，職業訓練の改善，生涯教育，高等教育の改善が課題としてあげられている。OECDのレポートも教育制度については，早期トラック分岐をやめ，中等教育を統合教育とすることを推奨している［OECD 2014：99］。

4　EUの影響力の限界

以上のように，EUにおいては，2000年のリスボン戦略で，社会的投資による個人の雇用可能性の向上と社会的統合という新しい方向性が示され，OMCによる緩やかな形で，加盟国に共通目標に向けた改革を促すことになった。これは，OECDの示唆する方向とも重なっている。しかし，チェコの現状をみると，EUやOECDによる影響力は限定的であり，社会的投資による社会的統合という方向に向けた改革は進んでいない。

国際アクターは，家族政策や教育政策に関しては直接的な影響を及ぼすこと

は難しい。EUのOMCの手法は，強制力を持つものではなく，OECDも勧告を行うにすぎない。

　しかし，国内に国際アクターと呼応する勢力があれば，国際アクターの勧告をてこに，社会的投資戦略による改革も可能であったのではないだろうか。実際，2000年代に入って，チェコでもさまざまな社会政策の改革は試みられている。それらはどのような政治勢力によって推進されるどのような改革の試みなのか。ネオリベラル的な改革，社会的投資戦略による改革は，その中でどのような位置づけにあるのか。次節では，政治過程と各党の政策選好を対象に分析を進める。

IV　EU加盟以降の改革の試みと政党間対立

1　EU加盟以降のチェコの政治状況と社会政策改革

（1）政権の推移と社会政策改革をめぐる対立と家族政策改革

　1990年代は市民民主党がキリスト教民主連合―人民党，リベラル小政党とともに中道右派政権を形成していた。その後，1998年に成立した社民党の単独少数派政権には，市民民主党が閣外協力を通して影響力を与えていた（1998年から2002年）。2002年からは中道左派連合の成立により，市民民主党は完全に野党となった。この時期に，チェコ共和国はEUに加盟し，経済的にも繁栄を迎える。

　2006年から官僚内閣をはさんで2013年までの時期は，再び中道右派政権となる。2006年選挙で中道右派政権を率いて政権に返り咲いた市民民主党は，ミレク・トポラーネク（Mirek Topolánek）首相のもとで，与野党の議席差がほとんどない議会の運営に苦心し，リーマン・ショックによる経済危機にも直面しつつ，2009年5月まで政権を維持した。その後官僚内閣を挟んで，2010年からはペトル・ネチャス（Petr Nečas）首相が，今度はTOP 09，「公共」の2つの中道新党と2013年まで政権を率いた。2013年からは，社会民主党のボフスラフ・ソヴォトカ（Bohuslav Sobotka）を首相に，中道の新党ANO 2011とキリスト教民主連盟―人民党の中道左派政権が形成されている。

　このように，2000年代には，中道右派と中道左派の間での政権交代が見られた。2006年からは中道右派の新党が次々に登場し，政権にも加わっている

点も重要な要素になっている。経済危機の時期を挟むこの時期には，社会政策の見直しは，政党間対立の重要な要素となった。

　家族政策については，中道左派政権のもとで，2004年に改革が行われ，母親や父親は両親休暇中，両親手当を受け取りながら，一定時間働くことができるようになった［OECD 2014：97］。子どもの年齢や公的保育施設の利用時間によって，両親手当が減額されるが，それでも労働が可能になった点は，社会的統合の観点から見て評価できるだろう。

　中道右派政権の下では，2008年に両親休暇の期間を2年，3年，4年と選択できるようになった。ここでは例えば高収入の母親が，両親休暇を2年で切り上げ，職場復帰する可能性を想定している。しかし，公的な二歳児の保育施設の準備は行われず，両親手当や個人負担でベビーシッターを雇うことが期待される。このような政策は，ネオリベラル的といえるだろう。

(2) 中道左派政権の教育政策

　教育政策については，中道左派政権のもとで，2004年には，基礎学校とギムナジウムの教員給与を同額にし，教育プログラムも収斂させる改革が行われた。高等教育機関の増設，定員増加も行われ，高等教育機関に進む学生数が増加した。2005年から2010年には，学生数は32％増加している［OECD 2014：109］。

　社会主義時代のチェコスロヴァキアでは，他の社会主義諸国と同様に，中等教育，高等教育修了者の割合は，西側に比べ緩慢にしか増加してこなかった。1980年で中等教育修了者は，男女ともに人口の17％，高等教育修了者は男性の7％，女性の3％であった。このように高等教育が極めて限定された状況から出発したチェコ共和国であるが，カトルニャークとシモノヴァーの研究によれば，1989年以降の社会経済状況の変化の中，学歴が高いほど，失業しにくく，賃金が高く，昇進の可能性も開かれるようになったのにもかかわらず，学歴の上方への流動化は1990年代には進行しなかったとされる［Katrňák and Simonová 2011］。しかし，2004年以降は増加に転じている。つまり，1990年代には，中等教育修了資格（maturita）を獲得したり，さらに高等教育機関に進学したりするのは，父親が同等の教育を受けたものでほぼ占められていたのに対し，2004年以降は，父親を越える学歴を得るものが増加した。この原因として，指摘されているのは，中等教育修了資格を出す学校の増加と，高等教育機

関の定員増，特に私立大学の増加である。中等教育修了資格を得る生徒の数も2000年代から増えているが，その中で大学に進む割合が2000年から急上昇し，2000年の40％強から2007～2008年にはほぼ100％へと変化している。

このように，中道左派政権のもと2000年代前半からチェコでは，中等教育，高等教育機関の拡大が測られた。しかし，早期トラック分離の廃止が議論されることはなかった。また，規模の拡大にもかかわらず，教育関係の予算はそれに追いつく規模では増額されなかった。2005年から2010年にかけて，学生数は32％増加したにもかかわらず，予算の伸びは6％にとどまった[OECD 2014：109]。早期トラック分離による中等学校の種類による学力差，全体としての中等教育の学力低下，私立大学の増加による，高等教育の質の低下への懸念が議論された。

(3) ネチャス中道右派政権の教育政策

2010年からのネチャス政権は大きな教育制度改革に取り組んだ。ネチャス政権は，市民民主党，ネオリベラル的な姿勢が市民民主党より明確なTOP 09，中道的な立場であるが，財政緊縮を強く主張する「公共」の三党の中道右派政権であった。市民民主党がこれまで常に連合を組んでいた，伝統主義的，家族主義的な主張をもつキリスト教民主主義同盟―人民党が議席を失い，連合を外れたことで，市民民主党のネオリベラル的な側面を出しやすい連合であったといえる。

まず，2011年に新規に国家中等教育修了資格 (státní maturita) が導入された。これによって，ギムナジウム，技術系中等学校など，従来から卒業時に中等教育修了資格試験を受けていた学校に加え，中等教育専門教育施設，中等教育延長学校などの中等教育修了資格についても質を保証するために，従来の個々の学校で行われている試験，全国統一の国家試験の部分として追加されたものである。

しかし，この国家中等教育修了資格は，十分な支持を得られていない。中等学校の種類に関わらない，国家による質保障の制度として考案されたにもかかわらず，学校の種類による合格率の差がますます明らかになり，拡大する傾向にあるため，目的を果たすことができていないからである[Jiřička 2014；Trachtová 2015]。2015年の試験では，ギムナジウムの生徒のうち不合格者は1.7％であったが，技術系中等学校では17.4％，中等教育専門教育施設では33.1％，

延長学校では43.4％が不合格となっている。

　中等教育修了資格獲得者の増加と質の保障という，雇用可能性を増大させる政策が，このように中道左派と中道右派の両方の政権でとられているが，早期トラック分離という制度の基礎部分の変更なしには，効果が十分上がらない現状となっている。

　もう一つ，ネチャス政権化で試みられた大きな改革は，公立の高等教育機関で学ぶ学生に対し，授業料を課すことであった。

　チェコの高等教育改革は，2005年のOECDの『OECD各国別覚書 ── 高等教育の課題概観 OECD Country Note-Thematic Review of Tertiary Education』をきっかけに，教育青年体育省のイニシャチブで始まった。教育青年体育省は，2006年にペトル・マテイ（Petr Matěj）を中心としてヨーロッパの高等教育改革プロジェクトのファンドを獲得し，高等教育制度改革に踏み出した。2009年には高等教育白書［Bílá kniha terciárního vzděláváni 2009］が発表されたが，トポラーネク政権が倒されたことで，改革は中断していた。

　2010年の選挙後，ネチャス政権がつくられると，「公共」のヨゼフ・ドベシュ（Josef Dobeš）が教育相として，再び高等教育改革に乗り出した。ドベシュ改革の中心課題は，公立の高等教育機関に質保障制度を導入すること，労働市場におけるフレキシビリティを高め，雇用者の要求に合わせた教育を実施することであった。そのための大学教育への監督の強化が提案された。同時に，学生にも公的教育への投資に協力を求めるとし，これまで授業料が無料であった公立の高等教育機関の学生にも，一学期あたり，2013/2014年度から，一万コルナ（約5万円）の授業料を導入する提案を行った。学生は国家の保障で学費ローンを借りることができ，卒業後の収入が平均収入を越えたときローンの返済を始めるという構想である。

　しかし，この改革案は，大学教育への監督強化に反対した大学教員らと，授業料の支払いに抗議する学生の強い抵抗にあった。2012年1月には，カレル大学のヴァーツラフ・ハンプル（Václav Hampl）総長が大学関係者に反対を呼びかけた。質保障のための監視対象となるべきは，むしろ私立大学であるというのも，公立の高等教育機関の大学教員らの抗議の焦点であった。また，2月には，ブルノから学生デモが始まり，何千人もの学生が共和国中でデモを行う「不穏の一週間（Týden neklidu）」と呼ばれる事態となった。その結果，政府は授業料，登録料を徴収する提案を引き上げ，授業料は就学期間を越えた学生に

のみ課すよう提案を変更し，これに抗議したドベシュは教育相を辞任した。

以上のように，中道左派政権期の改革は中等，高等教育の量的増加をもたらしたが，その財政基盤や，質保障についての課題を残した。中道右派政権，特に，市民民主党が「公共」やTOP 09のリベラル政党と結んだネチャス政権では，質保障の仕組みづくりと授業料の受益者負担というネオリベラル的な改革を実施しようとしたが，特に高等教育の分野においては，大学，学生，世論の強い抵抗に直面し，失敗に終わった。

2　各政党の家族政策，教育政策

家族政策，教育政策に関しては，以上のように2000年代に入ってからも改革が続いているが，その方向性は様々なベクトルを含んでいる。ここでは，まず，チェコにおける家族政策と教育政策に関する改革の方向性の複数のベクトルを整理したい。その上で，主要政党の立場を確認し，政党間対立との関係を明らかにしたい。

一般に社会政策に関しては，社会民主党や共産党の左派勢力と市民民主党が対立関係にあると考えられてきた。しかし，家族主義，伝統主義的政策での一致など，両者の間の共通点も見られる。さらに，2010年の選挙では新党のTOP 09と「公共」が，2013年の選挙ではANO 2011が議席を獲得した。これらの政党は，政策分野によっては，市民民主党よりネオリベラル的な姿勢を打ち出している。新しい政党が加わったことで，政策対立構造にどのような変化が見られるのか，確認する必要があろう。

もう一つ重要な点は，バッジが指摘したように［Budge 2001b : 58］，政党は，自党がイデオロギー的にコミットして，もっとも有権者に信頼されている分野で，そのヴェイリエンス・イシュー争点の重要性を強調する傾向にある。政党はある争点を強調しつつ，その争点の争点所有政党（issue owner）となることで，有権者にアピールするのである。教育政策について，ブセマイヤーらは，同時に争点無視政党（issue-ignorer）が存在することに注目すべきではないかと指摘している［Busemeyer, Franzmann and Garritzmann 2013 : 527-528］。争点無視政党は，他党より体系的にその問題を無視し，関心を払わない姿勢をとることで，争点所有政党に対抗する。社会政策の中でも年金などは，ほとんどすべての政党が立場を表明し，政党間の政策対立が明確になる。しかし，家

族政策，教育政策に関しては，問題を無視する政党もいる可能性にも注目して考察する必要があるのではないだろうか。

以上の点に留意しつつ社会的投資に関わる政策や，ネオリベラル的な要素を持つ政策に関する改革が，行きつ戻りつしながら進まない状況の原因を考察していく。

(1) 家族政策に関する雇用可能性を高める二要素と各党の政策

家族政策に関しては，小さな子供を持つ母親および父親の雇用可能性を高めるために，(1) 働かないことを両親手当の条件とする政策の一層の緩和と，(2) 雇用可能性を高めるための社会的投資の2つの要素が必要である。

(1) については，中道左派政権のもとで，週一定時間の労働をしても，公的保育施設の利用時間が一定時間以内であれば，両親手当の受給が認められるようになった。ネチャス政権の，両親休暇期間の2年への短縮を認める政策は，高収入の母親の労働市場への復帰が見込まれるとされる。しかし，これでは，低収入の母親は，4年間両親手当を受け取り，ますます雇用可能性を失うことになる。このような政策は，ネオリベラル的な要素と，普遍主義的な社会保障と，家族主義が結びついたチェコの家族政策の複雑さを示している。フレキシブルな働き方が可能なように，OECDが提案するバウチャー化など，より一層の改革が求められよう。

その際，(2) についての政治的合意が問題となる。現在チェコでは，両親手当と両親休暇中の社会保障費に公的支出を実施しているが，その合意は，母親の家庭における育児への公的支出として合意されているものである。バウチャー化など，個人の選択の余地を増やした場合，支出に対しての合意が失われる可能性もある。

では，これらの二要素についての各党の政策はどのように異なるのであろうか。2013年下院選挙の選挙綱領をもとに市民民主党，TOP 09, ANO 2011, キリスト教民主連合—人民党，社会民主党の5党を比較すると，中道右派と中道左派政党の対立が大きいが，中道右派の中でも差異がある（各党の選挙綱領は，参考文献リストの末尾にまとめた）。

まず，綱領で扱っている分量を比較すると（表3-1），市民民主党，TOP 09が2％であるのに対し，ANO 2011の選挙綱領には，この問題についての記述がなく，キリスト教民主連合—人民党は，18語のみの記載でほぼゼロに等し

表 3-1　2013年下院議会選挙の各党選挙綱領の比較

	社民党	キリ民党	ANO 2011	市民民主党	TOP 09
2013年選挙綱領の字数	5971	5301	9625	10105	8955
家族，女性政策に関する部分の字数	196	18	特に記述なし	217	147
家族，女性政策が綱領全体に占める字数の割合	3%	0%		2%	2%
教育政策に関する部分の字数	235	381	517	590	829
教育政策が綱領全体に占める字数の割合	4%	7%	5%	6%	9%

出典：著者作成

い。社会民主党は3％と，中道右派政党より大きく扱っており，社会民主党の選挙綱領が相対的に短い中で，重視する姿勢を見せている。

　市民民主党やTOP 09は，子どものいる親が働ける環境をつくることに関して，家族という育児の枠組みのサポートという点から支援の必要性を主張しており，親個人の雇用可能性という視点はない。両党ともあげている施策は幼い子供がいる親を雇った企業への税制優遇措置や，企業保育園や育児グループの支援など，大きな公的支出を伴わないものである。幼い子供を持つ親の労働として想定されているのも短時間のパートタイム労働である。TOP 09は，さらに両親手当を社会保険化し，両親休暇前に支払った保険金額に応じての支払いという提案を行っている。

　それに対し，社会民主党は若い世代への支援，少子化対策として，両親休暇中の母親，父親の雇用可能性を高める措置を提唱している。若い世代への投資は最上の年金改革であるという主張に，その考え方が表れている。両親休暇後の母親や父親に労働機会を提供した雇用者には補助金を与えるという主張は，中道右派諸政党のものより，少し積極的である。保育園の収容人数を広げる施策を取り上げているのは社会民主党だけである。ただし，社会民主党もその目的に向けての公的支出の拡大をそのまま主張することはせず，EUの基金を利用することを提唱し，そこに国家予算からも資金を追加して，市町村が保育園の収容人数を広げられるようにするという提案を行っている。

　選挙綱領から見ると，中道右派政党は家族内育児の原則を維持し，幼い子供を持つ親，特に母親については，短時間労働の可能性を開くことは容認するも

のの，その雇用可能性を向上させるための公的支出は考慮していない。それに対して，社民党は，幼い子供を持つ親個人の雇用可能性を高める公共支出を伴う政策を提唱している。このように，中道右派と中道左派には (1)，(2) の両方で大きな隔たりがある。2014 年 1 月に発足した政権は，社民党が首相を出しているが，ANO 2011 とキリスト教民主連合─人民党と 3 党の連合であり，この二党が家族政策については争点無視政党であることは，統一した政策の実現を困難にすると見られる。

(2) 教育政策に関する雇用可能性を高める三要素と各党の政策

　教育政策に関しては，(1) 中等教育のレヴェルを底上げすること，そのためには早期トラック分離を見直すこと，(2) 高等教育への投資不足と質低下の危険に対処するために，高等教育の財政と質保障の問題に対処すること，(3) 職業教育を現実に適応できるものにすることを要素とし，各党の立場を分析していきたい。

　選挙綱領に占める教育政策の割合は，ネオリベラル系の TOP 09 が 9％と多く，キリスト教民主連合─チェコスロヴァキア人民党の 7％, 市民民主党の 6％, ANO 2011 が 5％と，中道右派政党が多い。社民党は，4％と，相対的に教育政策に関する比重が低い。

　市民民主党は，教育の質を上げることを重視し，教員養成への公的支出の増加を約束している。しかし (1) については，個々人が自分の才能を生かす教育ルートを選択できるように，現在の多年制のギムナジウムを維持し，トラック分岐は容認する考えを示している。学校財政の透明化を図り，同年齢の生徒が同じ額の国庫補助を受けられるようにするともしており，一人一人への社会的投資の額は平等にするが，教育内容は現状のようにそれぞれ異なっている状態が望ましいという考えである。(2) の大学については，質保障のために私立大学の基準を作るとするほか，長期計画で投資額を考えるとしている。授業料については，規定在籍期間を越えた学生には支払いを求めている。(3) については，雇用者と学校の協力の必要性を主張し，専門学校と協力した企業に税制優遇措置を行う，EU の基金の投資で技術専門教育をもっと魅力的なものにするとしている。

　TOP 09 の選挙綱領は，教育政策に大きな比重を割き，「教育は未来への鍵」としている。(1) の中等教育については，国家中等教育修了資格の導入で，そ

の資格の価値そのものが下がったことを問題視し,大衆化,拡大を支持していない。(2)の高等教育については,学生への財政支援,特に優先順位の高い専門の学修の支援が求められている。綱領では明示していないが,TOP 09は学生の授業料負担を支持しているため,それとセットで学生への財政支援を綱領に入れたと考えられる。(3)については,実際の職業現場での訓練によって,職業への適応力を増すような職業学校への改革を主張し,そのためにEUの基金を使って支援することを求めている。

　ANO 2011の綱領の掲げる教育政策は,個々人の能力を発展させ,グローバル化した労働市場の必要に応じた質を付与することで,企業の競争力を高めると同時に,労働市場から排除された存在が生まれることを未然に防ぐことを目的に掲げている。(1)については,現行の国家中等教育修了資格試験によって,資格そのものの価値が下落したことを指摘し,中等学校の各学校のレヴェルの違いに応じた国家試験への改革を要請している。(2)については,公共高等教育の公費負担を支持し,学生の教育ローンには反対する。その上で,高等教育の卒業生が労働市場において役に立つよう教育の質を改善し,そのための質保障を教育評価機関の強化を通じて実現するとしている。高等教育についても,技術系の中等教育についても,卒業後の職を提供する企業と教育の結びつきを重視している。

　キリスト教民主連合―チェコスロヴァキア人民党は,(1)については,これまでどおりの早期トラック分岐の維持に賛成している。(2)高等教育については,公教育の公費負担を維持し,経済状況が教育機会を左右しないよう求めている。一方で,教育支出をヨーロッパの平均まで引き上げること,教員の給与の改善,教員養成課程の改善を掲げている。(3)職業学校においては,工場と結びついた教育を実践し,就職と結びつけることを目指している。

　ここまで中道右派政党を見てきたが,いずれも(1)に関しては,中等教育について早期トラック分岐の維持への支持を明確に表明している。これに対し,社会民主党は選挙綱領の中でこの問題に触れていない。中等教育については,教員養成の強化を主張しているだけである。(2)の高等教育については,公立の高等教育機関における無償の教育を国民に保障するとし,授業料を徴収する私立大学より公立の高等教育を柱と考える姿勢を打ち出している。教育水準については,初等,中等,高等教育のすべてについて国家が市民に水準を保障する必要である。(3)については,中等職業学校を雇用市場の需要に適合させる

こと，職場での実践的教育の強化，教育分野での三者協議の強化を掲げている。教育への投資については，学校と施設の近代化のためにEUの基金を活用するとしている。

　このように，中等学校の早期トラック分岐の問題については，PISA結果を受けてのOECDからの助言にかかわらず，中道右派政党は積極的に今後も維持する意向を示している。一人一人の能力を伸ばして，労働者としての高い能力を身につけさせるという目的は各党共通しているが，個々人が自分の能力を伸ばすという目的は，早期トラック分岐を是認する論理にもなることがよく表れている。社民党もこの争点を無視しているのは，変化を望む声がチェコ社会内に乏しいことの表れかもしれない。

　高等教育機関の財政状況については，何らかの明白な投資を約束したのはキリスト教民主連合と，市民民主党であり，新党のTOP 09やANO 2011からは現状以上に公的資金を増加させるとの意見は表明されていない。授業料については，市民民主党は規定在籍期間を越えた学生からの登録料など，縮小した形で求めており，TOP 09は綱領では明言していないが，それに同調しているのに対し，社会民主党，キリスト教民主連合，ANO 2011は公共の高等教育は無償であるべきであるという姿勢を維持している。授業料などの形で学生に高等教育費の負担金を求めないとすれば，投資の資金源を別に求めなければならないが，その点についての考慮はされていない。職業中等学校については，職場との連携の必要性がどの政党からも主張されているが，資金源については，EUの基金へ期待する声が目立つ。

　このように，教育政策については，伝統主義的な早期トラック分岐政策への支持が強く，中道右派のネオリベラル的な個人の能力を伸ばすという考えと，それぞれの能力にふさわしい経路という伝統主義的な考え方が結びついている。そのため，ANO 2011のように個々人の雇用可能性を引き上げる教育政策への指向性の強い政党も，その改革を支持していない。社民党もこの論点を政治化しようとはしていない。公共高等教育の公費負担については，社民党とキリスト教民主連合，ANO 2011の現連合政権与党が全学公費負担，市民民主党は，授業料は譲歩したものの，在籍期間を越えて在籍した学生に負担を求めると，対応が分かれている。

V　ハイブリッドレジームにおける歴史の呪縛

　チェコ共和国の福祉レジームは，職能別，階層別のビスマルク型の社会保障制度を第二次世界大戦直後の時期に社会主義的な方向性と社会民主主義的方向性が合わさって普遍主義化させようとする大きな改革が行われ，さらにそれが共産党支配体制の社会主義的な社会政策のもとでさらに普遍主義的に，また部分的には，共産党政権の政治的経済的優先順位を反映して一部階層を優遇する形で改革された［中田 2015］。1989年以後の現政治体制のもとでの改革は，共産党支配体制と結びつけて考えられた普遍主義的要素を否定しようとするベクトルと，社会連帯的，普遍主義的要素は社会民主主義的なチェコ社会保障体制の内在的発展の成果として擁護するベクトルが合成されたものとなっており，ネオリベラル的な要素も部分的に加わったハイブリッド的な形態を示している。多くの矛盾を抱え，特に財政負担の問題が危機度を強める中，今後の方向性が模索されている（表3-2）。

　ここで注目すべきは，複層的に積み重なった歴史の遺産が，方向性の明確な改革を阻んでいる点である。すなわち，チェコは社民的伝統が強く，年金の個人化など，あからさまなネオリベラル化を目指す政策は，これまでのところうまくいっていない（第1章参照）。その一方で，社会民主主義的な普遍主義的社会政策は，共産党支配体制と結びつくものと認識されており，これを否定するベクトルが強く存在していた。ただしこの両者の間には，個人の雇用可能性と労働市場への参加を重視する点で共通性がある。社会的投資戦略は，その共通性の上に立って「薄い」普遍主義を実現しようとするものである。社会的投資戦略は，労働市場への参加のみならず，健康で文化的な生活を営めるような労働かという質の面も問い，そのための個人の能力の向上を目的としている［Morel et al. 2012b : 361］。

　ところがチェコにおいては，この社会的投資戦略をも阻む要因が存在する。それが，「共産党による」普遍主義への反動として，民主化後に強化された伝統主義・家族主義的な政策である。これは，労働市場からの退出を促進することで，就業している労働者の社会保障コストを引き上げることによって，失業率を高止まりさせる原因となった政策であり，西欧諸国においては遅くとも1990年代までには放棄されつつあった方向である。現にEUやOECDはチェコに対してこの点を改めるよう勧告しているが，国内の政策的対立構造からは，

表 3-2 家族政策，教育政策改革の方向性

		伝統主義（階層社会を前提＋国民主義）	社会主義的（階層社会を前提，労働者階級の優位）	社会民主主義的（勤労市民全般を対象，普遍主義へ接近）	脱伝統主義（個人主義的，市民を前提）
緊縮的，市場主義的		放任的伝統主義			ネオリベラリズム的
	家族政策	家族による育児，私的に雇用された被用者による育児など，階層ごとの習慣と資金状況による。			育児選択肢の市場化を含む多様化，ワークフェア
	教育政策	社会階層やそれに応じて必要とされる教育の種類の違いを前提。早期トラック分岐の容認			社会階層を前提とせず。学校教育制度の単線化，個人の能力に応じた学校選択，グローバル社会に適応できるよう，優秀な学生の競争力を強化する。学校間競争の推進，学校民営化の推進，外部機関による質保障
公的支出の維持，増大		伝統主義的国家介入	社会主義的国家介入	社会民主主義的国家介入	社会的投資
	家族政策	中間層モデル。家族による育児，仕事をしないことを条件とする育児休暇手当	労働者階層モデル。男女ともに労働者として働くことを前提に，公的保育サービスと普遍主義的児童手当を整備	勤労市民モデル。勤労者に対して，公的保育サービスと普遍主義的児童手当を整備	保育サービスの拡大，育児手当を保育費に充てられるよう，バウチャー化，母親を含めなるべく多くの市民を労働を通じて社会的に統合する
	教育政策	社会階層やそれに応じて必要とされる教育の種類の違いを前提。早期トラック分岐を容認。公立教育中心，無償教育の実施によって，親の収入が学校選択に響を与えないよう留意	社会階層やそれに応じて必要とされる教育の種類の違いを前提。知識人階層を生む9年制ギムナジウムは廃止するが，それ以外のトラック分岐の容認。公立教育中心，無償教育の実施によって，親の収入が学校選択に影響を与えないよう留意	学校教育制度の単線化，教育の無償化	社会階層を前提とせず。学校教育制度の単線化，個人の能力に応じて学校を選択できるが，知識社会に適応できるよう，すべての市民の能力を底上げする教育を実施する。就学前教育と生涯教育。教育の無償制を維持。バウチャー化も。親の収入が学校選択に影響を与えないよう留意。

出典：著者作成

そこからの離脱は視野に入ってこない。

このように，ネオリベラリズムでも，社会的投資のようなそれに対する代替選択肢でもなく，その両者がむしろ批判対象としていた伝統主義・家族主義が新たに固定化した点に，チェコの家族・教育政策の特徴はある。そのことは，政策レジームや政策パラダイムが単に進化ないし交替していくというよりも，むしろ近年の歴史的制度論の一部の論者が主張するように，それが層状に積み重なっていくというイメージに近い。そしてそれが，体制転換後25年という比較的短い期間の中においても観察できることが，もっとも興味深い点といえるだろう。

参考文献

Busemeyer, Marius R., Simon T. Franzmann and Julian L. Garritzmann [2013] "Who Owns Education? Cleavage Structure in the Partisan Competition over Educational Expansion." *West European Politics*, 36（3）: 521-546.

Blum, Sonja, Lenka Formánková and Ivana Dobrotić [2014] "Family Policies in" Hybrid "Welfare States after the Crisis: Pathways betweeen Policy Expansion and Retrenchment." *Social Policy & Adminstration*, 48（4）: 468-491.

Czech Statistical Office [2014] Population and vital statistics of the Czech Republic: 1920-2013, analytic figures（02.06.2014）(http://www.czso.cz/eng/redakce, nsf/i/population_hd,（2014年12月26日取得）

Dlouhá, Perta [2014] "OECD radi Česku: Zkrat'te mateřskou ra jeden roki" Penize, cz, http://www.penize.cz/rodicovstvi.

European Commission [2010] Europe 2020: A European strategy for smart, sustainable and inclusive growth, 3.3.2010, COM（2010）,
http://ec.europa.eu/eu2020/pdf/COMPLET%20EN%20BARROSO%20%20%20007%20-%20Europe%202020%20-%20EN%20version.pdf

EU glossary, Open Method of Cordination,
http://europa.eu/legislation_summaries/glossary/open_method_coordination_en.htm

EUROPEAN COMMISSION [2014a] Recommendation for a COUNCIL RECOMMENDATION on the Czech Republic's 2014 national reform programme and delivering a Council opinion on the Czech Republic's 2014 convergence programme, 2.6.2014 COM [2014] 404 final,
http://ec.europa.eu/europe2020/pdf/csr2014/csr2014_czech_en.pdf

EUROPEAN COMMISSION [2014b] COMMISSION STAFF WORKING DOCUMENT Assessment of the 2014 national reform programme and convergence programme for CZECH REPUBLIC, Accompanying the document Recommendation for a COUNCIL RECOMMENDATION on Czech Republic's 2014 national reform programme and delivering a Council opinion on Czech Republic's 2014 convergence programme, 2.6.2014, COM（2014）404 final,

http://ec.europa.eu/europe2020/pdf/csr2014/swd2014_czech_en.pdf
EU recommendations for the Czech Republic—2011-2014
http://ec.europa.eu/europe2020/pdf/csr2014/challenges2014_czech_en.pdf
Falkner, Gerda [2010] "Compliance with EU Social Policies in Old and New Member States: Different World, Different Remedies, Institute for European Integration Research." Austiran Academy of Sciences, Working Paper No. 06/2010.
Inglot, Tomasz [2008] *Welfare States in East Central Europe, 1919-2004*. Cambridge: Cambridge University Press.
Iversen, Torben and David Soskice [2001] "An Asset Theory of Social Policy Preferences." *American Political Science Review*, 95 (4) December 2001.
Javornik, Jana [2014] "Measuring state de-familialism: Contesting post-socialist exceptionalism." *Journal of European Social Policy*, 24 (3): 240-257.
Jenson, Jane [2010] "Diffusing Ideas for After Neoliberalism: The Social Investment Perspective in Europe and Latin America." *Global Social Policy*, 10 (1): 59-84.
Jenson, Jane [2012] "Redesigning citizenship regines after neoliberalism: moving towards social investment" In: Morel, Palier and Palme 2012a, 61-87.
Jiřička, Jan [2014] Maturity nezvládlo téměř 19 procent studentů, nejvíce od roku 2011. *iDNES. cz*, 20. června 2014, http://zpravy.idnes.cz/u-maturit-propadlo-temer-19-procent-dta-/domaci.aspx?c=A140620_081304_domaci_jj（2015 年 6 月 2 日取得）
Katrňák, Tomáš and Natalie Simonová [2011] Intergenerační vzdělanostní fluidita a její vývoj v České republice v letech 1990 až 2009. *Sociologický časopis*, 47 (2): 207-242.
Koldinská, Kristina [2007] "Gender Equality: Before and After the Enlargement of EU: The Case of the Czech Republic." *European Law Journal*, 13 (2) March 2007: 238-252.
Kvist, Jon [2004] "Does EU Enlargement Start a Race to the Bottom? Strategic Interaction among EU Member States in Social Policy." *Journal of European Social Policy*, 14 (3) August 2004: 301-318.
Lisbon European Council [2000] Presidency Conclusions: Lisbon European Council 23 and 24 March 2000, http://www.consilium.europa.eu/uedocs/cms_data/docs/pressdata/en/ec/00100-r1.en0.htm
Malová, Darina [2004] "A Neoliberal Trojan Horse? The New EU Member State and EU Social Model." Presentation at an EES noon discussion on December1, 2004, Meeting Report 309. http://www.wilsoncenter.org/publication/309-neoliberal-trojan-horse-the-new-eu-member-states-and-eu-social-model
Morel, Nathalie, Bruno Palier and Joakim Palme [2012a] *Towards a Social Investment Welfare State?: Ideas, Policies and Challenges*. Bristol: The Policy Press.
Morel, Nathalie, Bruno Palier and Joakim Palme [2012b] "Social investment: a paradigm in search of a new economic model and political mobilization." In: Morel, Palier and Palme 2012a, 353-376.
Myant, Martin and Jan Drahokoupil [2012] "The Road to a Distinct System? The Development of the Welfare State in the Czech Republic（April 14, 2012）." In: Emil Voráček and Zlatica Zudová-Lešková（eds.）*Theory and Practice of the Welfare State in Europe in 20th Century: Ways to the Welfare State, edited by Prague: Institute of History*. Academy of Sciences of the

Czech Republic, 2012. Available at SSRN: http://ssrn.com/abstract=2016859

Nice European Council [2000] Presidency Conclusions, Nice European Council Meeting 7, 8 and 9 December 2000, http://www.consilium.europa.eu/uedocs/cms_data/docs/pressdata/en/ec/00400-r1.%20ann.en0.htm

OECD [2014] OECD Economic Surveys: Czech Republic 2014, OECD Publishing. http://dx.doi.org/10.1787/eco_surveys-cze-2014-en.

Paloncyová, Jana et al. [2013] Systém denní péče o děti do 6 let ve Francii a v České republice, Výzkumný ústav práce a sociálních věcí, http://www.vupsv.cz/index.php?p=care_for_children&site=default

Potůček, Martin [2004] "Accession and Social Policy: The Case of the Czech Republic." *Journal of European Social Policy*, 2004 (14): 253-266.

Saxonberg, Steven, Hana Hašková, and Jiří Mudrák [2012] *The Development of Czech Childcare Policies*. Praha: Sociologické Nakladatelství.

Saxonberg, Steven and Tomáš Sirovátka [2014] "From a Gabage Can to a Compost Model of Decision-Making? Social Policy Reform and the Czech Government's Reaction to the International Financial Crisis." *Social Policy & Administration*, 48 (4): 450-467.

Šteigrová, Leona [2007] "Dopad procesu europeizace na vzdělávání a vzdělávací politiku České republiky." *Sociální studia. Fakulta sociálních studií Masarykovy univerzity*, 2007 (3): 89-105.

Toshkov, Dimiter [2007] "Transposition of EU social policy in the new member states." *Journal of European Social Policy* 17 (4): 335-348.

Trachtová, Zdeňka [2015] "U písemných maturit propadla šestina studentů. Jidáš problém nedělal." iDNES.cz, 15. května 2015, http://zpravy.idnes.cz/vysledky-maturitni-zkousky-dgi-/domaci.aspx?c=A150515_093225_domaci_zt（2015年6月2日取得）

仙石学［2011］「ポスト社会主義の中東欧諸国における福祉制度の多様性——あるいは『体制転換研究』と『福祉政治研究』の架橋の試み」仙石学・林忠行編著『ポスト社会主義期の政治と経済——旧ソ連・中東欧の比較』北海道大学出版会，263-299頁．

中田瑞穂［2011］「EUのジェンダー平等政策と国内ジェンダー・パラダイム——チェコ共和国を事例に」『ジェンダーと比較政治学（日本比較政治学会年報第13号）』ミネルヴァ書房，101-133頁．

中田瑞穂［2015］「チェコにおけるポスト社会主義のハイブリッド福祉レジーム」新川敏光編『福祉レジーム』ミネルヴァ書房，215-228頁．

〈2013年選挙における各党の選挙綱領〉

チェコ社会民主党ČSSD: "Prosadíme dobře fungující stát"（よく機能する国家を実現しよう） http://www.cssd.cz/ke-stazeni/volebni-programy/volebni-program-cssd-pro-volby-do-poslanecke-snemovny-parlamentu-ceske-republiky-2013/（2015年4月20日）

キリスト教民主同盟—チェコスロヴァキア人民党KDU-ČSL: Volební program KDU-ČSL 2013-2017 "DÁME ZEMI DO POŘÁDKU"（この国に秩序を） http://www.kdu.cz/getattachment/6089d21c-eba3-4e8e-b390-1b922500af73/Volebni-program-pro-volby-do-poslanecke-snemovny-2.aspx（2015年4月20日）

ANO 2011 Program pro volby 2013 http://www.anobudelip.cz/cs/o-nas/program/volby-2013/priority/（2015年4月20日）

市民民主党 ODS： Volební program "Volím pravici"（右派に投票）
　　http : //www.ods.cz/docs/programy/volebni-program-2013.pdf（2015 年 4 月 20 日）
TOP 09： Volby 2013 do poslanecké sněmovny, "VÍME, KAM IDEME"（行き先はわかっている）
　　http : //www.top09.cz/proc-nas-volit/volebni-program/volebni-program-2013/（2015 年 4 月 20 日）

第4章

スペイン・ポルトガルにおける新自由主義の「奇妙な不死」
民主化と欧州化の政策遺産とその変容

横田正顕

I 新自由主義の強靱性

2009年秋，全ギリシャ社会主義運動（PASOK）のゲオルギオス・パパンドレウ（Georgious PaPandreow）首相が前政権によるGDP統計の改竄と粉飾財政の実態を暴露したことは，リーマン・ショックの影響下にあった欧州において大陸規模の信用収縮を生じ，周辺諸国のソブリン危機の連鎖を伴う深刻な財政危機・債務危機をもたらした。欧州中央銀行（ECB）のトリシェ（Jean-Claude Trichet）総裁（当時）が，欧州議会経済・金融委員会（2011年10月11日）においてシステミックな危機の認識を披瀝する頃には，ユーログループをはじめとする外部からの強い要請を背景に，南欧諸国では年金改革と労働市場改革との組み合わせによる厳格な緊縮政策が導入されていた。

ユーロ圏の中でも突出した構造的不均衡を有する南欧諸国では，内的減価（internal devaluation）の追求が失業率の上昇と生活保障の後退を引き起こし［Armingeon and Baccaro 2012］，政府の経済運営に対する責任追及と政権交代の「伝染」［Bosco and Verney 2012］が生じた。しかしながら，2011年に繰り上げ総選挙で現職政府を拒絶する国民的意思が示されたポルトガルとスペインでは，中道右派政党による新政権が，前・中道左派政権の歴史的敗北を導いたはずの構造調整をさらに推し進める緊縮パッケージを打ち出し，これを粛々と遂行することで欧州危機の最も尖鋭な局面を乗りきった。

2014年までにスペインのGDP成長率はプラスに転じ，ポルトガルでは国債利回りが金融支援前の水準に戻ったことを受けて市場からの資金調達が再開されたものの，この間の給与水準の低下，増税，社会給付の削減，失業率の高止まりが景気回復の実感を大きく損なっている。一定の実績をもたらした改革政治の代償が決して小さくなかったことは，2015年（ポルトガルでは10月4日，スペインでは12月20日）に実施された総選挙で与党（連合）が大きく後退したことにもあらわれている。注目すべきは，過去4半世紀にわたって中道右派政権に代わる有力な政権選択肢であった中道左派政権への回帰が両国では実現せず，ギリシャとイタリアに続いて政党政治の流動化が露呈したことである。

ポルトガルでは，社会民主党（PSD）と民主社会中央党（CDS）による中道右派連合「前進せよポルトガル」（Portugal à Frente：PàF）に代わって，社会党（PS）を中心とする左派が政権の座についたものの，社会党自身は230議席中87議席を確保したにすぎない。議会第一党は25議席を減らしたものの依然と

して社会民主党（107 議席）であり，また総選挙の後に実施された大統領選挙で新大統領に選出された社会民主党出身のマルセロ・レベロ・デ・ソウザ（Marcelo Rebelo de Sousa）が政権の左旋回を牽制する重石となっている。アントニオ・コスタ（António Costa）首相は自らの政権基盤が単なる「消極的連立」（coalizão negativa）であることを否定しながら，EU の要求に基づく新規の緊縮パッケージ案が議会で否決された後も改革政治自体を放棄しないことを宣言した。

一方，20 年以上にわたって安定した政党政治が展開されてきたスペインでは，与党の人民党（PP）が 350 議席中 187 議席から 64 もの議席を失ったのに対し，2011 年選挙で 59 議席を失った社会労働党（PSOE）は，新党首ペドロ・サンチェス（Pedro Sanchez）の下で党勢を回復するどころか，さらに 20 議席を失って 90 議席にまで落ち込んだ。代わって新興政党であるポデモス（Podemos）とシウダダノス（Ciudadanos）が第 3，第 4 の全国政党として躍進したことで，人民党と社会労働党の「平和的交替」（el turno pacífico）が実現することはなく，やり直し選挙実施後の長期にわたる混乱した組閣交渉の末に，信任投票を社会労働党が欠席したことで人民党のラホイ政権の続投を許す形となった。

反グローバリズムが勢いを得たリーマン・ショック後の世界において，「効率的市場」への信念に代わる新たな政治的サイクルではなく，社会民主主義的選択肢の弱さと新自由主義の強靭性，すなわち新自由主義の「奇妙な不死」（strange un-death）が問題となっている［Bailey et al. 2014；Crouch 2011；Schmidt and Thatcher 2013；Keating and McCrone 2013］。しかし，緊縮政策に対する大衆的抗議の高揚にもかかわらず，両国ではユーロ離脱を掲げる政党が台頭せず，政策転換の実現に有効に結びつかなかった。このことは，欧州経済統合とりわけ通貨統合に伴う「黄金の拘束服」（golden straightjacket）の強制力，より具体的には欧州危機後の「トロイカ」および国際債権団の圧力だけによってもたらされたものではない。両国の民主化後の政党政治が，党派を超えて新自由主義を受容し実践する枠組みとともに発展してきたことを示唆する。

本章では，スペインおよびポルトガルにおける新自由主義の執拗さの源流を，1980 年代における政党間競争のパターンの形成期にさかのぼって検討する必要があると考える。当時は政治的民主化を完了した両国における移行の第二段階として，社会党（スペインでは社会労働党）を含む政権の下で「南欧社会主義」（Southern European socialism）［Gallagher and Williams 1989］の可能性が探られており，主流政党の中でも特に社会党の政策や政党システム内での役割の変容が

起きていたのである。その上で，2000年代以降の対照的な経済パフォーマンスが両国の政党間競争に与えた影響，すなわち主流政党の政策オプションの広がりの差に注目することで，現在両国が直面している政治的危機の様相が異なって見えるのはなぜか，という点に関する説明の一助としたい。

II 政党間競争のダイナミクス

1 2つの体制移行と政党政治

1970年代に権威主義体制からデモクラシーへの転換を同時に実現したスペインとポルトガルの下で採用された政治制度の組み合わせには，半大統領制と単一制国家（ポルトガル），議院内閣制と準連邦制国家（スペイン）のような重大な相違があるが，県単位のドント式比例代表制は数少ない共通点の一つである。この選挙制度は，少なくとも2011年以前の総選挙において，中道左派と中道右派を代表する二大政党（ポルトガルの社会党と社会民主党，スペインの社会労働党と人民党）に有利に作用してきたが，必ずしもこれらの政党による単独多数を保証しなかった。スペインでは，大政党の過大代表と同時に，一部の地域政党の全国進出を可能にする枠組みとしても機能している［Hopkin 2005 ; Jalali 2008］。

ポルトガルでは4党体制が早期に定着したが，組閣パターンの定着は困難を極め，安定政権の成立には民主化の開始から10年を要した。過去40年間に成立した単独多数派は第2次・第3次カヴァコ・シルヴァ（Anibal Cavaco Silva）政権（社会民主党，1987〜1995年），第1次グテーレス（António Guterres）政権（社会党，1995〜1999年），および第1次ソクラテス（José Socrates）政権（社会党，2005〜2009年）のみである。加えて，カヴァコ・シルヴァの例外的長期政権と社会党出身のマリオ・ソアレス（Mário Soars）大統領の対立に見られるように，大統領の直接公選が生み出す保革共存（コアビタシオン）の下で，大統領の法案拒否権行使が政策効率の抑制に作用することも少なくない［Freire and Pinto 2010］。

スペインにおける単独多数派の経験は，第1次・第2次ゴンサーレス（Felipe Gonzales）政権（社会労働党，1982〜1989年），第2次アスナール（José Maria Aznar）政権（人民党，2000〜2004年），ラホイ（Mariano Rajoy Brey）政権（社会労働党，

2011～2015 年）である。しかし，スペインでは建設的不信任制度が閣外協力に
よる少数派政権の存続を容易にしており，単独多数派政権の間を少数派政権が
埋めている。少なくとも 2000 年代まで閣外協力の相手として重要であったの
は，カタルーニャの「集中と統一」(CiU) をはじめとする地域政党であり，2
大全国政党と小規模な地方政党による重層的な政党システムの下で，複合的な
妥協の政治が展開されてきた。

　両国政治のコンセンサス型要素は，それ自体として，政権担当能力を有する
主流政党の政策的収斂を促すとともに，多数派による政策目標の強引な追求を
抑止する効果があると予想される。ポルトガルの大統領拒否権やスペインの少
数派政権の慣行はそのように機能してきたが，実態はそれほど単純ではなかっ
た。革命的断絶を伴うポルトガルの民主化に対して，スペインの民主化が旧体
制内部からの改革の形をとったことが，両国の政党の空間的配置に違いをもた
らし，制度は政党間競争の方向づけを強化したにすぎないからである。

　1974 年に勃発したポルトガルの「カーネーション革命」(Revoluação dos Cravos)
は，対外的にはいわゆる民主化の「第 3 の波」(the third wave) の波紋を引き起
こした歴史的事件として記憶されているが，共産党（PCP）と国軍運動（MFA）
左派の支配下に置かれたポルトガルでは，デモクラシーに到達するための苦渋
に満ちた軌道修正が必要であった。その結果，体制選択をめぐる亀裂 [Jalali
2008] が左派陣営の内部に走り，民主化を主導した社会党は恒常的野党である
共産党の存在によって，中道左派政権の安定性とその政策選択の幅に大きな制
約が課されることになったのである。

　両国の体制移行は，2 度のオイル・ショック後の混乱収拾に加え，EC 加盟
を見据えた条件整備の過程と重なった。ポルトガルでこれらの課題が主に社会
党の責任において進められ，1970 年代末から 1980 年代初頭にかけて，ポルト
ガルは 2 度にわたって IMF のスタンドバイ・クレジットを受け入れる事態に
陥った。このことは，新興政党の一つとして確固たる組織基盤を持たない社会
党を決定的に弱体化させ，同党の主導の下に実現した EC 加盟の果実を受け
取ったのは，中道右派の社会民主党であった。1985 年に社会民主党に禅譲し
た社会党が政権復帰するには，10 年もの歳月が必要であった。

　一方，スペインでオイル・ショック後の対応と EC 加盟交渉を担当したのは，
旧体制から派生した民主中道連合（UCD）である。民主中道連合政権は，政治
改革法の成立，1978 年憲法の制定，自治州の創設をはじめとする政治的移行

を優先課題とし，社会政策や経済政策の分野では場当たり的な拡張主義政策に終始して有効な対策を打ち出せなかった。実態はタクシー政党とも呼ばれる群小政党の連合体であった民主中道連合は，体制移行の完了とともに事実上解体し，右派陣営の凝集性が失われた結果として，社会労働党の単独政権が早期に成立し，長期化（1982年から1914年）した。

連立政権の目まぐるしい交代が社会党の長期低迷に帰結したポルトガルとは対照的に，社会労働党政権の成立は一般にスペインにおけるデモクラシーの固定化（consolidation）の画期と見なされ，社会労働党自身も南欧社会主義の旗手として注目された。ポルトガルと異なって共産党（PCE）の挑戦が脅威でなかった社会労働党には，右派の領分に迫る政策位置変更が理論的には可能であり，社会労働党政権下でEC加盟の経済効果が具体化し始めたこともまた強力な追い風となった。しかし，まさにそのことによって，社会労働党自身にも大転換が必要となり，急進的野党からの脱却を模索する社会労働党は，政権到達に際して，民主中道連合政権の残務としてのインフレ抑制と労働市場柔軟化による経済再建にコミットせざるを得なくなった［Royo 2000］。

2　第二の移行と「埋め込まれた」新自由主義

1970年代半ばにおける両国の民主化の展望は，「欧州回帰」の可能性とその具現化の手段としてのEC加盟と深く関係していた。フィッシュマン（Robert Fishman）［Fishman 2003］は，民主化の前提としてEC加盟を捉える発想が両国では案外弱かったのではないかと示唆している。しかし，域内経済の不均衡の是正策を講じる必要に迫られたECが，1987年2月の包括的財政改革案（第1次ドロール・パッケージ）に基づく構造基金の増額や1993年の第2次ドロール・パッケージによる結束基金の創設などを実施したことで，EC/EUを媒介とする資金還流の最大の受益者となった両国は急速なキャッチアップを実現し，結果としてデモクラシーの強化を実現したことは確かである。

ポルトガルでは，民主化の課題とは別に，植民地帝国と革命への代替案として欧州回帰が熱心に追求されたが［西脇 2012］，この目的が達成された後も，EC加盟を実現するためにいくつかの条件を満たすことが求められていた。すなわち，憲法規定の中に残されていた軍の貢献的役割を廃し，革命期に国営化された企業の株式売買の制限を撤廃するなどの自由化措置を達成することであ

る。政治的民主化の完成を意味する前者の改革は，社会党，社会民主党，民主社会中央党の3党合意による1982年の憲法改正で実現した。しかし，革命の社会的遺産の一掃につながる後者の改革は，EC加盟後の1989年を待たねばならなかった。

　1985年に社会党に代わって少数派ながらも政権の座に就いた社会民主党は，1987年の総選挙で過半数を制して民主化後初の単独多数派政権を確立した。ニューケインジアンとしてカトリック大学で教鞭を執っていたカヴァコ・シルヴァは，EC加盟後の経過期間において確信的に新自由主義的な諸政策を導入しようとした最初の首相である。しかし，税制改革や段階的民営化などの重要施策を実現した後，社会民主党政権はサプライサイド改革の中心的要素の一つである労働市場の柔軟化を計画どおりに実施することができなかった。マリオ・ソアレス大統領の拒否権行使に加えて，1980年代後半の景気回復の中で攻勢を強めていた労働運動がその障害となっていた。

　2大頂上団体，労働者総同盟（UGT）と労働者総連合会—インテルシンディカル（CGTP-In）を中心に組織されるポルトガルの労働運動は，政党システムと同様に革命に起因する政治的亀裂に分断されている。農業，漁業，建設業，商業・サービス業，金属・化学などの広範な部門で組織労働者の多数を掌握していたのは共産党系のCGPTであり，公務員，技師，銀行員などのホワイトカラー層を中心とするUGTは，1978年にCGTPに対抗する第2の勢力として組織された。UGTの中には社会党系と社会民主党系の単組が共存していた。

　ポルトガルでは社会党連立政権期の1984年に，分立する4つの経営者団体を包摂する政労使のマクロ政策協調の場を提供する社会的協調常設委員会（CPCS）が設置された。CGTPは，構造調整に向けての社会協定の作成を当初目的としていた社会的協調常設委員会に対して，当初から批判的であった。社会民主党の単独多数を背景とするカヴァコ・シルヴァ政権は，欧州委員会の方針に従って社会対話（social dialogue）を指向し，社会的協調常設委員会へのCGTPの参加を促したが，解雇の正当事由の定義拡大を含む労働法改正案に対する反対はUGT内部にも及び，2大労組の共同行動による1988年のゼネストが組織されたのである。

　同時期のスペインでは，1981年から1996年の間に最低賃金，解雇規制，失業保障などを含む45件の労働市場政策の変更が提起され，うち3件が失敗に終わったのに対し，ポルトガルで提起された26件については10件が失敗に終わった。失敗した法案の大部分は一方的な柔軟化施策であって，労働保護強化

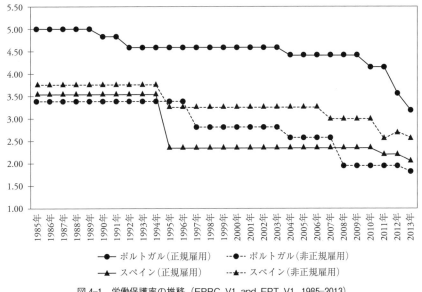

図 4-1　労働保護率の推移（EPRC_V1 and EPT_V1, 1985-2013）
出典：OECD Indicators of Employment Protection

に関する逆方向の提案と組み合わされていない。また労組・経営者団体からの反対，議会での否決，憲法裁判所での違憲判断などが一連の失敗の直接的原因となっており，戦術上とガヴァナンス上の両面にわたる障害がこの分野での社会民主党政権の前進を阻んでいた［Glatzer 1999：106-108］。

1980年代半ば以降のポルトガルでは，労働市場の柔軟性の欠如にもかかわらず（図4-1参照），失業率が比較的低い水準に抑えられていた。その背景としては，雇用創出における公共部門の役割の大きさ，そもそもの労働力の質と賃金水準の低さ，景気後退時における国外への出稼ぎ，移民の増加などがあげられる。この時期のポルトガルでは有効な積極的労働市場政策［Baglioni and Oliveira Mota 2013：322-325］がほとんど展開されていないことからも，失業率の抑制はポルトガル経済の構造的脆弱性の裏返しに他ならなかった。所得水準と労働生産性がともに低い状態から脱皮できなかったポルトガルにおいて，失業率の相対的低さが危機の緩衝機能を果たすことはなかった。

ベルメオ（Nancy Bermeo）［Bermeo 1994］によれば，政治的民主化（第1の移行）と構造調整の過程（第2の移行）を分離した上で，単独で議会多数を制する強力な社会労働党政権が後者を推進したスペインは，第1の移行のみなら

ず，第2の移行の顕著な成功例である。しかし，社会主義の実験が危機的状況を招来した2つの隣国（ポルトガルとフランス）に挟まれながら，当初80万人の雇用創出を公約に掲げた社会労働党政権は，近隣諸国におけるケインズ主義的処方箋の限界を目の当たりにするや，サプライサイド改革によってEC加盟準備を促進し，外資導入の環境を整えることで経済再生を図る方針を採用した。すなわち，第2の移行への全面的関与が社会労働党自身の変容を促したのである。

ボイッシュ（Carles Boix）の研究［Boix 1998］は，この社会労働党の選択が政党―有権者関係の再編成（realignment）につながる戦略的意図を有していたと指摘する。ゴンサーレス政権は，非熟練労働者が強く要望する再分配の強化ではなく，中間層寄りの政策としての財政規律の維持を大原則としながら，課税基盤の強化とフランコ体制期の遺産である国家持株会社のスペイン産業公社（INI）の再編を通じて，公共投資の拡大に力を注いだ。また，賃金抑制の代償としての社会保障制度の整備が，労働者と中間層の両方を包摂する政党編成を強化した。スペインの社会保障制度には旧体制に由来する非合理性や欠陥が多くあり，保護水準も先進諸国に比べてはるかに低かった（図4-2参照）が，それゆえに制度の合理化を名目とする抑制的な福祉拡大を推し進めることが可能であった。

他方で，1980～1985年に約2倍（11.5%→21.5%）に膨張した失業率の抑制策として打ち出されたのは，1984年の労働者憲章法改正による14種の短期有期雇用契約の創出である。旧体制期に貧弱な社会保障を補完していた雇用保護の改革は，第2の移行の重要テーマの1つであった。しかし，有期雇用契約の拡充による失業率低減効果は認められず，1985年に全労働者の15%であった有期雇用契約の割合は1990年に32%にも達した。1994年に雇用情勢が再び悪化して失業率が24.1%に達した際，社会労働党政権は常用雇用の原則を撤廃し，有期雇用の適用範囲の拡大や低技能の若年労働者向けの職業訓練契約・研修契約の導入，さらには正当な解雇事由の拡大による解雇規制の緩和を追求した。確かにこの改革をもってスペインの労働市場の柔軟性は顕著に高まったが（図4-1参照），有期雇用への依存度もまた上昇し続け，若年失業率にも大きな変化がなかった。

こうして，社会労働党政権期には，失業率の高止まりと労働市場の二重化によって，雇用契約全体の30%を占める有期雇用契約が労働市場の緩衝機構と

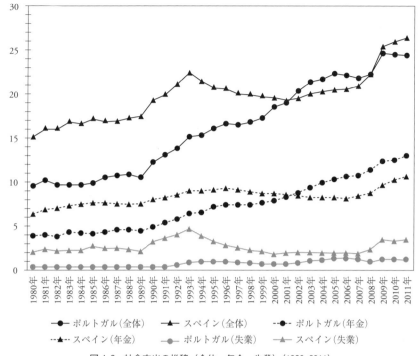

図 4-2　社会支出の推移（全体，年金，失業）(1980-2011)

出典：OECD Data

してビルトインされ，労働者のインサイダーとアウトサイダーの格差を拡大再生産するサイクルが生み出された［Polavieja 2005］。その政治的帰結は 2 つである。第 1 に，社会労働党が労働市場のインサイダーの保護を優先する政策に軸足を移し，「裏返しの社会民主主義」［Rueda 2007］を実践する政党に変化したこと，第 2 に，インサイダーに対する雇用保護や解雇規制の緩和を進め，労働市場の柔軟化をさらに推進することが，社会労働党退陣後を引き継いだ人民党のアスナールにとって，合理的な選択となったということである。

　もっとも，人民党の少数派政権として発足したアスナール政権は，2000 年の総選挙で単独多数を確保するまで慎重な姿勢を維持し，社会労働党政権末期の政党間交渉に基づくトレド協定（1996 年）に従って賦課方式年金制度の維持を確認した。加えて，労働者総同盟（UGT）と労働者委員会（CCOO）との接近を通じて，1986 年を最後に途絶していた政労使間の社会協定を復活させた

［横田 2008］。マーストリヒト収斂基準との関連で議論されることが多い社会的協調の実践は，スペインでは2大労組が自らの制度的影響力を高め，政府は有期雇用契約の抑制や年金改革といった重要施策に関する方針の周知を図るためのものとして，2000年代以降にも引き続き積極的に活用された。一方で積極的労働市場政策の整備水準は欧州最低レベルであり［Javier Mato 2013］，労働市場の二重化を背景とする構造的失業については，失業給付の抑制を主眼とする消極的対応が続けられたのである。

III 新自由主義的欧州の中のスペイン・ポルトガル

1 恒常的緊縮の政治（ポルトガル）

1990年代初頭に通貨同盟の前身にあたる欧州通貨制度（EMS）が混乱したことは，当時のスペインとポルトガルの政権与党（社会労働党および社会民主党）にも打撃を与えたが，両国で政権交代が生じたのは危機の尖鋭な局面が過ぎた後であった。ポルトガルでは1995年の選挙によってカヴァコ・シルヴァの社会民主党長期単独政権が終わり，社会党が1978年以来の単独政権として10年ぶりに政権復帰した。当時の社会党党首はソアレスらと世代的・イデオロギー的に一線を画するアントニオ・グテーレスであった。体制移行期に獲得した支持者を大きく失って長い野党生活を強いられた社会党は「第3の道」を掲げ，欧州統合の文脈に適応しようとしていた［Lobo and Magalhães 2010］。

1996年初頭の大統領選挙で社会党系のジョルジェ・サンパイオ（Jorge Sanpaio）がソアレスから大統領職を引き継ぎ，保革共存が回避されたことは，少数派のグテーレス政権がマーストリヒト収斂基準の達成に専念することを可能にした。グテーレスは財政赤字・インフレ率・政府債務残高に関する収斂基準に短期間で到達し，欧州通貨同盟への先行加盟の見通しを1998年までに確実にした。EMS危機から立ち直った1990年代後半のポルトガルは，輸出主導による良好な経済的パフォーマンスを示し，1994～2000年の平均実質GDP成長率が3％を超えた。失業率は4％，インフレ率は1999年に2％を若干超える程度に抑えられた。

社会党政権が顕著な実績を生み出す過程において重要だったのが，GDPベースで年平均2％を超える財政収入を生み出したとされる100以上の公営企業の

売却を含む大規模民営化プログラムである。この点には，マリオ・ソアレス時代の社会党よりも，社会民主党単独多数を基盤とするカヴァコ・シルヴァ政権との連続性が明らかに見て取れる。しかし同時に社会党政権は，1980年代前半の経済収縮期に凍結状態に陥っていた社会保障を欧州統合の深化に対応して拡充することを目指し，「連帯」(solidariedade) の旗印の下に社会的排除への対策と積極的労働市場政策の枠組みを強化しようとした。対GDP比における社会支出の割合は，カヴァコ・シルヴァ政権期から引き続き増加し続けた。

　もっとも，過半数に4議席足りない政権基盤の弱さを抱え，党内亀裂の危機を抱える社会党政権の立場は盤石ではなかった。通貨統合という巨大な政策目標を抱えた社会党は，社会的協調常設委員会の枠組みを通じて取り付けた政労使の合意を改革遂行の梃子にしようとした。社会的協調常設委員会に対して是々非々の態度を取り続けたCGTPは，児童労働の規制，雇用創出に関する地方イニシアチブの促進，労働時間の短縮化，パートタイム労働の促進等を主な内容とする短期的社会対話 (ACSCP)，別名戦略的協調合意 (ACE) に参加した。CGTPの態度変化は反欧州の姿勢を貫いてきた共産党の柔軟化を示唆していた。グテーレス政権は，合意に基づく通貨統合への堅実な邁進によって，EUの「優等生」の評価を得た。

　他方で欧州統合への疑義は，政治的スペクトラムの両極，すなわちマヌエル・モンテイロ (Manuel Monteiro) 党首の下で人民党に改称したかつての親欧州派政党・民主社会中央党と，共産党異論派を含む新政党として旗揚げした左翼ブロック (BE) から生じた。しかし，「優等生」たるグテーレス政権の最大の懸念事項は，こうした小政党の反乱ではなく，マーストリヒト収斂基準の達成後にマクロ経済指標が悪化し始めたことであった。貿易赤字の拡大と並行する経済成長の鈍化に対し，グテーレス政権は共通通貨の信用性を当て込んだ景気対策を講じたが，金融政策の自律性の喪失によって1999年11月以降に徐々に金利が上昇し，経済状況はさらに悪化した。

　こうして2001年の政府財政赤字はGDPの4.3%に上り，ユーロ参加国として，ポルトガルは早くも安定・成長協定を破るという不名誉に甘んじることとなった。社会労働党は1999年の総選挙で3議席を積み上げ議会定数の半分に到達したものの，2001年の地方選挙での惨敗を受けたグテーレスは，政権2期目の途中で辞意を表明する。2002年の繰り上げ総選挙では社会党が大敗を喫して96議席に転落し，代わって，ドゥラン・バローゾ (José Manuel Durao Barroso) を首班とする社会民主党と民主社会中央党の弱体な中道右派連立政権が

成立した（社会民主党は230議席中105議席を確保したのみ）。不安定な連立政権の内部における数少ない一致点は，安定・成長協定の遵守のための緊縮政策の追求であった。

ドゥラン・バローゾ政権による財政的ショック療法は，後退局面にあった経済をさらに委縮させ，政権の意図とは裏腹に財政赤字の拡大をもたらした（2004年の3.4%から2005年の6.1%）。加えて，失業率の上昇の中で2002〜2003年に企図された労働市場改革は激しい労働攻勢に直面し，政府への信頼は任期半ばで急落した。2004年の欧州議会で与党惨敗を見届けたドゥラン・バローゾは，欧州委員長への転出を表明してサンタナ・ロペス（Pedro Santana Lopes）に席を譲ったが，政権発足当初から死に体であったサンタナ・ロペスは，サンパイオ大統領から事実上の辞任勧告を受けて退陣する。その後，2010年のパッソス・コエーリョ（Pedro Passos Coelho）まで，社会民主党は1年おきの党首交代を繰り返し，政権担当能力を発揮できずにいた。

こうした社会民主党の凋落を前に，ジョゼ・ソクラテスを新党首に迎えた社会党は，当初のソクラテス人気にも預かって2005年の選挙で多数派を獲得し，政権の座に返り咲いた。ソクラテス政権の課題は，ユーロ残留を求める世論に押されつつ，リスボン条約とリスボン戦略に基づく構造改革圧力に対応することであった［Torres 2009：58-59］。しかし，2009年までに安定・成長協定の基準達成を義務づけられたソクラテスは，政権発足直後に早々と選挙公約を破ってVATの2％引き上げを実施し，公務員人員削減，各種手当の廃止など，中道左派政権としてのアイデンティティを傷つける政策に次々と着手せざるを得なかった。

それでもなお，2006年に大統領として復帰したカヴァコ・シルヴァとの協調的保革共存によって，ソクラテス政権の取り組みは比較的高い支持の下に進められ，2006年には社会協定を前提とする年金改革合意に達した。2000年代に入って恒常的に緊縮政策の実施を余儀なくされてきた社会党は，選挙において中道右派陣営と鋭く対立しながら，政策面では共産党や左翼ブロックよりも中道右派に接近していた。2006年以降の大統領選挙において，左派統一候補が乱立している点にも左派陣営内部の亀裂の深さが示されているが，具体的な政策面における中道左派・右派の収斂は，グテーレス政権以降に労働保護率の緩和と法人実効税率の引き下げ（図4-1・図4-3参照）が段階的に進み，政権交代にもかかわらず基本的に踏襲されている点に表れている。

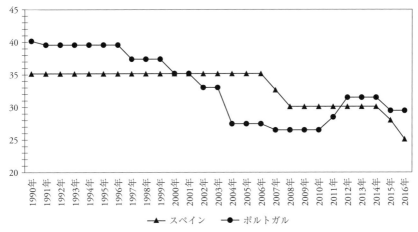

図 4-3　法人実効税率の推移（1990-2016）

出典：OECD Tax Database

　スペインで 1980 年代に生じつつあった社会労働党の新自由主義化は，長く野にあったポルトガルの社会党においてやや遅れた形で顕在化し，欧州統合の深化によって絶えず課せられた外部からの財政健全化圧力によって，とりわけ「失われた 10 年」ともいわれる 2000 年代に強化されたのである。第 1 次ソクラテス政権において，2007 年までに実質 GDP 成長率が 2.49％に上向き，同年の財政赤字が対 GDP 比 3.1％にまで圧縮された瞬間に，社会党の変容に歯止めがかかる契機は訪れたかに見えた。しかし，リーマン・ショックに対応するための景気刺激策への依存が財政収支の極度の悪化をもたらし，ソクラテスもまた財政再建か経済成長かの厳しい二者択一の下で再び窮地に陥った。

　リーマン・ショックから欧州危機への途上において，2009 年 9 月の総選挙を前に欧州議会選挙（同年 6 月）が実施されたとき，高い棄権率（63.2％）の下で示された現与党批判（12→8 議席，ただしポルトガルの議員定数自体も 24 議席から 22 議席に削減）は，もう 1 つの政権選択肢である社会民主党と民主社会中央党の浮上につながらなかった。総選挙では社会党が相対得票率で 8.5 ポイント，34 議席（議席占有率で 14.8％）もの喪失を被り，わずか 97 議席に転落しながら，社会民主党に民主社会中央党を加えた中道右派（81 + 21 議席）も過半数に満たなかった。社会民主党の政権復帰が同党自身の指導体制の混乱によって妨げられたことは間違いない。しかし，この時社会党と社会民主党との間には，

政権担当能力を除いて実質的な相違がほぼ存在しなくなっていたのである。

2　バブル崩壊と対応の遅れ（スペイン）

　通貨統合とともに経済が失速し，緊縮政策の悪循環に捕われたポルトガルの「失われた10年」とは対照的に，同時期に経済成長を加速させたスペインは，2000年代におけるEUの「模範生」と見られるようになった。建設不動産やサービス産業などの低生産性部門への投資を基盤とする構造的脆弱性を抱えた同国経済の劇的発展は，為替差損の不在の下で域内の統一的金利と各国ごとのインフレ率との差から生じる利鞘を当てにしたキャリー・トレードによる過剰流動性の産物，すなわち典型的な「バブル」（burbuja）であった。しかし，それでもなお，欧州危機前夜のスペインの財政・経済的パフォーマンスが良好であったことは動かし難い事実である。

　当時政権の座にあった人民党のアスナールは，好景気の持続を背景に2000年総選挙で単独多数を実現した後，数の力を背景に，「ハード・アクティヴェーション」改革の一種として，「失業」の限定解釈に基づく失業手当給付の制限を試みた。労組側は政府提出の失業保障法案が社会的対話の打ち切りにより，しかも緊急を要する場合に用いられる「政令法」（Real Decreto-Ley）形式で突如なされたことに激高し，2002年6月の3日間ゼネストによる反撃に訴え，同年10月にも2大労組の大抗議デモがマドリードで組織された。アスナール政権が好況期ににあえて着手しようとした理由は不明とされるが［Pérez and Laparra 2011：156-157］，アスナール自身が新自由主義改革の確信的支持者であることは知られていた。

　それでもなお圧倒的な経済実績を誇る人民党は，2004年の総選挙による続投がほぼ確実であると考えられていたが，投票日直前の3月11日に発生したアトーチャ駅列車爆破テロによって支持急落に見舞われ，予想外の社会労働党政権の成立につながった。この政権交代にはわずかながらも予兆があり，必ずしも偶発的ではなかったという見方がある一方［Chari 2004］，政党支持なし層の動員によって社会労働党に投じられた歴代最大の票が同党に単独多数をもたらすことはなかった（39議席増の164議席）。人民党政権の実績は依然として高く評価されており［Hamann 2012：194-196］，少数派政権を率いる社会労働党のサパテロ（Tosé Luis Rodriguez Zapatero）もまた，前政権の下での経済運

営を無視することができなかった。

　社会労働党は9年間の野党時代の間に指導部の世代交代と政策面での刷新を経験し，その中心にあったサパテロは，公共の場からのカトリック的シンボルの撤去，「婚姻」の再定義，「歴史の記憶法」など，左派リバタリアン的指向性を強く打ち出していた。一方，3.11事件の原因に疑問を抱く人民党新党首ラホイはこれらの政策に反発し，大規模な移民合法化措置（2005年）や社会労働党の連邦化構想でも社会労働党との敵対的姿勢を強めて，政党間競争は分極化した［Torcal and Lago 2008：364］。

　しかし，社会労働党の独自政策は，アスナール期の経済政策の果実を継承・活用することで可能になったものであり，2極化の焦点は古典的な左右軸から離れたところにあったのである。同時に社会労働党政権が社会的協調の枠組みに依拠した点は，少数派政権として発足した人民党のアスナール政権と共通する。政権発足後直ちに2大労組と経営者団体・スペイン経営者団体連合会（CEOE）の代表と面会して社会改革の協調的推進を約束したサパテロは，2004年の「社会的対話宣言」（Declaración para el Diálogo Social）をはじめとする協定を続々と成立させていった。

　高齢者介護に関する普遍的な枠組みが必要であるとの共通認識の下に成立した2005年の政労使合意は，介護・自立支援サービスを「自立・要介護者支援システム」（SAAD）を通じて供給する「自立推進および要介護者の世話に関する法律（介護法）」＝2006年法律第39号の成立を導いた。社会サービス分野での展開が著しく遅れていたスペイン福祉国家において，この法律の成立と施行は画期的であった。また，議会承認された2006年の雇用拡大に関する合意（AMCE）は，有期雇用契約の常用雇用契約への転換促進を狙った労働者憲章法の改正によって具体化し，法改正から2年以内に有期雇用の比率が34％から31％に減少した［Hamann 2012：201-202］。

　こうした改革が矢継ぎ早に行われたサパテロ政権前期において，社会支出の対GDP比の上昇が抑制されていた点は（図4-2参照），福祉改革の重点がもはや単純な制度拡大ではなく再調整（recalibration）に置かれていたことを意味する。サパテロ政権は財政収支の大幅改善を達成し，対GDP比公的債務残高のマーストリヒト収斂基準内への圧縮を実現した（図4-4・図4-5参照）。

　2008年に総選挙を控えたサパテロ政権は，2007年7月，新生児1人の誕生に対して一律2500ユーロを支給する「新生児手当」（cheque bebé）の構想を提

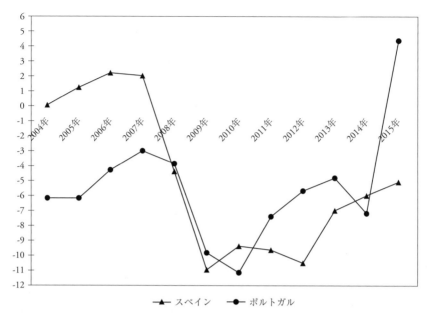

図 4-4　対 GDP 比財政収支（2004-2015）

出典：Government Finance and EDP Statistics, Eurostat

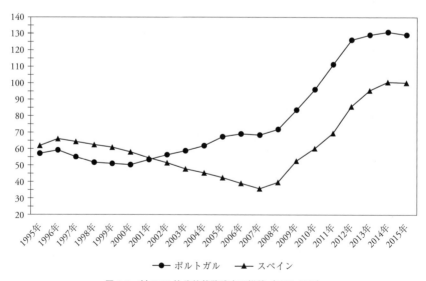

図 4-5　対 GDP 比公的債務残高の推移（1995-2015）

出典：Government Finance and EDP Statistics, Eurostat

示する一方，サブプライム危機（2007年8月10日前後）の欧州経済への影響をあえて過小評価し，社会政策の拡充の必要性に訴えて有権者をつなぎとめようとした［Royo 2009：28；Martín and Urquizu-Sancho 2012：348-349］。選挙では社会労働党が単独政党として史上最多の票数（1129万票）を得たものの，人民党も野党最大の票数（1028万票）を得て2大政党の議席占有率が最高潮に達し（92.2％），両者の拮抗が明らかとなった。しかしながら，今次も社会労働党の単独多数が実現することはなかった。

　第2次サパテロ政権の発足後，一連の社会改革に物質的基盤を提供してきた経済成長の鈍化が次第に明らかになり，2008年には登録失業者数が60万人増加して失業率は13.9％に達した。政府は2008年6月に至ってようやく危機認識を公式に改め，主要政策を社会的協調の枠組みに載せる新たな社会的対話宣言（「経済への刺激・雇用・競争・社会発展に関する宣言」，2008年7月30日）に基づいて「社会的対話の成果と評価委員会」を設置し，雇用創出と景気回復の途を模索した［Royo 2013：151-152；Hamann 2012：202-203］。2000年代におけるスペインの財政事情の好転は，財政出動による景気刺激という選択の余地を広げ，皮肉にもサパテロ政権の認識と行動の遅れにつながった。急激な財政赤字の拡大と債務残高の膨張を目の当たりにしたサパテロ政権が，包括的緊縮パッケージへの転換に踏み切ったのは，S&Pによる長期国債の格下げ（AA＋→AA）後の2010年5月12日であった。

Ⅳ　危機の政治的帰結

1　「勝者なき選挙」の逆説（ポルトガル）

　2011年に，ポルトガルとスペインでは中道左派の単独少数派政権が相次いで繰り上げ選挙に追い込まれ，政権の座から転落し，既成の中道右派ないし右派政党（連合）（社会民主党＋民主社会中央党または社会労働党）が取って代わった点で，同様の変化を経験したといえる。しかし，ポルトガルの経済危機はスペインのようなバブル崩壊型ではなく，「失われた10年」の中での既知の対処法に焦点を当てるものであった。ほぼ毎年のように安定・成長協定違反を繰り返し，2008年に過剰財政赤字是正手続の前倒し終了と対GDP比2.2％への財政赤字削減に至る間［Torres 2009：55］，ポルトガルは収斂基準の達成と景気

浮揚の実現の二律背反に悩まされ，結果的に低い経済パフォーマンスの下で不安定な政権運営を余儀なくされた。こうした中で与党議員や首相自身のスキャンダルが続発したことは，国民生活へのコスト転嫁を困難にし，構造的問題を深化させるだけであった［Freire and Santana-Pereira 2012：181］。

　2010年5月にギリシャ政府が「トロイカ」に緊急支援を要請し，同年11月にアイルランド政府がこれに倣った際に，ポルトガルではすでに，社会党少数派政権による第1次安定・成長プログラム（PEC）の採択（2010年3月）によって，欧州理事会決議に沿った緊縮政策への転換が行われていた。また，さらなるソブリン債の金利上昇と銀行の経営状態悪化に伴って，同年5月にはPEC II，9月にはPEC IIIが採択された。このような対応にもかかわらず，ポルトガルが「第2のギリシャ」となる危険性を指摘され始めたことに対し，ソクラテス政権は，1980年代の悪夢を避けるべく，IMFへの救済要請の必要性を当面否定しつつ，EUの要求する緊縮パッケージの遂行に傾注した。

　進行する危機の下で行われた2009年の総選挙で過半数を大きく割り込む単独与党（230議席中97議席）として再出発した社会党が，増税・公務員給与の削減・社会編入措置の縮小・各種手当の廃止などを含む追加緊縮案と予算案の採択と執行にあたるには，党内外との協調が必須であった。実際にPEC IIIが予定する公務員改革と増税・年金納付金の引き上げを含む2011年度予算の審議は紛糾し，棄権という形の社会民主党の「協力」で2010年11月に成立した。2010年10月24日には2大労組が1988年以来のゼネストを敢行し，緊縮策の段階的強化に対する抗議の意思を表明したが，ソクラテス政権は，現状を上回る厳しい緊縮パッケージとの引き換えが予想されるEU・IMFの緊急支援要請の回避を当面の最優先課題としていた。

　2011年1月に大統領選で2選を果たしたカヴァコ・シルヴァがソクラテスの危機対応を厳しく批判したことにより，大統領と首相との関係の冷却が露呈する一方，長期金利は10％を超え，失業率は2005年の7.6％から12％にまで上昇し，政府債務は過去160年で最悪の対GDP比93％に達した（図4-4・図4-5参照）。この状況で2011年春を迎えたソクラテス政権は，ブリュッセルとの交渉を後ろ盾としてさらなる緊縮政策の強行を試みた。しかし，事前協議なく決定を行おうとする政府の姿勢そのものが2大労組の反発を招き，3月中旬以降には，若年層の不安定雇用に対する30万人デモやCGTP独自の大規模な抗議活動が展開された。ソクラテスは，遅ればせながら3月22日にCGTPを除

く労使団体との合意に達した［Campos Lima and Martín Artiles 2011：397-398］。

　しかし，事前協議の無視に対して社会民主党をはじめとする野党が一斉に反発し，第4次緊縮パッケージ（PEC IV）の議会通過を阻止したことが，ソクラテス政権の存続を不可能にした。辞意を表明したソクラテスは，繰り上げ総選挙までの選挙管理内閣としてIMFのスタンドバイ・クレジットの受け入れを容認し（4月6日），ギリシャとアイルランドに続いてGDPの45％に相当する780億ユーロのEU/IMF緊急借款を含む救済パッケージ交渉への道を切り開いた。すでに正統性を失った政府を主体とする異例の交渉によって，(1) 競争力強化と公的部門の縮小，(2) 財政均衡の達成，(3) 金融システムの安定を政策の柱と位置づけ，トロイカ専門家グループの査察を規定した了解覚書（MOU）が成立し，社会党，社会民主党，民主社会中央党の3党がこれに合意したことが発表された（5月3日）。

　選挙戦と国際交渉とが同時進行する過程は，諸政党に対して，有権者に向けての互いの差別化と，全政党の支持を条件とする金融支援を実現させるジレンマを突きつけた［Fernandes 2011：1298］。6月5日の総選挙は23議席を失う社会党の大敗に終わったが，一連の交渉に批判的であった共産党や左翼ブロックが受け皿となったわけではない。共産党は1議席を増やして16議席を確保したものの，左翼ブロックが8議席を失い，左派全体としての歴史的敗北が浮き彫りとなったのである。左翼ブロックの顕著な後退は，左派内部における政権協力者の役割期待を裏切り，原則論に固執したことへの懲罰とも見られている。左翼ブロックの立ち位置は，文化・アイデンティティ政策における「リベラル」であり，経済的左派とは一線を画していた。

　一方，社会民主党は108議席しか確保できず，3議席増で24議席を得た民主社会中央党との連立が不可避となった。選挙戦を通じて2大政党支持が伯仲したことにより，戦略的投票への依存を余儀なくされた民主社会中央党もまた，大躍進を実現することができなかった［Freire and Santana-Pereira 2012：183-184］。このように，2011年のポルトガル総選挙は「勝者なき選挙」に終わった。この選挙で有権者の政策選好が左から右に顕著に移動し，経済的自由主義と緊縮政策を積極的に支持したことを示す証拠はない。しかし，ソクラテス政権下で社会党が政策位置を右方偏移させたことに加えて，総選挙の日程はトロイカの救済計画に対する主要3党合意が成立した後であった。2大政党間の選

択は事実上無意味化し，その状況で「新自由主義的緊縮か福祉国家の擁護か」を掲げる社会党への信頼はさらに損われた［Magalhães 2012：321-323］。

　選挙結果を踏まえれば，カヴァコ・シルヴァ大統領の調整でパッソス・コエーリョの社会民主党とパウロ・ポルタス（Paulo Portas）の民主社会中央党の連立政権が成立したことは，従来の政党政治の論理に従った選択であった。しかし，ポルトガル史上最も新自由主義的とされる政権の成立は，「勝者なき選挙」がもたらした合成の誤謬と理解すべき面がある。緊縮政策と経済成長の両立を信条とするパッソス・コエーリョは，中道右派の勝利を「5年間の過度な公的支出」の結果，あるいは「持てる手段を超えて支出し続けてきた」不可避の成り行きであると評価し，メディアを通じて緊縮・構造調整政策の倫理的な正当化を繰り返した。トロイカとの間で交わされたMOUは，通常の政治環境では実現困難な労働法改正や国民健康保険サービスの民営化などの政策を俎上に上げる好機となり，新首相が緊縮政策の範囲と強度において「トロイカを超える」ことを熱弁した。新政権はEU内の主流の政策的立場に寄り添うことで機会の窓を広げ，自らの抱く新自由主義の理想形にポルトガルを近づけようとしたのである［Mourey and Freire 2013］。

2　中央と地方，政党と反政党（スペイン）

　ポルトガルのソクラテス政権は，選挙のタイミングから，1期目（2005～2009年）の途中で欧州危機の影響を無視できなくなり，2期目（2009～2011年）には，厳しい政治環境の下で，少なくとも当初は介入を防ぐ目的から緊縮政策の強化を早期に打ち出さざるを得かった。しかし，繰り返すように，ポルトガルにおける恒常的緊縮の構造的制約は，すでに10年にわたって存続しており，2大政党である社会党と社会民主党の政策面での選択の幅には大きな差異がなくなっていた。これに対して危機認識自体が焦点であった2008年初頭に2期目に入ったサパテロ政権は，財政・経済的余力と議会における十分な多数を背景に方針転換を先送りしたことで，バブル経済の下で温存された本来の構造的不均衡の顕在化に伴う深いレベルの断絶的な危機に直面することになった。

　第1に，非典型雇用に依存する傾向が特に顕著な建設・サービス業がバブルの牽引役であったことが，労働市場の収縮を加速した。サパテロ政権下でも有期雇用契約の正規化が打ち出されてはいたが，2007年第4四半期から2011年

第2四半期までの間に失職した158万2000の賃金労働者のうち，常用雇用者は26万8000に過ぎなかった。圧倒的な雇用崩壊は有期雇用の分野で生じ（83.1％），失業給付総額がGDPの3％に達した［Ferreiro and Serrano 2012：249］。

第2に，不動産価格の上昇に依存する消費の急激な冷え込みが，2009年1～3月期のマイナス経済成長（−6.3％）に帰結した。サパテロ政権はGDP1.8％相当の減税，所得税還付，富裕税の廃止，さらには「プランE」（経済と雇用の刺激に関する計画）として地域公共投資のための総額80億ユーロの資金，一部の戦略的部門（自動車産業，R&Dなど）への補助金の創設を含む対GDP比4％相当の景気対策を展開し，財政赤字を2007年の2％から2009年の11％にまで膨らませた［Monastiriotis et al. 2013：23］。

第3に，不動産・建設部門の成長を支えた中小の貯蓄金融機関「カハ」（caja）の担保価値がバブル崩壊に伴って急落し，その経営危機に対する救済が必要となった。政府は90億ユーロ規模の「銀行の秩序ある再編のための基金」（FORB）を創設してカハの統合整理や経営合理化のための金融支援を実施した。しかし，金融部門が寡占的で他の経済部門の必要に応じようとせず，資金調達手段の確保が中小企業にとって決定的に重要であるスペインでは，金融システムをめぐる腐敗が常態化している。建設部門と不動産に重点的に資金提供を行うカハの「政治的」決定がバブルを加速したと批判される中［Royo 2013：16-17］，金融再建のための支出が国家財政を大きく圧迫する要因となった。

経済成長による事態の打開に苦慮していたサパテロ政権の困難をよそに，国際的関心はギリシャ救済問題からスペインの財政赤字に移動し，2010年5月には包括的緊縮政策の採用が避け難くなった。2010年5月12日にサパテロ首相が議会で説明した緊縮パッケージ案は，次の金曜日に閣議で承認され即座に実行に移された。その主な内容は，（1）公務員給与の2010年分の5％カットと2011年分の凍結（閣僚給与の15％カットと併せて2010年に24億ユーロの節約が見込まれる），（2）年金支給額の増額停止，（3）新生児手当の廃止，（4）介護法に含まれる手当受給権の遡及効を廃止，（5）対外開発援助の削減（2年間で6億ユーロ），（6）国の公共投資支出の削減（2年間で60億5000万ユーロ），（7）州・市町村政府の予算削減（12億ユーロ）である。

年金改革をはじめとする漸進的改革に適合的な社会的協調を軸とする政治手法は，危機の進行とともに有効性を喪失し，2008年末には破綻の兆しを示し始めた。経営者団体CEOEが解雇条件の緩和を求め，2大労組がこれを「略奪

者」と罵倒したことに始まり，労使間で 2002 年以来毎年行ってきた団体交渉に関する団体間合意（ANC）の更新が不可能となったからである。包括的緊縮政への転換が行われる直前において，この枠組みを放棄しようとする政府の姿勢は明らかであり，2010 年 2 月に定年退職の年齢の引き上げ（65 歳から 67 歳へ）と連動した年金改革が政府提案として行われた際には，「政権への支持は無条件ではない」とする批判が労組側から強く上がった。

同年 6 月に法律第 35 号として実現した労働市場改革もまた，政府提出法案として，社会的パートナーとりわけ労組の頭越しに議会で審議・採択された点に特徴があった。同法律の要点は，解雇補償金を必要としない契約類型の創設，整理解雇の条件緩和，不当解雇の解雇補償金の削減など従来的な労働市場柔軟化政策の拡張，および労働協約の適用範囲と効力の削減（企業レベルでの契約によるオプトアウトの可能性）であった。労使関係の重大な変更を伴う法律の一方的変更に対して，2 大労組は同年 9 月のゼネストで抗議表明意を行ったものの，その効果は大きくなかった。包括的緊縮政策への転換に伴うサパテロ政権の協調路線からの逸脱は，ここにも明らかであった。

1 年半で 150 億ユーロの支出抑制を掲げたパッケージ案に基づいて，2010 年半ば以降に矢継ぎ早に導入された緊縮政策の影響は，同年 11 月のカタルーニャ州議会選挙を直撃し，7 年間の統治を行った中道左派 3 党連合（tripartito）が中道右派の「集中と統一」にとって代えられた［Rico 2012］。一般に自治州が財政面で苦境に陥りやすい原因は 2 つある。第 1 に，保健，教育，社会サービスなどを含む 35％の公的支出を担いながら，政府収入の 19％しか受け取っていないこと，第 2 に，中央財政を介した会計メカニズムの不完全さから税収見込みと実際の税収との齟齬が時間差で現れ，財政調整の遅れが不可避であるということである［Monastiriotis et al. 2013：26］。いずれにせよ，スペイン経済の 5 分の 1 を担うカタルーニャの存在は格別であり，そこでの政変は中央政府にとって大きな衝撃を与えた。

サパテロ政権の急転回の負の影響が着実に地方に浸透しつつあったことは，2011 年 5 月 22 日の地方選挙における社会労働党の惨敗にも明らかであった。社会労働党は 1977 年以来最悪の 27.8％の得票に留まり，7 州で政権を失ったうえに，カナリアスとナバーラの 2 州で政権に加わっただけであった。この地方選挙に快勝した人民党は社会労働党の退陣を求めたが，サパテロ自身はすでに 2011 年 4 月 3 日の時点で首相候補として次期選挙に臨む意思がないことを

明らかにし，後に任期途中での退陣を表明する。サパテロが総選挙の前倒し実施を決意したのは，スペイン国債の利回りが過去最高水準に推移する中で，スペイン経済の状態に関する IMF の診断が行われた 7 月 29 日であった。

　選挙管理内閣化したソクラテス政権が緊急支援の受け入れを表明したように，サパテロ政権もまた，退陣前に重大な影響を残す作業に取り組んだ。すなわち，マーストリヒト条約に合わせた形式的変更（1992 年）のみを唯一の経験とするスペイン憲法改正に向けての準備である。7 月のサミットにおける合意を背景として，EU は全ユーロ圏諸国に対してドイツ基本法第 109 条に相当する財政赤字キャップを憲法規定として採用することを求めていた。人民党と社会労働党はこの要請にいち早く対応すべく憲法改正交渉を進め，議会閉会直前の 9 月 2 日に下院・上院の圧倒的多数が憲法第 135 条の改正案を可決した（各 316 対 5，233 対 3）。このとき賛成に回ったのは社会労働党，人民党，UPN（ナバーラ住民同盟）であり，集中と統一を含む上下院の非全国政党所属議員の多くは欠席や棄権によって反対の意思を表明した。

　改正憲法施行後の 11 月 20 日に行われた総選挙は社会労働党の歴史的敗北（59 議席減）に終わり，人民党に単独過半数（186 議席）を与えた。社会労働党が失った議席の一部は，人民党だけでなく，集中と統一（6 議席増の 16 議席）や新興のバスク分離主義政党・アマユール（7 議席）などにも分配された。社会労働党の大幅な支持下落と，具体的な施策を示さない人民党のリスク回避戦略によって選挙戦自体は低調に終わり，人民党の得票増も 60 万票に届かなかった。しかし，社会労働党が 2008 年に獲得した票数を 45 万 9000 票下回る得票（当時の社会労働党の獲得議席は 169 議席）しか得られなかった人民党が単独過半数を獲得したことは，同党の勝利というより社会労働党の大敗に起因する。社会労働党から人民党へは 150 万票が移動したと考えられているが，社会労働党自身は約 400 万票を失ったと考えられている。

　社会労働党支持者層の解体に関連して，5 月の地方選挙と同じく，11 月総選挙には人民党の単独多数確保以外にも重大な特徴が見られた。第 1 に，下院の破片化が進行し，2 大政党の議席占有率が 92％ から 84.5％ に下落したこと，すなわち，多数派の人民党に対して議会内に急進的野党が存在する形となったことである。社会労働党支持の解体は，60％ の潜在的投票者が棄権したか，あるいは他党に票を投じたことを示唆し，実際に 390 万票のうち，70 万が統一左翼（IU）に，80 万が進歩と民主主義の同盟（UPyD）に流れたと分析されてい

る［Royo 2013：144-145］。バスクでは，PNV 第 1 党，社会労働党第 2 党という従来の配置が変化し，バスク自決権を主張する選挙連合・アマユールが第 2 党の位置を占めた。

　第 2 に，2011 年地方選挙の前後に発生した反グローバリズム運動を軸とする大衆運動・15-M（別名「怒れる者たち」(indignados)）の間接的影響が見られた。15-M の「反政党」的性格は「怒り」の表現として白票・無効票に向かう傾向を助長し，社会労働党に対する反発から社会労働党支持に回った若年投票者も少なくないとされる。だが，バレンシア協約連合とエクオ(Compromís-Q)，統一左翼，進歩と民主主義の同盟といった新旧の非主流政党に多くの若者が票を投じたことに示されるように，民主化後のスペイン政治において見捨てられた世代の吸収源が各所に口を開きつつあった。2014 年以降，この動きは地域の運動体を糾合する新興政党，とりわけポデモスの台頭を後押ししたと考えられる。

V　新自由主義の「再埋め込み」？

　欧州回帰を軸に展開された民主化後の両国政治は，新自由主義的な経済再編と社会政策の拡充との両立を共通の課題とし，その中でポルトガルの社会党は社会民主党政権の野党として，スペインの社会労働党は政権与党としてそれぞれに中道右派的な政策位置への傾斜を強めていった。市場統合の文脈の中で比重を増した新自由主義的な要素は，国家の市場介入との限定的組み合せに基づく「埋め込まれた」(embedded) 新自由主義として存続可能であり，1980 年代から 90 年代にかけての社会党政権の統治は，この条件をある程度満たしていた。

　早期に新自由主義政策にコミットしたスペインの社会労働党が再登板した際には，同党は独自の左派色を打ち出してより新自由主義的な人民党に対する政策選択を提示し，代償としての社会政策を展開する余地に恵まれたが，アスナール政権によって敷かれた改革政治の軌道から外れることはむしろ困難となっていた。一方，ポルトガルの社会党に開かれた機会は通貨統合とともに失われ，2000 年代に入ると，外部的条件として課された緊縮政策の恒常化により，社会党を含む主流政党の差異がほぼ消滅する事態となっていた。両国における主流政党の政策的収斂は，中道左派の単独多数派の成立を難しくしていたが，ポルトガルでもスペインでも，中道右派政党自身が抱えた弱さによって，少数派

の中道左派政権が持続する事態が生まれていた。そのような中道左派政権が存続を確保するために，改革政治に対する一定の保障と，手続き的な社会的協調が必要とされていた。

　しかしながら，リーマン・ショックから欧州危機に至る経済・財政危機の波及が中道左派政権存続の前提条件を失わせ，両国の社会党が包括的緊縮に踏み切った時点で主流政党間の政策上の差異が極小化したことが，2011 年選挙における左派の敗北による政権交代に帰結した。スペインのラホイ政権とポルトガルのパッソス・コエーリョ政権は，前政権が逡巡していた改革政治に切り込んでいった。しかし，ラホイ政権による教育とケアサービスの切り詰めによる社会保障の「再家族化」［León and Pavolini 2014］や，正規労働者の保護水準の大幅な引き下げと全面的な労働協約の適用除外を許容する 2012 年の労働市場改革（労働市場改革のための緊急措置に関する 2012 年法律第 3 号）を典型として，前政権末期の緊縮パッケージの極端化がその本質だったのである［Sanromà Meléndez 2012；OECD 2013］。

　議会多数派を基盤とするラホイ政権は，2012 年の一般保健法改正や労働市場改革に見られたように，2013 年以降の腐敗問題の続発によって支持を急落させる以前から，政令法の多用に象徴される異例の手法に顕著に依存していた。一見盤石とも見えるラホイ政権は，自党の腐敗問題による支持下落の他に，2 つの方面からの挑戦に直面していた。1 つは，憲法違反の警告を受けながら非公式に実施された 2014 年 11 月のカタルーニャ独立住民投票に象徴される地方の反乱である。ラホイ政権における福祉縮減と財政危機率の強化は中央集権制的統制の強化を意味するが，共同統治の枠組みの欠如の中で進行するこの過程が，カタルーニャのような非対称的特権の回復要求を超え，スペインの準連邦制＝自治州国家に遠心力を及ぼしつつある［Colino 2010；Máiz and Losada 2011：100-101；del Pino and Pavolini 2015］。

　もう 1 つの挑戦も地方を起点としており，現実的にラホイ政権の継続を困難にする要因となった。2015 年 3 月のアンダルシア州議会選挙に始まる一連の地方選挙では，社会労働党と社会労働党がほとんど単独過半数を制することができず，2014 年の欧州議会選挙以降，急伸したポデモスとシウダダノスが第 3・第 4 の新興政党として台頭した。これらの新興政党を含む 2 大全国政党以外の諸政党が 2015 年末の総選挙において政党政治のフォーマットを書き換えたことが，やり直し選挙の後も数ヶ月にわたって正規の内閣の発足を妨げたのであ

る。第2次ラホイ政権の弱体化は明らかであるが，他方でこの選挙でもさらに議席を失った社会労働党が政権復帰する可能性は遠のき，新しい政党政治の力学の中で翻弄される事態が当面続くと考えられる。

　一方，連立政権としての弱さを持つパッソス・コエーリョ政権においては，2000年代から顕著となっていた，外圧への積極的依存が特徴的であった。しかし，派閥間の勢力均衡が政権基盤を左右する社会民主党の党内事情［Jalali 2006］に加え，社会民主党を出身母体とするカヴァコ・シルヴァ前大統領の存在は無視できなかった。代表制デモクラシーがその運営主体を取り換えるための手続きに過ぎなくなっているポルトガルにおいて，大統領拒否権と結びついた憲法裁判所の制度的拒否権プレイヤーとしての振る舞い［Magone 2014：9-11］は，ポルトガルの統治構造の中に織り込まれた公式・非公式の均衡メカニズムとして，政権の暴走に対して細々と牽制を加えていた。

　冒頭に述べたように，2015年10月の総選挙では，12議席を新たに獲得した社会党が圧倒的与党として復活することがなかった。230議席中86議席を基盤とする異例の少数派政権は，就任後わずか11日後の不信任投票で倒れたパッソス・コエーリョ政権に代わる次善の選択として成立した。共産党と左翼ブロックの協力は，政党間競争パターンの開放という意味で画期的であり，ポルトガルではまだ本格化していない政党システムの根本的変化の予兆であるかもしれないという指摘もある［Fernandes 2016］。しかし，国内外からの双方向の圧力に対応する2層ゲームに構造的に組み込まれたポルトガルにおいて，アントニオ・コスタの政権運営は，国際的監視と国内の急進左派の要求との間で引き裂かれていくであろう。

　両国における主流政党の政策的収斂は，政治空間における中道左派の領域の空洞化を生じ，社会党および社会労働党の決定的な弱体化を招いた。他方で新自由主義改革に邁進した中道右派政党の基盤もそれほど強くないことから，短期的には政権の手詰まりによる停滞が予測される。このような状況において，社会党や社会労働党が本格的な政権復帰を果たすには，急進左派との提携か右派との提携を跳躍台とすることが現実的である。ポルトガルではその第1段階として社会党政権の成立を見たが，スペインでは社会労働党が連立政権のシニアパートナーに値する復元力を発揮できるかどうかが未知数であり，その間にも社会労働党自体の解体が問題となっていくであろう。このような形での中道左派政党の回復努力の代償は，代表制デモクラシーのいっそうの空洞化である

かもしれないが，新自由主義の「再埋め込み」（reembedding）の担い手となりうるのは，これらの政党をおいて当面想定できないのである。

参考文献

Armingeon, Klaus and Lucio Baccaro [2012] "Political Economy of Sovereign Debt Crisis." *Industrial Law Journal*, 41（3）: 254-275.

Baglioni, Simone and Luis F Oliveira Mota [2013] "Alike but not alike: Welfare state and unemployment policies in Southern Europe. Italy and Portugal compared." *International Journal of Social Welfare*, 22（3）: 319-327.

Bailey, David, Jean-Michel de Walle, Fabien and Mathieu Vieira（eds.）[2014] *European Social Democracy during the Global Economic Crisis: Renovation or Resignation?* Manchester and New York: University of Manchester Press.

Bermeo, Nancy [1994] "Sacrifice, Sequence and Strength in Successful Dual Transitions: Lessons from Spain." *The Journal of Politics*, 56（3）: 601-627.

Boix, Carles [1998] *Political Parties, Growth and Equality: Conservative and Social Democratic Economic Strategies in the World Economy*. Cambridge and New York: Cambridge University Press.

Bosco, Anna and Susannah Verney [2012] "Electoral Epidemic: The Political Cost of Economic Crisis in Southern Europe, 2010-2011." *South European Society and Politics*, 17（2）: 129-154.

Campos Lima, Maria da Paz and Antonio Martín Artiles [2011] "Crisis and trade union challenges in Portugal and Spain: between general strikes and social pacts." *Transfer*, 17（3）: 387-402.

Chari, Raj S. [2004] "The 2004 Spanish Election: Terrorism as a Catalyst for Change?" *West European Politics*, 27（5）: 954-963.

Colino, César [2010] "Understanding federal change: types of federalism and institutional evolution in the Spanish and German federal system." In: Jan Erk and Wilfred Swenden（eds.）*New Directions in Federalism Studies*. Abingdon and New York: Routledge, 16-33.

Crouch, Colin [2011] *The Strange Non-death of Neoliberalism*. Cambridge and Malden: Cambridge University Press.

del Pino, Eloísa and Emmanuelle Pavolini [2015] "Decentralisation at a Time of Harsh Austerity: Multilevel Governance and the Welfare State in Spain and Italy Facing the Crisis." *European Journal of Social Security*, 17（2）: 246-271.

Fernandes, Jorge Miguel [2011] "The 2011 Portuguese Election: Looking for a Way Out." *West European Politics*, 34（6）: 1296-1303.

Fernandes, Jorge Miguel [2016] "The seeds for party system change? The 2015 Portuguese general election." *West European Politics*, 39（4）: 890-900.

Ferreiro, Jesús and Felipe Serrano [2012] "The Economic Crisis in Spain: Contagion Effects and Dictinctive Factors." In: Philip Arestis and Malcolm Sawyer (eds.) *The Euro Crisis*. Basingstoke and New York: Palgrave Macmillan, 235–268.

Fishman, Robert M. [2003] "Shaping, not Making, Democracy: The European Union and the Post-Authoritarian Political Transformations of Spain and Portugal." In: Sebastián Royo and Paul Christopher Manuel (eds.) *Spain and Portugal in the European Union: The First Fifteen Years*. London and Portland: Frank Cass, 31–46.

Freire, André and António Costa Pinto [2010] *O poder presidencial em Portugal: os dilemas do poder dos precidentes na república portuguesa*. 2.ª edição, Lisboa: D. Quixote.

Freire, André and José Santana-Pereira [2012] "Portugal 2011: The victory of the neoliberal right, the defeat of the left." *Portuguese Journal of Social Science*, 11 (2): 179–187.

Gallagher, Tom and Alan Williams [1989] *Southern European Socialism: Parties, Elections and the Challenge of Government*. Manchester and New York: Manchester University Press.

Glatzer, Miguel [1999] "Rigidity and Flexibility: Patterns of Labour Market Policy Change in Portugal and Spain, 1981–96." *South European Society and Politics*, 4 (3): 90–110.

Hamann, Kerstin [2012] *The Politics of Industrial Relations: Labor Unions in Spain*. New York and Abingdon: Routledge.

Hopkin, Jonathan [2005] "Spain: Proportional Representation with Majoritarian Outcomes." In: Michael Gallagher and Paul Mitchell (eds.) *The Politics of Electoral Systems*. Oxford and New York: Oxford University Press, 375–394.

Jalali, Carlos [2006] "The Woes of being in Opposition: the PSD since 1995." *South European Society and Politics*, 11 (3–4): 359–379.

Jalali, Carlos [2008] *Partidos e democracia em Portugal. 1974–2005*. Lisboa. ICS.

Javier Mato, F. [2013] "Spain: fragmented unemployment protection in a segmented labour market." In: Jochen Clasen and Daniel Clegg (eds.) *Regulating the Risk of Unemployment: National Adaptations to Post-Industrial Labour Markets in Europe*. Oxford and New York: Oxford University Press, 164–185.

Keating, Michael and David McCrone (eds.) [2013] *The Crisis of Social Democracy in Europe*. Edinburgh: Edinburgh University Press.

León, Margarita and Emmanuele Pavolini [2014] "'Social Investment' or Back to Family and Care Policies in Italy and Spain." *South European Society and Politics*, 19 (3): 353–369.

Lobo, Marina Costa and Pedro C. Magalhães [2010] "From 'Third Wave' to 'Third Way': Europe and the Portuguese Socialists (1975–1999)." *Journal of Southern Europe and the Balkans*, 3 (1): 25–35.

Magalhães, Pedro C. [2012] "After the Bailout: Responsibility, Policy and Valence in the Portuguese Legislative Election of June 2011." *South European Society and Politics*, 17 (2): 309–327.

Magone, José M. [2014] "Portugal is Not Greece: Policy Responses to the Sovereign Debt Crisis and the Consequences for the Portuguese Political Economy." *Perspectives on European Politics and Society*, 15 (3): 346–360.

Máiz, Ramón and Antón Losada [2011] "The Erosion of Regional Powers in the Spanish 'State of Autonomies'." In: Ferran Requejo and Klaus-Jürgen Nagel (eds.) *Federalism beyond Federa-*

tions : Asymmetry and Processes of Resymmetrisation. Fahnham and Burlington : Ashgate, 81-107.

Martín, Irene and Ignacio Urquizu-Sancho［2012］"The 2011 General Election in Spain : The Collapse of the Socialist Party." *South European Society and Politics*, 17（2）: 347-363.

Monastiriotis, Vassilis et al.［2013］"Forum : Austerity Measures in Crisis Countries—Results and Impact on Mid-term Development." *Intereconomics*, 48（1）: 4-32.

Mourey, Catherine and André Freire［2013］"Austerity Policies and Politics : The Case of Portugal." *Pôle Sud*, 39 : 35-56.

OECD［2013］*The 2012 Labour Market Reform in Spain : A Preliminary Assessment*. OECD.

Pérez, Bergoña and Miguel Laparra［2011］"Chances and Pitfalls of Flexible Labour Markets : The Case of the Spanish Strategy of Labour Market Flexibility." In : Sigrid Betzelt and Silke Bothfield（eds.）*Activation and Labour Market Reforms in Europe : Challenges to Social Citizenship*. Basingstoke and New York : Palgrave Macmillan, 147-172.

Polavieja, Javier G.［2005］"Flexibility or polarization? Temporary employment and job tasks in Spain." *Socio-Economic Review*, 3（2）: 233-258.

Rico, Guillem［2012］"The 2010 Regional Election in Catalonia : A Multilevel Account in an Age of Economic Crisis." *South European Society and Politics*, 17（2）: 217-238.

Royo, Sebastián［2000］*From Social Democracy to Neoliberalism : The Consequences of Party Hegemony in Spain, 1982-1996*. New York : St Martin's Press.

Royo, Sebastián［2009］"After the Fiesta : The Spanish Economy Meets the Global Financial Crisis." *South European Society and Politics*, 14（1）: 19-34.

Royo, Sebastián［2013］*Lessons from the Economic Crisis in Spain*. Basingstoke and New York : Palgrave Macmillan.

Rueda, David［2007］*Social Democracy Inside Out : Partisanship and Labor Market Policy in Industrialized Democracies*. Oxford and New York : Oxford University Press.

Sanromà Meléndez, Esteve［2012］"El marcado de trabajo español en la crisis económica（2008-2012）: desempleo y reforma laboral." *Revista de Estudios Empresariales*, 2 : 29-57.

Schmidt, Vivien and Mark Thatcher（eds.）［2013］*Resilient Liberalism in Europe's Political Economy*. Cambridge : Cambridge University Press.

Torcal, Mariano and Ignacio Lago［2008］"Electoral Coordination Strikes Again : The 2008 General Election in Spain." *South European Society and Politics*, 13（3）: 363-375.

Torres, Francisco［2009］"Back to External Pressure : Policy Responses to the Financial Crisis in Portugal." *South European Society and Politics*, 14（1）: 50-70.

西脇靖洋［2012］「ポルトガルのEEC加盟申請——民主化, 脱植民地化プロセスとの交錯」『国際政治』第 168 号, 30-43 頁.

横田正顕［2008］「戦略的行動としての『社会的協調』——現代スペインにおける労働政治の変容とその意味」『大原社会問題研究所雑誌』第 595 号, 2-17 頁.

第5章

ラテンアメリカ穏健左派支持における経済投票
ウルグアイの拡大戦線の事例

出岡直也

I 「ポストネオリベラル」期ラテンアメリカにおけるネオリベラル的政策の連続・逆転を決めるものとしての経済投票？

　キューバ以外のラテンアメリカ諸国は，1970年代半ばからのチリを先駆として，特に80年代半ば以後に，ネオリベラル改革の時代を迎えた。改革の速さと程度には差があったものの，市場重視の方向への経済の転換では共通し，収斂も語られた。その後状況は一変し，21世紀初頭からは（正確には1998年頃から），続々と「左派」とされる政権が成立し，または，勝利に至らずとも左派が選挙で得票を拡大した。それは，本書の言う「ポストネオリベラル」期を象徴する現象だろうが，本書序章でも述べられるように，左派政権とされるものが成立しなかった諸国も含めて，この時期には経済政策の国による差違が特徴となる（以上は，例えば，［Flores-Macías 2012: 3-4, 10-16, Chap. 2］）。

　本章では詳しいレビューは行えないが，その差違の要因について最も体系的な分析を行った研究の一つは，フローレス＝マシーアスのもの［Flores-Macías 2012］であろう。それはいわゆる左派政権の中での差違の説明を試みたものだが，政党システムの制度化のレベルが高い程度に応じて，ある時期からの世界経済の「中道路線」となっているとも考えられる「穏健なネオリベラリズム」（序章を参照）の政策を採用する可能性が高くなる（少なくとも，ネオリベラリズムへの反対を標榜する政権・政党・指導者に関しては）との議論に一般化できるかもしれない[1]。

　詳細な事例分析を伴うその議論には説得力があるが，左派政権が成立した場合のうち，穏健な左派政権が安定した政党システムの中で（アウトサイダーの登場によってではなく）登場することは看取しやすく，その現象（因果関係）については，研究者のあいだでコンセンサスがあると言ってよい。問題はその先だが，フローレス＝マシーアスの研究は，「ではその政党システムの制度化の度合いを決める要因は何か」を明らかにしていない点で不完全ともいえる。ラテンアメリカにおいて，まさにネオリベラル改革の時期に，政党システムが流動化した国も多かったことからは，その要因の解明は特に重要になる。それを扱った研究についての詳しいレビューを本章では行えないが，例えば，その代

---

1) フローレス＝マシーアスは同時期のラテンアメリカの左派でない政権の政策も検討しているが［Flores-Macías 2012: 53-56］，経済政策を外的要因が決定しているとの仮説を否定して，左派の中の違いを分析することの意義を確認するためであり，ここで一般化した命題は考慮していない。

表で，強い影響力を持っている研究は，ロバーツのもの［Roberts 2014］である[2]。それ以前の政党システムのあり方に規定されるネオリベラル改革期の経済危機の厳しさ（深刻さと長さ）と，改革を遂行する政党とその反対派の性格により，政党システムが左右軸で脱編成される程度，特に改革遂行の政党と反対派の性格が重要だとの議論が提出される。しかし，その議論には不十分さもあると言えよう。政党システムのあり方は，直接の因果としては，人々の投票行動を媒介にして（制度も重要な要因としつつ）決まるはずである。ロバーツの研究では，その部分がブラックボックスの中にあるともいえる。ロバーツの議論を参照軸とするか否かにかかわらず，投票行動の分析は重要だろう。それは，政党システム制度化のレベルを決める原因（ホワイ）は明らかにできないにせよ，少なくとも，その現象のミクロ政治的側面（ハウ）は明らかにできよう。

ラテンアメリカのポストネオリベラル期の政権のうち，急進的な脱ネオリベラリズムの代表的事例が，フローレス＝マシーアスも最も急進的な政策を採った事例とする，ベネズエラのチャベス（Hugo Chávez）政権であることにはコンセンサスがあろう[3]。この政権を成立させ，政策が明白になっても政権維持を可能にした投票に関しては，ある程度の研究の蓄積があり，筆者も不十分ながら分析を行ったことがある。同政権を成立させた投票に関する諸研究，特にウェイランドの分析［Weyland 2003］は，マクロ経済状況の認識が，ポジションの選択を媒介に投票を決める「ポジション経済投票」の重要性を示したものと解釈できる(その概念については後記)。その後のチャベス政権への支持に関して，筆者は，経済投票と「革命的変化を支持する投票」という2要素に焦点を当てた予備的分析を行い，そこでも経済投票の重要性が見出された［出岡 2014］。筆者の分析が正しければ，そこでは経済投票のうちでも，現職着目経済投票での現職支持のメカニズムが重要であった。それらを統合すると，マクロ経済の動向に基づく投票が，その成立と維持（政権維持による政策遂行）に中心的役割を果たした，と考えられる。

それを受けて，本章では，穏健なネオリベラリズム路線を採る左派政権の代表としてウルグアイの事例を取り上げ，チャベス票について筆者が行ったのと

---

[2] 筆者はその議論の簡単な検討を行ったことがある［出岡 2016］。政党システム瓦解の点に焦点を当てての検討ではあるが，ロバーツの著書の主要命題は瓦解の説明にも関わるものである。

[3] なお，ベネズエラと並んで，急進左派政権と分類されるのが通例であるボリビアのモラーレス（Evo Morales）政権とエクアドルのコレア（Rafael Correa）政権については，エスニックな要素も重要で，経済投票を重視した分析に適さない部分が大きいかもしれない。

同様に，経済投票に焦点を当てた視角から分析する[4]。

　経済投票に焦点を当てることの意味を明確にしておきたい。ラテンアメリカ諸国の脱ネオリベラル期の投票行動に関しては，主に左派票研究として蓄積がある（以下「ラ米左派票分析」と略す）。その詳しいレビューは別稿で行いたいが，それは基本的に，「ネオリベラリズムへの反対から有権者が左派的な（反ネオリベラリズム的な）綱領の候補・政党に投票した」との仮説と，「経済状況の悪化ゆえに現職への反対派に票が流れ，ネオリベラリズムの時代に現職が右派であったために左派が勝利した」との仮説のうち，どちらが正しいかという関心に基づいて展開してきた［Baker and Green 2011 : 43-44, 51-52 ; Querolo 2013 : esp. 4-5, 68-71 ; 上谷 2013 : esp. 254］。しかし，経済状況の悪化ゆえに，経済状況の改善をもたらす経済政策や政治改革などの政策を求めるという選択を投票者が行った場合，その点では，経済状況をヴァレンス的に評価して現職を選ぶか反対派を選ぶかを決める投票選択である「現職着目経済投票（incumbency-oriented economic voting）」と共通した経済投票である。経済政策の選択を媒介として候補・政党選択である場合は「政策着目経済投票（policy-oriented economic voting）」と呼ばれてきたが，それ以外の政策位置を通してであるもの

---

[4]　なお，マクロ経済の悪化が政策選択を媒介にして投票行動を決めたのか否か，という本章の問題関心からは，アルゼンチンは非常に重要な事例である（なお，多くの研究が，同国の左派政権を急進左派と穏健左派の中間的な位置に置いている）。通説によれば，「それ以前の経済状況の悪化が極端であったために，大きな政策転換を行った政権が支持された」とされる国だからである。後に示唆するように，ラテンアメリカの特に一部の国に見られた，ネオリベラリズムへの人々の支持と，それゆえの投票は，政策着目経済投票を含めた経済投票の視角から，左派票と全くパラレルに分析できると筆者は考えている。少なくともその局面においては，「それ以前の経済状況の悪さが人々のネオリベラリズムへの支持を説明する」という通説的解釈が，共通して，その最も明確な例として挙げるのがアルゼンチンである。そして，同国の左派政権成立に先立つ2001年末からの経済危機も，ラ米地域のネオリベラリズムによる経済困難の中でも極端なものだった。しかし，少なくとも二つの理由で，その分析は困難である。第1に，ネオリベラル改革を行った政権と同じ政党からの候補が，それとは逆の綱領によって勝利して左派政権が成立し，かつ，それが他候補が重要だった選挙における相対多数でさえない得票での勝利であったという経緯，第2に，ある時期からは，主に1政党（ペロニスタ党，PJ）内で候補が争うという政党システムの性格（サーベイ分析が困難という技術的困難の理由にもなる）である。しかし，投票行動ではなく，サーベイなどの分析による解釈だが，支配的な研究動向が，「少なくともネオリベラリズムへの支持について，アルゼンチンなど，それが強く現れた諸国では，それ以前のマクロ経済の悪化が，それを説明する」と解釈するのは，先記のとおりである（研究の蓄積が進んだ後の文献のみを挙げれば，［Weyland 2002 ; Baker 2009］）。

も含めて「ポジション経済投票」と概念化することができるだろう（異なる用語法もある）。そして，重要な論点は，先記の2仮説のどちらがより妥当であるかよりも，ポジション経済投票も含めた経済投票と党派性や固い政策位置選好による投票とのどちらの役割が大きいのか，でありうる。

その関心からは，有権者がどんな政策を選択したかの検討が必須であり，票を集めたのが穏健な左派であった場合と，急進的な左派であった場合の差違は重要になる[5]。先記のように，その差違を重視して，急進的な左派の場合を分析した結果が，経済投票の重要性の発見であった。

そこからは，次の二つの観点から，ネオリベラリズムとの連続性が強い政策が採られた事例について，その政権を成立させ，政策を遂行する政権を支持した投票の分析を行うことが課題になる。第1に，経済投票と経済投票でないもの——本章で主に扱えたのは，経済投票ではない経済政策上の位置の相違に限られたが——との重要度のバランス，第2に，経済投票の中でも，政策着目経済投票，その他のポジション経済投票，現職着目経済投票の重要性のバランスである。本章はそれらに関する考察を行う。

ただし，経済投票に焦点を当てた本章の分析が持つ欠落を断っておきたい。先記のように，穏健左派政権が登場した場合には，政党システムが安定している。とすれば，それへの投票において長期的な党派性や党派的アイデンティティーが重要や役割を果たしていることが想像される。以下に示す経済投票を重視した分析では，固い党派性を分析に加えることができなかった。筆者は従来のサーベイ・データの多くでは，内発性を回避して党派性の効果を測るのは困難だと思っているが，本章で扱う事例について，それを回避するデータを見つけられず，また，それを回避する分析手法を身につけていない。以下の考察では，先行研究の知見と，筆者の行った投票分析の含意によって，この重要な点を扱うことしかできなかった。

関連して，本章で設定した課題には別のアプローチも可能である。というより，そちらがより直接的なアプローチであろう。すわなち，先に述べたように，本章で扱っている時期のラテンアメリカにおける投票分析の多くは左派票分析として行われたが，本章の関心からはより直接的ともいえるサブテーマについ

---

[5] それに対し，ラ米左派票研究は，例外はあるが，政策的立場の違いを区別せずに，左派への投票を一様に扱うことが通例だった。この欠点は，ポジションの差違を重視しない点で先記の欠点（そこではポジションの差違が意味することに関する考察が十分ではない）と関連している。

ての研究もある。「アウトサイダー」への投票に関する分析である[6]。筆者の知る限り，その代表的な分析の一つは，政党システム瓦解の研究の中で，瓦解をもたらしたアウトサイダーへの投票を分析したシーライトのもの［Seawright 2012］である。それは，腐敗への怒り（党派性を弱める）と，諸政党が多数の有権者のイデオロギー（政策）的選好を代表しなくなったこと（アウトサイダーを選択させる――この要素の重視は，ロバーツの議論を重なる）とが重要であったことを主な知見とする。しかし，第1点については，たとえシーライトが分析した（政党システムが瓦解といえるほど不安定化した事例である）ベネズエラとペルーでは腐敗への怒りが重要だったとしても，腐敗がラテンアメリカで多く見られることを考えると，それが政党システムの不安定化の程度（フローレス＝マシーアスの議論からは制度化の程度）を決めるかは疑問である。そして，第2点を導く分析には問題があるように思われ［出岡 2016：esp. 145］，また，扱われる2国以外にも一般化できるかは検証されていない。

以上述べたような研究の蓄積の違いも一つの理由であるが，何よりも，ここで分析される穏健な左派については，左派への投票がアウトサイダーへの投票ではないため，ウルグアイ1国を分析する本章では，アウトサイダーへの投票という視角ではなく，経済投票に焦点を当てて，政党システム制度化の程度（を通して，ポストネオリベラル期の政策のタイプの差違を決める要因）にアプローチする。経済投票は，先記の急進左派の場合のみならず，先進国も含めた一般論として投票行動を決めるものとして重視されてきたため[7]，そのような視角に意味があることを期待している。

II ウルグアイの事例の意味

前節で述べた目的からウルグアイを取り上げる理由を明らかにしておきたい。それは何よりも，ウルグアイの拡大戦線政権が，ポストネオリベラル期の

---

6) この要因の軽視は左派研究のもう一つの大きな欠点だろう。フローレス＝マシーアスの議論からも明らかだが，コンセンサスがあると言ってよいこととして，アウトサイダーの方が急進的な反ネオリベラリズムの政策を採用した（政権についての政策が比較的穏健であった場合にも，言説では）ことから，この欠点は，先記の政策の差違の軽視と強く関連している。

7) なお，フローレス＝マシーアスが穏健な政策が現れた場合典型として取り上げるチリにつき，軍政がすでに改革を行い，その経済パフォーマンスがよかった状況で，政党システムの制度化と経済政策の継続が強いことは，経済パフォーマンスがよい場合の従来の党派的アイデンティティーの継続の重要性を窺わせる。経済投票への着目が重要であることの傍証となろう。

ラテンアメリカにおいて,ネオリベラリズムとの連続性の強い政策を採った場合(いわゆる「穏健左派」)の代表だと考えられるからである。フローレス＝マシーアスの研究は,左派政権のうちで,最もネオリベラル路線を維持する政策であった事例として,チリを選んでいるが,ウルグアイ拡大戦線の政策もそれに近い穏健なものだったとする。また,フローレス＝マシーアスはより中間的なレベルの政権だとするが,それらと同様に穏健左派とされることが多いのは,ブラジルの 2002 年からの労働者党政権である。ランサーロ［Lanzaro 2011］は,それらのうちで,チリ,ブラジルと比べて政党システムが最も制度化されていたことを重視する形で,ウルグアイがラテンアメリカにおける穏健左派(彼の言葉では「社会民主主義」)の典型であったとしている。政党システムの制度化と政策の穏健さが結び付く事例の典型をウルグアイとする解釈を採らないとしても,本章の関心からは,中道左派連合政権が連続する中で,連合の大統領候補が中道政党ではなく左派政党から出るようになっても同連合が勝利した――ネオリベラリズムによるマクロ経済の成功が有権者に明確である中で,その政策と考えられるものを採っていた「現職」が勝利した ―― 形で「左派」政権が登場した場合であるチリは,重要な事例とはならないであろう。加えて,経済投票を重視する本章の関心からは,チリとブラジルが,前政権までのマクロ経済状況の悪化が非常に明らかである中で,その市場重視の政策を批判した左派が勝利した事例ではないことでも,ウルグアイの事例の選択が最適となる。さらに,本章で行う分析の観点からは,分断的多党制を持つブラジルは,確かに勝利可能性の高い反対派は限られていたとはいえ,分析をより複雑にする難点がある。

　加えて,本章で採用した経済投票の概念化に従って分析を行う場合,ウルグアイの事例の重要性は特に際だつことになる。安定した政党システムの中での政権交代が行われ,反対派が一つの政党である場合には,現職着目経済投票による解釈で十分でありうることはよく指摘されるが,ラテンアメリカで穏健左派政権が登場した諸国にその例は存在しない。よって,それらについては,現職着目経済投票と政策着目(ポジション)経済投票の因果メカニズムを分析できるし,すべきことになるが,ウルグアイはこの点で特に重要な事例となる。

　ウルグアイは,強い経済悪化が見られた中で,勝利可能性がある政党としては,現職と政策位置が近い(と多くの有権者が認識する)反対派と,政策位置が非常に異なる(それらの 2 党をともにネオリベラル的だとして,それへの反対を綱

領にしていた）反対派（穏健左派）のみが存在していた国である。そこからは，現職着目経済投票（を強い要素とする票）は前者に，政策着目経済投票は後者に流れると把握できそうに思えるが，そう単純ではない。同国での経済政策位置の差違を伴う亀裂の存在（後記）を考えると，前者に流れた票の多くが現職着目経済投票であることは間違いなかろうが，後者の穏健左派への票が政策着目経済投票であるとは限らない。後記するように，有権者が穏健左派以外の二つの政党をともにマクロ経済運営に失敗した「現職」であると把握する可能性があったからである。こうして，ウルグアイの穏健左派への票について，現職着目と政策着目の経済投票が，他の投票選択諸要因に比べて，また，両者を比較して，どの程度重要であったかを分析することは，特にアウトサイダーの急進左派政権が登場した場合との比較において，重要な研究課題となろう。以下では，ウルグアイの経緯を概観し，説明されるべき現象（投票行動）を明らかにした後，その課題の追究を試みたい。

III　ウルグアイにおける左派政権成立・維持の経緯，および，説明されるべき選挙結果

　ウルグアイは，19世紀半ばに名望家政党として登場した2政党である，コロラード党（Partido Colorado）と国民党（Partido Nacional）が，中間階級，労働者階級の政治への編入の時代を経ても支配的であり続けた国である。両党はともに，政党への強い一体感である党派的アイデンティティー（内戦の記憶にも基づいた）とクライエンテリズム的なネットワークを通して，多階級的な支持基盤を持ち，加えて，元来の教権などの亀裂（クリヴィッジ）が重要でなくなった20世紀には，政策的な差違も大きくなかった。いわゆる先進国にも匹敵して，20世紀初頭から福祉国家化が進んだのがウルグアイの特徴だが，その成立を担ったのはコロラード党の方であった。しかし，党内派閥が大統領候補を出し，派閥候補の合計で最大票を得た政党のうちで，最大得票を得た候補（派閥）が大統領になるという（よって，最大得票を得た候補が勝利しない場合がある），ウルグアイ独特の選挙制度もあって（因果関係の方向は別として），両党の党内派閥が重要であり，党内の政策位置の幅が党間よりも大きいのを特徴とした。両党は競争的な二大政党制を形成してきたが，先記の福祉国家化を担ったコロラード党の支持基盤は大きく，1970年代に民主主義が断絶するまでのほとんどの政権を担

表 5-1　2004 年までのウルグアイにおける全国選挙の結果（単位：%）

	コロラード党	国民党	拡大戦線	マルクス主義諸政党	その他*
1942	57.2	34.5		4.1	4.3
1946	46.3	40.4		7.2	6
1950	52.3	38.3		4.4	5
1954	50.5	38.9		5.5	5
1958	37.7	49.7		6.2	6.4
1962	44.5	46.5		5.8	3.1
1966	49.3	40.3		6.6	3.7
1971	41	40.2	18.3		0.6
1984	30.3	35	21.3		2.4
1989	30.3	38.9	21.2		9.6
1994	32.3	31.2	30.6		5.9
1999	32.7	22.2	40.3		4.8
2004	10.4	34.3	50.7		2.5

出典：[Luna 2007：6]
注：筆者が上記表のコラムを合計したもので，小数点以下には誤差を含みうる。

当するという形で（ただし，権力分有的仕組みも重要），コロラード党が一党優位的（プレドミナント）な地位を占め続けてきた。

　1950 年代からウルグアイ経済は停滞の時期に入り，1960 年代の政治の左傾化[8]の時期に政治的対立も激化する。その中で 1971 年に，それまでは弱小であった左派諸政党が連合して，拡大戦線（Frente Amplio）が形成された[9]。

　その後，政治の左傾化，その一環としての都市ゲリラ勢力の活動への反動も一因として，1973 年に，クーデタを経ない形だが軍が実際上の権力を掌握する軍政が始まり，1985 年まで続く。拡大戦線は，軍政の時代にその進行を凍結していたかのような形で，成立以来，着実に得票を拡大していく（表 5-1）[10]。1990 年からは首都モンテビデオ市政を担うが，それに選出されて以来，党内穏健派の指導者であるタバレ・バスケス（Tabaré Vázquez）が，拡大戦線の大統

---

8)　1959 年のキューバ革命の成功とその政権の社会主義化を大きな理由とする，ラテンアメリカ大の現象であった。

9)　拡大戦線は諸政党の連合体であるが，恒常的に連合し，選挙においても議会においても一つの党派として行動を続けているため，以下でも「政党」として扱うことにする。また，民政移管後の多くの選挙において，拡大戦線は，伝統政党から分離した政党と連合した。しかし，そこに投じられた票の多くは拡大戦線に対するものであると考えられ，煩雑さを避けるため，それらの選挙についても，「拡大戦線」とのみ表記する。

10)　以上のウルグアイ政党システムの性格については，[González 1995] などの文献が共通して指摘するものをまとめたものである。

領候補として，選挙を戦い続けることになる。

　ラテンアメリカ諸国にほぼ共通する流れとして，民主化以後の時期，ウルグアイもネオリベラル改革の時期を迎える。ウルグアイは，チリやアルゼンチンと並んで，1970 年代に登場した軍政がまず経済の転換を試みた国であるが，チリとは異なり，それがあまり進まないうちに民政移管が起こる。1980 年代の経済の困難（と，その中でのワシントン・コンセンサスによる圧力）により，ネオリベラル改革が政治課題になったことは，この地域の多くの国と共通する。次節でより詳しく紹介するが，その改革を担ったのは，コロラード党政権と国民党政権であり，拡大戦線は，市場重視の政策への反対を重要な綱領とし続けた。

　ウルグアイのネオリベラル改革については，それが穏健なものだったことが特徴である[11]。しかし，ネオリベラリズムの結果として認識されうる経済の困難が起こったことは，改革がより急速に極端に進んだ国と共通している。1998 年から経済は持続的なマイナス成長に転じ，2001 年末からのアルゼンチンの危機（それは，ネオリベラリズムによると考えられる経済危機が最も極端な形で起こった場合であろう）の影響もあって，2002 年には，ウルグアイ史上最も厳しいともされる経済危機を迎える（表 5-2）。

　それが回復に転じた頃に行われた 2004 年 10 月の選挙に勝利したのが，拡大戦線のバスケスであった。決選投票を必要としない 50.45% の得票での勝利であった[12]。コロラード党の衰退も特徴的であり，表 5-3 でわかるように，この現象は，その後の選挙でも続くウルグアイ政党システムの大きな変容である（2004 年以後の全国選挙[13]に示される各党の得票比については，表 5-3）。

　バスケス政権の政策については後にも触れるが，先記のように，基本的には市場重視の方向を維持しつつ，社会政策などによって再分配や平等を重視する政策が追求された。その 5 年の統治を経た 2009 年選挙では，同党のホセ・ム

---

11)　佐藤［2005：45］は，その「段階的で穏健」な性格を強調している。
12)　以下，本文での数字は，「決選投票が不要の過半数」の基準となる，全投票のうちの比率である。それに対し，表 5-3 は，候補・政党に投票された有効投票中の数字である。全投票内の数字は表 5-3 の出所に挙げた選挙裁判所のサイトにパーセント自体があるものによる。なお，表 5-1 も表 5-3 と同じものを示したもののはずだが，表 5-1 出所文献に出典とあるものが恐らく間違っていて確認できないが，その 2004 年の数字は暫定的なものだったか間違いであろう。
13)　ウルグアイの全国選挙においては，各党の得票が，その党の大統領候補の得票としてもカウントされ，比例による議会議席の配分にも用いられる。

表 5-2　ウルグアイにおける国内総生産成長率（2005 年価格）1995～2013 年

1990	1091	1992	1993	1994	1995	1996	1997	1998	1999	2000	2001	2002	2003	2004	2005	2006	2007	2008	2009	2010	2011	2012	2013
0.30	3.5	7.90	2.7	7.3	-1.4	5.6	5	4.5	-2.8	-1.4	-3.4	-11	2.2	11.8	6.6	4.1	6.5	7.2	2.4	8.4	7.3	3.7	4.4

出典：国連ラテンアメリカ・カリブ経済委員会ウェブサイト（http://interwp.cepal.org/cepalstat/WEB_cepalstat/Perfil_nacional_economico.asp?Pais=URY&idioma=e；最終アクセス 2015 年 6 月 25 日）

表 5-3　2004 年以後のウルグアイにおける全国選挙の結果（単位：%）

	拡大戦線	国民党	コロラード党	独立党
2004	51.66	35.13	10.62	1.88
2009	49.34（54.63）	29.90（45.37）	17.51	2.56
2014	49.45（56.63）	31.94（43.37）	13.33	3.2

出典：2004 年と 2009 年はウルグアイの選挙裁判所のウェブサイト（http://www.corteelectoral.gub.uy/gxpsites/page.aspx?3,26,294,O,S,0,；最新アクセス 2015 年 6 月 25 日）の数字から筆者の計算，2014 年はまだそこにデータがなく，共通する各種報道から。
注：主要 4 党のみのデータで，%は有効投票内の割合。カッコ内は決選投票での得票率。

ヒカ（José Mujica）が勝利し，拡大戦線の政権が維持される。第一次投票での得票率は 47.96% であり，決戦投票を必要とする選挙であった。なお，本章の分析の外ではあるが，2014 年選挙では再びバスケスが拡大戦線の大統領候補となり，第一次投票で 2009 年選挙とほぼ同率の得票の後の決選投票に勝利して，翌年政権に就いた。

以上概観した経緯の中で，本章の検討対象である投票行動の結果としての選挙結果は，表を見て明らかなように，次の傾向となる。第 1 に，2004 年の拡大戦線の政権成立までは，長期的に拡大戦線が票を伸ばしていった。グラフでは直線に近い形で表せるような拡大であった。第 2 に，政権を取ったあとの選挙では，拡大戦線の得票拡大がとまり，横ばいとなる。

そうした拡大戦線の得票の裏側が伝統 2 党の得票の推移であることは明らかだが，ウルグアイ政治研究でコンセンサスがあると言ってよい解釈（というより，共通して発見してきた事実）がある。すなわち，伝統 2 党を一方とし，拡大戦線にほぼ完全に代表される，両党に挑戦する（desafiante）政党を他方とする 2 ブロックが形成されていたとの解釈が，非常に一般的になされてきた [Chasquetti and Garcé 2005：123]。1999 年選挙まで，2 党を合計した得票が減っていく傾向の中で，コロラード党と国民党のあいだで，一党の得票の減少

が他党の増加分に一致して選挙ごとにジグザグするサイクルが見られてきた［Armellini 2005：112］。デ・アルマス［De Armas 2008：esp. 44-45］が言うように，2004年選挙でコロラード党から離れた票の多くが国民党に流れたことは，伝統2政党と拡大戦線の二つのブロックが形成されていることを示している。すなわち，拡大戦線の得票拡大は，伝統2政党ブロックの票の減少傾向と対応した現象として理解できる［Chasquetti and Garcé 2005：esp. 132-34；Armellini 2005：116］[14]。

　重要なのは，その2ブロックが，経済政策を争点にして結晶したことである。先記のように，この時期には伝統2党のどちらかが政権にあったが，拡大戦線の議席の増加により，ネオリベラル改革は，両党間の多かれ少なかれ明示的な連携によって進められた。その政策遂行上の必要と重なるが，この時期に，伸張する拡大戦線への対抗上，コロラード党と国民党の連携姿勢が強まった。ある研究のカウントによれば，1985年から2004年の240か月のうち，151か月で，議会協力などの形で「連合」していた［Chasquetti and Garcé 2005：123-24］。そして，ジャッフェ［Yaffé 2005］など，次節で紹介する文献が共通して述べることだが，拡大戦線は，伝統2党がともにネオリベラル的だとして，その政策を批判し続けた。それらの結果，ルーナ［Luna 2007：17］によれば，「大統領職を握るか否かにかかわらず，［コロラード・国民］両党が現状について責任を負わされる状況」が形成されていた。ネオリベラリズム的とされる政策とそれへの反対は，本章が扱う時期を通じて，選挙自体でも中心的な争点となってきた［佐藤 2005：43；内田 2010：29-31］。

　2ブロック化には，別の要因も存在する。1996年の憲法改正により，前記の派閥候補が争う大統領選挙の制度は廃止され，各党が（全党同時に行われ，有権者がいずれかの党を選んで投票する――本選挙と異なって義務制ではない――予備選挙により）候補を一本化する選挙が始まる。また，第一次投票で過半数を取る候補がいない場合は決選投票が行われる制度も導入された。新制度で行われた最初の全国選挙（1999年）においては，バスケスが，第一次投票では2位のコロラード党候補を上回ってトップになりつつ，決選投票では国民党が後者

14）ブケ［Buquet 2004：11, 16-18］は，2004年選挙における選挙変易性はウルグアイにおいて歴史的な高さだったことを明らかにするが，それもこの点を示している。民主化以後の各選挙に見られた数字に，コロラード党から国民党に大量の票が流れたことの結果が加わった数字であったとする。

を支持したため敗北した。選挙制度の変更が，伝統 2 党の連携をさらに強めることになった[15]。

こうして，拡大戦線が政権獲得までほぼ直線的に得票を拡大し，政権獲得後それが停止した現象を，それがネオリベラリズムとそれへの反対という経済政策を争点とした選挙で起こってきたことを前提として説明することが，拡大戦線票分析の課題となる。本章は，その解明を経済投票への着目で試みる（それは，ウルグアイに関する考察を，ポストネオリベラル期ラテンアメリカ諸国における政策分岐の説明を，経済投票に焦点を当てた考察で試みる本章の大きなモチーフに置くことになる）。先行研究を検討して説得力のある（プロージブルな）解釈を得ることと，個人レベルの投票行動分析を，先行の同様の分析も踏まえつつ新たに行うこととの組み合わせが，その方法となる。そのような考察方法を採る理由は，筆者の能力とデータの限界により，行う計量分析に大きな限界があるため，その解釈は推論にとどまる（仮説をそれのみで検証するという形式にはしにくい）こと[16]，その中でも特に，筆者の行った投票分析が経済投票という視角で行われ，党派性，党派的アイデンティティーという重要な側面に関しては推察するしかないことである[17]。

IV 拡大戦線票に関連する先行研究からの考察

まず，拡大戦線の得票の推移に関する先行研究のレビューから始めたい。第 1 に，拡大戦線の長期的な得票拡大について，最も多くの政治学者が重要な要因だとしてきた［Luna 2007: 10; De Armas 2010: 47］のは，若い世代が同党の支持者となり，年齢を重ねても支持を続ける現象である。この解釈は，先記の直線的な得票拡大をよく説明する。

2004 年選挙に関する多数派解釈は，この世代的蓄積論と親和的である。2004

---

15) 本段落で述べた経緯については，［Cason 2002］など。
16) 先行研究のレビューを仮説抽出のために行い，より精緻な計量分析を行う別稿を準備中である。以上述べた欠点に加えて，本章では，紙幅の制限と本書の性格にも鑑み，本章では紹介しなかったものも含めた複数の分析モデルの意味・目的，データに関する情報（公開されているが）に関しては簡略な紹介とした。なお，それらや，本章のために行った分析で紹介できなかった部分に関しては，筆者へのリクエストがあれば提供する。
17) 同時に，二次文献を十分に検討して取捨選択・統合することが重要な知見を導きうると筆者が考えている結果でもあることを付言しておきたい。

年選挙結果が直線的得票拡大傾向の延長線上にあることを，そのまま自然に解釈することが，広く行われてきた。2004年選挙の結果は，非常に厳密なレベルまで予想できたことだとされる［特に，Buquet 2009：615-16；De Armas 2010：45］。この解釈は，2004年選挙が大きな経済危機の後であったという短期的な状況が拡大戦線の得票拡大に重要な役割を果たさなかったとの解釈と結び付くはずである[18]。コロラード党の得票減少は，経済危機時に政権にあった政党に相応しい急激さであり，現職着目経済投票仮説に当てはまるものであった。しかし，佐藤［2005：44］も言うように，その得票減に対応する得票増は主に国民党に見られた[19]。正確にいえば，コロラード党の得票減少から，拡大戦線の長期的トレンドでの得票増として把握できる部分をマイナスすると，ほぼ国民党得票増分となる。すなわち，以上紹介したウルグアイ政治に関する多数派的な解釈を統合すれば，拡大戦線の得票に関して，短期的な経済状況は重要ではないという解釈となる。支持する政党に関しての長期的に形成された選好が存在するため，拡大戦線と伝統2党の政党ブロック間にはバリアがあり，経済投票の効果は拡大戦線には及ばなかったことになる。

　この多数派的解釈の統合は，ウルグアイにおける政党支持は固い支持であるとの解釈，すなわち，経済政策位置は拡大戦線への投票との相関がある可能性は高くても，人々は経済政策位置ゆえに拡大戦線（や伝統2党）に投票するのではないとの解釈と親和的である。

　他方で，その前の経済危機の大きさからは当然ともいえるが，ウルグアイ政治研究を代表する政治学者も含めて，そして，世代的蓄積による拡大戦線得票拡大説を採る政治学者も含めて，2004年の拡大戦線の勝利については，直前の経済状況による経済投票（現職着目のそれ）が重要だったと議論している［Lanzaro and De Armas 2012：64-66；R. Bayce, cited in Altman and Castiglioni 2006：153］。この点は，ケイローロの投票行動分析によっても検証されている（四つあとの段落を参照のこと）[20]。経済投票の重要性を認めるこれらの議論からは，伝統2政党ブロックと拡大戦線の間にバリアが存在することは前提と

---

[18]　前文で挙げたブケの文献は，ウルグアイについて経済投票の分析が必要になるのは，2004年のバスケス政権の登場以後のことだとさえ述べている。

[19]　この点では，選挙キャンペーン中，特に予備選挙の後には，拡大戦線に勝利できるのは自党であるとしてコロラード党支持者の票を奪うメッセージが国民党から発され，効果を持っただろう（決選投票を持つ制度であっても）こと［Canzani 2005：69-70］も考慮に入れなければならないだろう。

して,そのバリアを超える票が経済状況の悪さに応じて増大するか,経済状況の悪化に従ってバリアの位置が,より拡大戦線側が広くなる形で「移動」したことになる。もしある時期まで世代的蓄積などの長期的で「直線的」な拡大をもたらすはずの要因による得票拡大傾向があったとすれば,2004 年選挙に関してこの解釈を整合的に成り立たせるためには,その長期的拡大のトレンドが減速していなければならない。

そして,長期的トレンドがある時期以後に減速していたという解釈と親和性を持つ重要な研究潮流が存在する。拡大戦線の得票拡大については,低所得層への支持基盤拡大も重視されてきたが[21],そこでは,モンテビデオ(ウルグアイの有権者の約半分を占める)市政を拡大戦線が担当した社会政策が重要であり,クライエンテリズム的手段で伝統 2 党が握っていた支持基盤を奪い,低所得層に支持基盤を拡大しての多階級政党性の強化の重要な要素となった[Luna 2007: 7; Moreira 2005; Lanzaro and De Armas 2012: esp. 67-70; Selios and Vairo 2012: 203]。なお,この要素は固い支持基盤の形成による得票の拡大と,少なくとも矛盾はしないことにも注意したい。

世代的蓄積等以外に,より状況的な経済的要因も重要であることを示す形で,分配に加え,マクロ経済状況の悪化が拡大戦線支持を拡大してきたとする(その解釈につながる)研究も少なくない。世論調査によれば,国の現在の経済状況に関する質問への回答で「悪い」と答える人は,1994 年,1999 年,2004 年と明確に上がってきている[Canzani 2005: 82-83]が,その不満が拡大戦線の得票拡大にどう結び付いたかについては,複数のメカニズムを想定できる研究・解釈が提出されてきた。

ジャッフェによる拡大戦線の得票拡大に関する研究[Yaffé 2005: esp. 72]は,1980 年代以後の得票拡大では,伝統 2 党の諸政権への不満を吸い上げたことが(中道票の獲得と並んで)重要であったとし,特にそのためにネオリベラル改革への反対が重要な戦略だったとしている。それは,長期的な拡大戦線

20) なお,極端に経済状況が悪い時には,少なくとも社会全体的な経済認識変数につき,大多数が非常に否定的な回答をするため,個人レベルの分析でそれら独立変数を用いた経済投票の分析を行うことが困難だとも考えられている[Teperoglou and Tsatsanis 2015: 110]が,ケイローロの 2004 年に関する分析では,明確な結果が得られている。
21) 拡大戦線がモンテビデオの進歩的中間層と組織労働者を主な支持基盤としていた状況から,低所得層への支持基盤拡大と,「全国化」[Lanzaro and De Armas 2012: 66-67]が進行した過程が指摘されてきたが,そのうちの前者である。

の得票拡大の要因を指摘した議論であると解釈できる（すなわち，先記の多数派解釈と統合されうる）。

少数派解釈だが[22]，以前からウルグアイでは経済投票が重要であったが，通説が見損なってきた，とする研究もある[23]。それが正しければ，図式的に提示すれば，継続的に経済状況が良くない状況が続いたため，拡大戦線に流れる経済投票が拡大していったのが拡大戦線の得票拡大に重要な役割を果たしたことになる。しかし，それらの研究はあまり説得的でないように思われる。ルーナ[Luna 2002]は，1996年-99年の世論調査を用いて――すなわち，本章で重視している経済悪化が始まる前について――，経済投票の仮説に関する計量分析を行っている。マクロ経済指標そのもの（彼は失業とインフレの指標を用いるが，失業のみが有意），また，それの代わりに経済状況認識（「現在」の）を独立変数に入れた場合のそれら（特に，個人や家計の経済状況認識たるポケットブック変数の方が大きな決定力を持つ）が，左派政党への投票意志に影響を与えていたとの分析結果が提出される。しかし，この研究については方法論上の問題を指摘しうると思われる[24]。ケイローロの研究は，II節で紹介した，ラ米左派票研究に広く共通する関心に基づき，ウルグアイ政治の研究動向を念頭に置いたものではないが，同国についての分析では［Queirolo 2013: 102-17］，拡大戦線の得票拡大に，経済投票が重要であったとの解釈を提出している。しかし，1984年から2004年までの選挙前サーベイの分析が行われるが，経済投票に関

22) セリオスら［Selios and Vairo 2012: 204］が，ウルグアイに関する投票分析で経済パフォーマンスが取り上げられるようになったのは2004年選挙以後であるとしてルーナの文献を取り上げるのは正しくないが，そこから，ウルグアイ政治研究で，いかに党派性に基づく固定票が多いと考えられてきたかを窺うことができる。

23) ただし，経済投票が以前から重要であったとの知見が正しいとしても，2004年選挙では，その前の経済危機の大きさゆえにその動きが大きくなったという理解ができ，伝統ブロックの間ならばもちろん，拡大戦線などと伝統2党の間の動きに関しても，特に2004年選挙において経済投票が重要だったとする解釈と矛盾するものではない。

24) この論文は，ウルグアイ政治の様々な「常識」――特に，政権（大統領）支持に客観的経済状況が反映されない（ウルグアイの人々は経済がよくても現政権に厳しいペシミズムが強い）こと――を否定することをモチーフとし，主に政権支持率への影響を分析したものである。ルーナ自身は，経済投票が重要であるのは主に浮動票の人々だろうとしている。ただし，この論文は，複数のサーベイ間の意見分布を回帰分析したものであり，マクロ経済指標と政権支持との関係の検証では当然の方法であろうが，主観的な経済状況認識が投票意志に与える影響を検証するには，方法論的に問題があるように思われる。本章やケイローロの分析結果と異なり，ポケットブック変数の方が重要だとの結果も，それを示唆する。なお，分析に用いる世論調査の期間も，政権支持を従属変数とする分析のみは，1985年-2000年になっている。

する変数が有意なのは 1994 年と 2004 年のみであると解釈すべき結果であり[25]。経済危機以前の時期については（ここで述べているように，2004 年についての分析結果は，別の文脈で把握すべきである），その結論は，少なくとも自明ではない。もちろん，後に紹介する筆者の計量分析は，本段落で検討した解釈が正しい可能性も含めて検討する形でなされるが，以上からは，従来の研究をまとめて有力な解釈を導く過程では，ひとまず重視すべきではなかろう。

マクロ経済状況の悪化が「道具的」に反ネオリベラリズム政策を選好させる政策着目経済投票が重要で，悪い経済パフォーマンスが続く中で，拡大戦線への投票を増してきたという解釈も可能であろうが，筆者の知る限り，それを検証した研究はない。先記のルーナやケイローロが知見としていた「経済投票」には，それも含まれているかもしれない。この仮説の妥当性は新たに検証する必要があるが，その仮説の検証を念頭におき，その検証にある程度ふさわしい時点のサーベイ・データを用いた，次節で紹介する分析は，その試みである。

重要なのは，世代的蓄積論は完全には正しくないとはいえ，拡大戦線票の増大が，党派的アイデンティティーに基づく固い支持基盤の拡大によることは広く指摘されてきたことである。拡大戦線は伝統 2 党に比べて新興であり，その票を奪って拡大したのではあるが，党へのアイデンティティー的忠誠を持つ支持基盤が形成されてきたこと（「左派の伝統化」と呼ばれる）は，広く指摘されている［例えば，Luna 2002：130；Yaffé 2005：119-23］[26]。再分配の担い手としての存在意義（コロラード党がネオリベラリズムに転じ，伝統政党がその役割

---

25) 詳細には次のとおりである。1984 年については，社会全体的のみにつき，「現在」，レトロペスティヴ，将来予想（これらのカテゴリーについては，次節を参照のこと）の 3 変数，1989 年については，逆にポケットブックについてのみそれら 3 変数，1994 年，1999 年については，社会全体的とポケットブックについて「現在」のみの 2 変数，2004 年につき，それら 6 変数全てを独立変数に加えた二項ロジット分析（それぞれのサーベイ結果につき，階級について異なる指標化を行った 2 種）が行われている。階級について指標化が異なる二つの分析に共通して，以上の変数のうち，有意なのは，1％水準で，1994 年と 2004 年の社会全体的で「現在」の変数，5％水準で，1989 年のポケットブックの将来予想の変数（その変数への疑問は次節を参照のこと）と 2004 年のポケットブックで「現在」の変数のみである。

26) セリオスら［Selios and Vairo 2012：esp. 212］は，2009 年サーベイの分析から，伝統 2 党への投票意志を持つ者と比べ，拡大戦線支持者はより「不安定」である（それゆえ，政府の業績により投票先を変え，アカウタビリティーの点で望ましい合理的な投票者である）との解釈を行っている。しかし，少なくとも，「参加した全ての選挙で同じ政党に投票していたか否か」をダミー変数とする分析結果を証左とする部分については，先記の拡大戦線の得票拡大（の長期的傾向）を考えれば，疑わしいであろう。

を失う中で）と軍政下の苦難・抵抗の「叙事詩化」とがその核となった。ジャッフェは，この現象と先記の反ネオリベラリズムの世論の受け皿になっての得票拡大との相互補完性を述べている。それとパラレルに，先に述べた分配による支持基盤の拡大も，この現象と相互補完的であろう。

　以上，拡大戦線の得票拡大期に関する研究動向をレビューしたが，言うまでもなく，2004年選挙までの選挙結果の解釈は，それ以後，拡大戦線の得票拡大がとまったことと整合的でなくてはならない。まず検討しなければならない仮説がある。ウルグアイ政治に関して通説的になされてきた解釈からは，政権獲得前と後の傾向は切り離しうるとの解釈も不可能ではない。ウルグアイでは，「現職政党が支持を減らす効果」の存在が広く指摘されてきた[27]。また，ガルセ[28]［Garcé 2010：525-27］は，「現職効果」に加え，元ゲリラであることやその粗野な話し方などのムヒカ候補のパーソナリティー，彼がバスケスよりも左だと認識されたことを理由として挙げている。どれも状況的な性格を持ち，それ以前の得票拡大を生んだ要因が続いていても，2004年以後実際には拡大がとまったことを説明するタイプの要因である。

　しかし，拡大傾向の停止はこれらの要因で説明するには急激すぎるであろう。さらに，いくつかの事実が，停止の説明の必要性を増す。バスケス政権は，他の諸点にも増して，積極的な社会政策と労働政策の分野で，それまでの伝統2政党の諸政権との違いが大きかった［例えば，Lanzaro 2011］が，モンテビデオでの分配による支持基盤の拡大（先記）が全国レベルで起こり，内陸部での得票を伸ばしたと推定される[29]。対貧困プログラムでの給付の役割が重視される，低所得層かつ／または国の周辺部への支持基盤の拡大は，ブラジルの労働

---

[27]　［Armellini 2005：120］も，それ以前の拡大戦線の得票拡大の傾向は政権獲得後には続かないだろうとの予測の一因として，それ以前には存在した「反対派であったことの利益」を挙げている。

[28]　拡大戦線得票拡大の停止のパズルの重要性を考えると奇妙なことに，得票微減の理由に関する分析はあまり行われてこなかったように思われる。筆者の知る限り，2008年末から2009年の景気後退はあったにせよ，経済がとても好調であったバスケス政権のあと，2009年選挙で拡大戦線が前選挙に比べて得票を減らしたことを疑問として提出した（すなわちガルセも，拡大戦線の長期的拡大傾向（の重視）からは，パズルがもっと大きいものとなることを意識していない）ガルセの答が，最も体系的な解釈である。

[29]　拡大戦線の「全国化」は2004年以前に始まり，その得票拡大の重要な要素になっていたが，内陸部での低所得層への支持基盤拡大が04年以後の現象であることは，ルーナ［Luna 2007：9］が指摘している。この変化については，ランサーロらの文献［Lanzaro and De Armas 2012］なども指摘している。

者党政権下で起こった変化［Hunter and Power 2007 など］[30]と共通する現象である。他方で，2004 年選挙における経済投票を重視する立場からも，09 年の結果については説明が必要かもしれない。バスケス政権下では，危機からの回復後の経済成長が続き，2008 年後半からの世界的経済危機の影響もマイナス成長に至らずに回避できた［Altman 2010：533］。人々はバスケス政権下の経済をプラスに評価していたと推定できる[31]。いずれも，状況的な要因として，拡大戦線票を増大させるだろうものであり，その中での得票拡大停止は特に説明を要することになる。

　以上からは，2004 年より前に，世代的蓄積などの長期的・「自然的」な要因での拡大戦線の得票拡大の傾向が減速していたと解釈した方がよいであろう[32]。一般に新興政党の得票拡大はある程度でとまらざるを得ないことは確実だが，ある閾値をこえると急にストップするというより，徐々に減速していくとの推定の方が妥当であろうことも，この仮説に説得力を与える。減速は，2004 年選挙での経済投票の小さからぬ役割を指摘する解釈と整合的である。ただし，2004 年選挙ではそれ以前より大きかったはずの経済投票の割合／役割については，浮動票が増大していたとの解釈も，この時点で急速に浮動票化したか，伝統政党のいずれかの党派性は保ちつつこの選挙では拡大戦線に投票した人々が多かったかは別にして，2004 年直近の時期の経済パフォーマンスの悪化の大きさゆえの短期的な現象であったとの解釈も可能になる。有力な研究は前者を示唆する。ウルグアイは，伝統的に，政党への忠誠が強い，固い支持基盤が広いことを特徴としてきたが，浮動票が増加しており，それが 2004 年選挙で明白になったとする解釈が提出されている［Selios and Vairo 2012］[33]。世界的

---

30) 条件付き現金給付プログラムの重要性については論争があるが，支持基盤の拡大に関しては明白である。

31) バスケス政権末期における支持率は（一時期から大きく回復し）非常に高いものだった［例えば，Garcé 2010：500, 502；Canzani 2010：20］。経済投票研究が元来中心的に研究してきたのは，マクロ経済状況と政権支持との関係であり，その関係の強さが非常に一般的に見られることが，その分野の研究潮流の重要な知見である。そうとすれば，経済投票は拡大戦線に有利に働いたはずとなる。

32) デ・アルマス［De Arms 2008：48］によれば，1984 年–2004 年の拡大戦線の得票拡大のうちで，世代蓄積論に基づく自然増減と移住などの要因で説明できる部分は 45.6％ にすぎない。

33) 選挙キャンペーン期間中についてであるが，2004 年選挙についてのパネル調査では，77.7％が投票意志を変化させず，1994 年選挙時の 73.8％ より高い率であった［De Armas 2005：94］。しかし，経済危機のあとの選挙で，浮動票の多くが早くから拡大戦線への投票を決めていたとすれば（十分に説得力のある解釈であろう），この結果は浮動票の拡大と矛盾しない。

傾向も，それ以前のウルグアイの政党アイデンティティーの高さも，その解釈に説得力があることの傍証となろう[34]。

以上からは，先行研究を検討し，説得力のある形に統合した解釈は，次のようになろう。世代的蓄積によって拡大戦線を支持するようになる中での重要性の程度，また，世代と独立にそれで拡大戦線支持になった人々の割合については別にして，そして，それとかなり重なるだろうが，拡大戦線支持者になったことによって反ネオリベラリズムになった人々／要素と，反ネオリベラリズムゆえに拡大戦線支持になった人々／要素とのバランスは別として，ウルグアイでは，経済政策位置は固い政党支持と結び付いている程度が高い[35]。その時点での若い世代を中心に，拡大戦線の強い党派性を持つ支持基盤になっていき，強い党派性を持つ伝統 2 党と争う政治が基調であり，各選挙時の経済状況で動く，それほどは広くない現職着目経済投票との総合で，選挙結果が決まってきた。経済パフォーマンスで動く票が増大傾向にあるとの解釈も有力だが，その是非は別として，2004 年選挙では，経済パフォーマンスの極端な悪さゆえに経済投票（それが現職着目か政策着目かは，新たな分析なしにはわからないが）の重要性が，それ以前よりも明らかに大きく，それが拡大戦線の長期的要因による得票拡大が減少した分と相殺して，直線的拡大の延長線上の得票となった。

ウルグアイの事例についての先行研究のレビューの末尾に，以上の検討にも含めていたが，次節で紹介する本章自体の分析と同様に，個人レベルの重回帰分析で拡大戦線への投票を分析した先行研究を特に取り上げて検討しておきたい。まず，ラ米左派票に関するケイローロの研究のウルグアイの部分 [Queirolo 2013: 102-17][36]が，本章の直接の先行研究となる。しかし，その分析は，本章の関心からは，大きな問題を抱えている。先に述べたラ米左派票研究の問題

---

34) 伝統 2 党についてだが，両党の間で動く票の部分が徐々に大きくなっている（グラフ上で示されるその部分の幅が徐々に広くなっている）ことを示した研究 [Armellini 2005: 115-19] も，それを示唆している。なお，2004 年選挙結果は例外的にこの帯の外にはみ出るが，2005 年地方選挙ではまたその内に収まっている。

35) 党派性と政策位置が固く結び付いている場合が多いことについては，党派性形成が先で，党派性が政策位置を決める現象の重要性を指摘するベイカーらの研究 [Baker and Green 2015: 179] も参考になる。

36) なお，ケイローロの別の文献 [Queirolo 2006] は，2004 年選挙前サーベイのみにつき，より少ない独立変数のみを含めた分析で，拡大戦線は「唯一の信頼できる反対派」であったために 2004 年選挙に勝利したとするもので，基本的に同様の分析・解釈である。

設定(反ネオリベラリズムの選好かマクロ経済の悪化か)に基づいているため ── とすれば,反ネオリベラリズムの選好が左派への投票を説明するかを検証しつつ,それがマクロ経済状況の悪化によるのか否かを検証していないのが欠点となる ── ではない。それ以前に,同書のウルグアイに関する分析で使用されたサーベイに反ネオリベラリズムなど経済政策指向に関する質問がないとの理由で,それが独立変数に含まれない分析が行われている(それにもかかわらず,拡大戦線の得票を,マクロ経済の悪化を理由とする,これまで一度も政権を担当していなかった反対派への票であるとする結論が導かれている)。すなわち,媒介変数にせよ,独立変数にせよ,経済政策位置が投票選択にどの程度重要であったかが分析に加えられていない。従って,次節で紹介する分析は,政策位置の重要性を検証し,それがマクロ経済状況による可能性を検討しようとする点で,二重にケイローロの分析の不十分さを補おうとする試みである。

　筆者による分析のもう一つの利点は,時点の選択である。ケイローロの分析は,広く行われる方法であるが,2004年を含めたいくつかの選挙に焦点を合わせ,選挙前のサーベイを用いている。それに対し,先記の諸仮説を検証するには,極端な危機の影響がなく(すなわち,それまでの拡大戦線の得票拡大のダイナミクスの枠内にあり),かつ,経済がある程度悪化していることが明らかな2001年時点での分析も,非常に重要であると考えられる。この時点で経済投票があまり重要でなければ,拡大戦線の長期的得票拡大の時期には,経済投票はあまり重要でなかったとの示唆が得られるであろう。後記するようにネガティヴ・チョイスでもあったとはいえ,この時点の選択は積極的な意味を持っている。

　2009年選挙直前のサーベイを用いたセリオスらの研究[Selios and Vairo 2012]は,拡大戦線政権成立後に関する先行研究である[37]。それは,従来の研究からウルグアイにおける投票行動で重要性が予想できる独立変数を列挙的に[38],全てダミー変数として導入したプロビット分析を行い,経済状況認識と経済政策位置が拡大戦線への投票意志を説明するとの結果を提出している。そ

---

37) その結果は,先に紹介した先行研究の諸説の中で多様に解釈できるものであり,また,次項で紹介する筆者自身の分析と共通する要素が大きいため,その検討は先の先行研究レビューに含めなかった。

38) 同論文は,非政治的要因ではなく政治的要因が重要であるか,すなわち,「現職評価」を行い,アカウンタビリティーの観点から望ましい有権者であるかを検証する目的を持っており,その列挙性は研究課題に基づいたものである。

れに対し，筆者は，それとは異なる，前年のサーベイ・データを用い，少し異なる独立変数群を導入し，二項ロジスティック分析を行った[39]。経済投票に関する諸命題に関して，異なる方法とデータで再検証する意味はあろう。特に本章では，II節に述べた関心から，左派政権になったあとの経済投票の性格を考えるため，また，それ以前の左派得票の拡大の解釈に，この時期の分析も参照するためにも，この時点の分析を，2001年に関するものと同じモデルで行って解釈することが重要になる（セリオスらの分析が，2004年以後，ウルグアイ選挙民の投票行動を決める要因が大きく変わったとの予想に基づいた研究であるのに対し，本章では，それ以前の投票行動との継続を重視しつつ，その政権の継続を求める票の性格を探求しようとしている）。セリオスらの分析結果を，拡大戦線政権期に関する本章の分析と比較検討する作業は，次節で行いたい。なお，拡大戦線が政権政党になり，大きな経済危機がなかったという文脈から，経済状況による政策位置の転換をこの時期について検討することの意味は小さいと思われることを付言しておきたい。

V　2001年と2008年のサーベイ・データによる拡大戦線票の分析

1　データ，変数，但し書き

　前節でウルグアイ政治に関する二次文献の検討でアプローチしたのと同じパズルを念頭において，筆者は経済投票に焦点をあてたサーベイの計量分析による投票行動分析を行った。その結果の最も重要な部分を紹介するのが本節である。

　前節の考察の結果からは，強い党派性に基づく投票が重要であり，現職着目経済投票もある程度効いていることが通説的な解釈であることがわかる。ただし，そこでは政策着目経済投票については検討されない上での解釈である。それも踏まえて，筆者は，拡大戦線が得票を拡大し，政権をとるに至る時点と，拡大戦線政権維持の時点について投票分析を行った。

[39) 偶然であるが，そこでは経済政策位置につき，本章が2001年分析について用いたのと同じ国家の経済介入についての意見が用いられている。それに対し，本章がバスケス政権期について行った分析では，最重要企業・産業の国営・民営に関する意見が独立変数となる。この点でも，本章の二つの分析とセリオスらの分析は補完的である。

データとして使用するのは，Latinobarómetro 2001 年（4 月）と LAPOP 2008 年（4 月-5 月）のサーベイのデータである。それは，二つの重要なシリーズ・サーベイのうちで，筆者の関心から必要な質問を含んでいる年が限られる，投票意志についての質問への回答が事実上空白である年が少なくない，調査が行われる年が限られ，本章の関心からは重要な時期に行われていない，などの多くの欠陥が存在するゆえのネガティヴな理由での選択である。しかし，それが積極的な意味を持つ時点であることは，先に述べたとおりである。

　重要な但し書きを記しておきたい。ウルグアイにおけるサーベイでは，拡大戦線への投票意志が，実際の投票よりも高くなる傾向がよく知られている ［Queirolo 2013：102］。本章で用いるサーベイでも同様だと思われる。2001 年に行われた下記のサーベイでは，白票などを除いたうちでの拡大戦線への投票は 53.27％ であり，1999 年選挙の 40.11％（以下も同じだが，選挙裁判所のデータから筆者計算），2004 年選挙の 51.66％ よりも大きくなっている。2008 年時点での下記サーベイには，2004 年選挙で誰に投票したかの質問も含まれているが，そこでは 64.81％ がバスケスに投票したと述べており，また，その時点での投票意志では拡大戦線は 56.24％ を獲得しており，これも 2004 年選挙結果も，2009 年選挙結果の 49.34％ も大きく上回っている。そのこととも関連して，拡大戦線への投票について，それ以外の政党への投票との違いを説明する要因を探すか，「投票しない」「白票・無効票」も加えた拡大戦線投票以外の選択肢との違いを説明する要因を探すかは，棄権などの選択肢の意味が，拡大戦線が政権にあるか反対派かによって異なることも想像されるため特に，難しい選択である。よって，筆者は，従属変数となるダミー変数につき，拡大戦線を 1 とするのに対し，それ以外の政党への投票を 0 とする分析と，「投票しない」「白票・無効票」も加えたものを 0 とする分析の両方を行ったが，大きな差違は見られず，以下では後者のみを紹介する。

　また，「それ以外の政党」についても但し書きを加える必要がある。本章の関心からは，伝統 2 党への投票のみを 0 とする分析が（も）重要であるとも考えられる。しかし，LAPOP のサーベイの質問が政権党と反対派のどちらかになるため，ここでは，Latinobarómetro 2001 年の変数もそれに合わせ，全ての政党を含めることとした。独立党などの穏健左派が存在していたこと，2008 年については，より左派性の強い政党も存在感を示していたことは，経済政策位置の変数につき，それらを反対派に含めた分析の解釈を複雑にする。しかし，

これらの政党への投票意志を持つ者は少数であり（実際の選挙結果については表5-3），また，Latinobarómetro 2001年については，伝統2党のみを0とする分析も行ったが，結果は，拡大戦線以外の政党への投票を0とした場合と基本的に同じであった。

　用いた独立変数の紹介は付録で行ったが,重要なもののみをここに記したい。まず，経済状況に関する独立変数としては，サーベイ・データによる投票行動分析においては，「経済」状況の良否の認識を尋ねる質問への回答を変数として用いるのが通例である。一方で「国の経済」と「あなたの経済状況／家計」（「社会全体的<small>ソシオトロピック</small>」と「ポケットブック」），他方で，12か月前に比べての現在の良否の認識と12か月後の予想とで，2×2の4変数が重回帰分析に導入されることが多い。しかし，本章では異なる選択を行った。先記のようにウルグアイにおいては，伝統2党が行ってきた経済政策路線がマイナス成長の時代を生んだことへの評価が，大きな争点になってきた。現職着目・政策着目のいずれにせよ，経済投票を生むとすれば，その経済状況はより中期的に把握されると予想され，サーベイにある質問からは，それは「現状」の評価として示される可能性が高い。そこで「現在の経済状況」を尋ねた質問への回答も独立変数に用いることにした。2004年や2003年ではなく2001年のサーベイを用いざるをえなかったことも，この点の重要性を増す。他方で，12か月後の経済状況を尋ねる質問については，いくつかの理由で用いないこととした。2008年LAPOPにこの質問がないという技術的理由もあるが，この排除はより積極的な理由で行われたものである。本章の関心からは，この変数は重要ではないか，解釈が困難である。先記質問には1年後の経済政策担当者について多義的であるなどの問題があり，それへの回答を変数にすることに否定的な研究者は少なくない。皮肉なことに，本章で用いるサーベイでは，1年後はまだ現政権の時期であるため，その問題は生じないかもしれない。しかし逆に，現政権への期待という形での内生性が疑われる。

　次に本章の考察においては決定的に重要なことだが，党派性については，政党への「シンパシー」を尋ねる質問が，より重要なLatinobarómetro 2001年にはないため，変数に加えられなかった。それに対して，イデオロギーの自己位置を尋ねる質問への回答からの変数は加えたが，例えば，2001年分析に関して，それを投入すると，他の多くの変数（経済投票に関する諸変数も）の有意が消えてしまうことでも，そのモデルでの擬似R二乗の大きさでも，強く内生

性が疑われる結果が得られた。先に述べた経緯により，ウルグアイでは拡大戦線支持が「左派性」として自己認識されてきた可能性は大きい。なお，党派性については，本章で用いたサーベイ・シリーズを含め，通例のサーベイで用いられる質問への回答のみを変数とした単純な分析では，さらに原理的な内生性を含む分析しか行えないであろう。

それを補う目的もあり，「現在の民主主義のあり方（funcionamiento）への満足」についての質問の回答を独立変数に加えた。ウルグアイの政治史から，拡大戦線への政権交代を，伝統2党の「支配」の打破として求める志向が投票選択に強い影響を与えたことが予想され，その影響力の大きさを測る変数として，である。ベネズエラでは，同様に，従来の二大政党制を倒しての「革命」を求めたチャベスが勝利したことは先記したが，そこでと同様，ウルグアイでは，従来の政治が「政党支配（partidocracia）」として批判されていた（ただし，この語はスペイン語圏ではよく用いられる）。この変数の導入は，「拡大戦線の安定的支持基盤である（になる）傾向」を測るセカンドベストの変数ではないかと期待してでもある。

表5-4 拡大戦線投票とその他の投票行動（2001年）

	フル		イデオロギーなし	
	回帰係数	オッズ比	回帰係数	オッズ比
社会全体・現在	0.295	1.344*	0.602	1.825***
社会全体・レトロ	0.267	1.306	0.285	1.33**
ポケットブック・現在	0.025	1.025	−0.082	0.921
ポケットブック・レトロ	−0.363	0.695*	−0.102	0.903
経済介入	0.266	1.305*	0.522	1.685***
市場価格	0.435	1.545***	0.234	1.263**
民主主義現状	0.166	1.181	0.362	1.436***
イデオロギー	−0.988	0.372***		
教育	0	1	0.073	1.075***
階級	0.336	1.399*	0.014	1.014
年齢	0.003	1.003	−0.003	0.997
性別	0.063	1.065	−0.029	0.971
定数	0.427	1.533	−6.262	0.002***
N	620		644	
擬似R-sq（Nagelkerke）	0.665		0.283	
正解の割合	87		69.1	

出典：筆者作成
注：***は$p<0.01$，**は$0.01 \leq p<0.05$，*は$0.05 \leq p<0.1$を意味する。

他に，個人レベルの投票行動分析で通例用いられるソシオデモグラフィックなコントロール変数（教育，収入／階級，年齢，性別）を用いる。先記のように拡大戦線支持に関しては年齢・世代の重要性が広く指摘され，それは本章のテーマとも関わるが，早くから拡大戦線の支持を始めた当時の若者も年齢を重ねており，また，単純に実年齢を入れた分析しか行わなかったため，この変数を用いての解釈は控えた。また，拡大戦線の支持基盤の性格解明に，教育や「階級」の変数は非常に重要であるが，紙幅の関係もあり，本章ではそれらについての言及は避けた。

2　ウルグアイにおける左派政権成立に至る得票拡大の分析

　拡大戦線が得票を拡大していき，政権を獲得する前の最終段階で，経済状況が非常に悪化した時期に，経済状況が，直接，または，経済政策位置の選択を媒介に拡大戦線への支持に与えた影響を，極端な経済危機の前だが経済の悪化が明らかな時期のサーベイ・データの分析によって検証しようと試みた。その最も重要な結果は，表5-4のとおりである。

　イデオロギーなしのモデルで，社会全体的・現在の経済投票の変数が，重要性が示唆される形で有意である。次項で示す2008年に関する分析結果で，拡大戦線支持との相関が強いであろうイデオロギーを含めたモデルにおいても，マクロ経済状況認識の変数が有意であることからも，マクロ経済状況認識が，拡大戦線支持（そこへの投票意志）によって大きく左右されている可能性は否定できよう。とすれば，イデオロギーと投票行動との内生性が強い程度に応じて，このモデルの分析結果から，経済投票のある程度の重要性が推定できる。

　政策着目経済投票に関しては，いくつかの方法で検証した。まず，イデオロギーを含めたモデルで，経済政策位置の2変数を除いたモデル（これらの結果は示していない）では，経済状況認識変数が有意になり，ある程度の重要性を窺える結果が出るものもあるが，そうでないものも多いことからは，マクロ経済の認識が経済政策の選択を媒介して投票行動を決めているメカニズムが，少なくともそれほどは重要でないことが推定できよう。次に，イデオロギーを除いたモデルにおいて，経済状況評価の変数群と政策位置の2変数とがともに有意で現れることからも，特にイデオロギーと拡大戦線への投票選択との内生性が強いとすれば，両者が独立で効いている，すなわち，政策着目経済投票がそ

れほど重要ではないとの解釈を導けよう。なお，結果は示さなかったが，イデオロギー，拡大戦線の固い支持基盤の性格でありうる民主主義現状評価の変数，そして，経済政策位置の2変数を除いた分析を行っても（なお，従属変数として，「拡大戦線票対その他の投票意志」と「拡大戦線票対他の政党」のどちらを用いた場合にも），ポケットブック2変数の有意が出ることはなかったので，それらが経済政策位置を媒介に投票意志を強く決めていることもないと推定できる。

　以上に加え，筆者にできる簡便な方法でだが，より直接的に，政策着目経済投票の重要性の大きさの検証を試みた。経済政策位置を媒介して経済状況認識が投票選択に影響を及ぼしているとすれば，ネオリベラリズム的な政策と認識されているものへの評価を介してのはずである。とすれば，「国の経済」に関する認識が重要であるはずとなる。イデオロギー変数を除いた二つの分析結果も，その経路があるとすれば，社会全体的認識が基底にあるはずであることを示唆している[40]。同様に，先に記した経緯から，経済政策評価に関わる認識は，短期的ではなく，「現在」の経済状況の認識への回答に現れやすいと考えられる。政策位置を媒介とするかは別にして，この時期の投票行動により大きな規定力を持つと考えられるのが，近過去ではなく「現在」の経済状況認識であることを示していると解釈できる。イデオロギー変数を除いた二つの分析結果は，その仮説と親和的である。そこで「社会全体・現在」変数を独立変数とし，経済政策位置2変数を従属変数とした順序ロジット回帰分析を行った。その結果，生産活動への国家の介入については，いずれかの政党に投票すると回答した人々の中でも，投票選択について「わからない」などではない回答を行った全員についても，有意（ピアソンで0.1未満）ではなかった。価格の自由競争性に関しては，どちらの分析でも5％水準で有意だが，擬似R二乗（Nagelkerke）が，それぞれ.030，.032と極めて低かった。この時期の拡大戦線への投票では，政策着目経済投票が重要な役割を果たしていなかったと考えてよかろう[41]。

40) 先に，世論調査で経済状況が悪いと認識する回答者が増したことを示した研究としてあげた文献［Canzani 2005：82-83］も，その増加が起こった質問は，家計についてではなく，「国の経済状況」を尋ねるものの方だったことを明らかにしている。

41) なお，以上の分析で，それらまでが必要ないと思われる結果が出ており，より精緻な媒介分析の諸方法は行わなかった。ここでの分析に関しては，菊池啓一氏のご教示による。心から感謝申し上げたい。ただし，筆者の能力不足から，先記のようにそのアドバイスの全てに従うことができず，ここでの分析に残る欠点は，専ら筆者の責任である。

重要さがよく現われるのが，民主主義現状評価である。その分析結果のみを見ると，「伝統政党からの政権交代（「体制」転換）への希望」「政治の大きな転換への希望」を望む志向が拡大戦線への投票に効いていることが示されている。政権交代の起こった後に関する次項の分析結果では，逆の方向で有意であり，拡大戦線支持の人々が民主主義の状態がよくなったと判断している，かつ／または，反対派支持の人々が民主主義の状態が悪化したと判断している，と解釈できる結果が出ている。いずれにせよ，政権交代が民主主義の状況を変えたと判断している人が多いことは，先に述べた伝統2党と拡大戦線という政党ブロック間のバリアを示唆するものであろう。従来は，拡大戦線支持者は民主主義への要求が高いとの解釈が広くなされてきた［Selios and Vairo 2012：204］が，2008年の分析結果から本段落で示した解釈が示唆された。その示唆が正しければ，バスケス政権期のサーベイ結果による分析に，セリオスらが分析に加えなかった民主主義現状評価の変数を含めたことの意味が大きかったことになる。ウルグアイ政治研究の通説の説得力は大きいため，拡大戦線が反対派であった時期には，この変数に示される態度が，拡大戦線の固い支持層（反伝統2党の人々）が，拡大戦線支持の一部として持つ態度であった可能性が高いであろう。

　ポジション経済投票との関連では，もう一つ検討課題が存在する。経済状況の悪化の認識が，経済政策の変更の希望ではなく，大きな政治の転換を求める志向として拡大戦線への投票に結び付いた可能性である（それは，ポジション経済投票ではなく，拡大戦線への固い支持への転換の一因でもありうるが）。ここで媒介になった「大きな政治転換の希望」を測る変数であろうものが，民主主義現状評価である。とすれば，その変数を入れてもマクロ経済状況認識の変数が有意であったことは，本段落で検討している仮説に否定的な結果となる。加えて，2001年データに関して，経済政策位置と同様に，民主主義現状評価を従属変数とした順序ロジット分析を行うと，擬似R二乗が非常に低いことで，ポジション経済投票が重要であったとは言えないことがわかる。2時点の民主主義現状評価に関する分析結果の解釈（先記）が，この変数が固い政党支持と結び付いた性格が強いことを示唆していたことも（そして，イデオロギーを含めた分析が示すように，拡大戦線支持が，ある程度は経済状況評価に影響を及ぼしていただろうことを考慮に含めれば），ポジション経済投票が広く存在したわけではないことが窺える。経済状況への不満を理由の一つとして，拡大戦線の固い

支持基盤が拡大した過程が存在したとする仮説に適合的な結果だと判断できるのではなかろうか。

　以上のように，2001年時点について，経済状況認識と関連した投票と経済政策位置と関連した投票とが，独立してともに重要であるとの結果が得られた。前者については，その時点までの経済の悪化の認識に基づく現職着目経済投票であると考えるべきであり，かつ，この時期にはそれほど重要ではなかったことも推定できる。ネオリベラル政策路線による経済の悪化が強く明確になっていたと考えられる時期のこの結果は，この時点までのウルグアイ（の拡大戦線票）における経済投票がそれほど重要でなかったことを示していると考えられる。

　その後，2002年経済危機を経た2004年選挙において，拡大戦線の得票に経済投票がより重要な役割を果たしたことは，ケイローロの投票行動分析（そこでは，イデオロギー変数を含めても，社会全体的・「現在」変数が有意である）や先行研究について前節で行った検討が示すとおりである。しかし，先記のように，ケイローロの分析からは，それが現職着目のそれか，政策着目のそれかはわからない。2004年の選挙前後（或いは，2002年危機後）のサーベイ結果の分析でその検証を行えないのが本章の大きな欠落であることは，よく意識している。しかし，ウルグアイの投票者の傾向が2001年の分析結果から推定しうると考えられる限りにおいて，2004年選挙時においても，政策着目経済投票や政策内容は明確でないが大きな変化を求めるタイプのポジション経済投票はそれほど重要ではなく，そこで重要だった経済投票が現職着目のそれであったとの示唆は得られるであろう。

3　ウルグアイにおける左派政権維持の投票行動の分析

　先記のように，拡大戦線が政権にある時期における，その得票の分析については，LAPOP 2008年のサーベイのデータを利用する。2009年選挙は経済が落ち込んだのちに行われ，実際の選挙により近い時期のサーベイ・データは二重の意味で重要である。しかし，その年のLatinobarómetroサーベイは本章の関心から必要な経済政策位置に関する質問を含んでおらず，2010年LAPOP調査はムヒカ政権のハネムーン期間に行われているゆえ，二つのサーベイ・シリーズの中ではここで用いたものが最適だと判断している。その結果は表5-5

表 5-5　拡大戦線投票と他の投票行動（2008年）

	フル		イデオロギーなし	
	回帰係数	オッズ比	回帰係数	オッズ比
社会全体・現在	−0.688	0.502***	−0.615	0.54***
社会全体・レトロ	−0.867	0.42***	−1.098	0.333***
ポケットブック・現在	0.423	1.527***	0.333	1.395***
ポケットブック・レトロ	−0.62	0.538***	−0.357	0.7***
国営対民営	0.106	1.112***	0.169	1.184***
民主主義現状	−0.787	0.455***	−0.702	0.496***
イデオロギー	−0.546	0.579***		
教育	−0.013	0.987	0.039	1.04
収入	0.036	1.036	0.048	1.049
年齢	−0.005	0.995	−0.004	0.996
性別	0.418	1.519**	0.338	1.402**
定数	7.224	1,372,526***	3.448	31.438***
N	1023		1082	
擬似 R-sq（Nagelkerke）	0.59		0.411	
正解の割合	81		75.7	

出典：筆者作成

注：***は $p<0.01$，**は $0.01 \leq p<0.05$，*は $0.05 \leq p<0.1$ を意味する。

のとおりである。

　この結果は，セリオスらの分析結果［Selios and Vairo 2012：esp. 207-08］とほぼ一致している。そこでは，左派への投票意志に有意の決定力を持つ要因は，内生性が想定されるため本章の分析には含めなかった政権評価や，同様に内生性の強さが疑われるイデオロギー位置など[42]を別にすると，経済への国家の介入の是非を問う質問への賛否と社会全体的・ポケットブックとも経済状況認識（現在と12か月後の両方に「良」または「非常に良」と答えたか，少なくとも片方に関してそうでなかったかのダミー変数）である。

　前項で紹介した分析結果と組み合わせて，この結果を見れば，やはり経済状況認識と経済政策位置が独立に効いていると判断してよかろう。ここでは，イデオロギー位置を加えたモデルでも同様の結果が現れるのが特徴的である。拡大戦線が政権獲得前に得票を拡大していた時期と比べても，現職着目経済投票と政策位置と結び付いた投票行動とが，ともに重要だったと考えられる。前者

42）他に，政治集会などへの参加，家族・友人と同じ投票先であること，モンテビデオ在住が有意である。

に関しては，2002年の厳しい経済危機によって現職着目経済投票に基づく性格が強い票が拡大した結果が続いている（ある部分は浮動票となって？）結果とも考えられるし，経済状況が良くなり，歴史的な政権交代も起こった後の2008年には，通例の支持を離れて政権の経済運営によって投票先を変える投票者が増えたことを示唆しているのかもしれない。恐らく両方であろう。

　付言すれば，ロジスティック分析ゆえに有意の変数のあいだの決定力のバランスの判断は困難だが，同様のスケールの変数の間のオッズ比の比較が許されれば，現職着目経済投票のうちでも，2001年段階においては「現在」の経済状況の認識が重要であったのに比べて，2008年に関しては，レトロスペクティヴ変数も（が）強く効いている，と判断することが可能であろう。この変数の重要性は，他の多くの国々の多くの選挙についての経済投票研究の多くが発見してきた。先に述べた「現在」の経済状況認識が重要だと思われた時期のあと，経済が回復したあとは，現職着目経済投票における「レトロスペクティヴ」のタイムスパンが，通例の経済投票研究で重視されるものになっているのは示唆的である。

　ラテンアメリカにおける「失われた十年」たる1980年代からネオリベラリズムの時代を経て2002年危機までの時期，ウルグアイは同地域諸国にかなり共通する経済状況を経験したが，その中でも，投票行動は，経済と政党システムが安定した諸国のそれに似ていたと考えられる。その時期が終わったあとは，経済的不安定により長期化していた「経済状況認識」のタイムスパンの長さも，経済と政党システムが安定した国と共通する性格が強いものになったとも考えられる。

　経済投票が少なくともある程度は重要であることを示す本節の分析結果を，前節で行った解釈が示唆する拡大戦線票の長期的拡大の減速と結び付け，ガルセが挙げるような諸要因を足せば，2009年選挙における拡大戦線票の微減が説明しうることは，前節で述べたとおりである。なお，分析結果に関して，民主主義現状評価の変数の解釈については前項で行った。

4　筆者の投票行動分析からの拡大戦線票の解釈

　ウルグアイ政治の多数派的解釈が現職着目経済投票と党派性が重要だと統合しうるのに対して，本節で紹介した計量分析の結果は，マクロ経済状況（認識）

と経済政策位置とが独立で効いており，現職着目経済投票の部分が大きい前者は，2002年経済危機のあと，重要性を増した，と解釈できそうである。しかしそれは，党派性の重要性を検討できない形での検証の結果であった。以下ではそれゆえの誤りの可能性を意識しつつも，レビューした先行研究を解釈の材料としつつ，筆者による分析の結果について，仮説的解釈を行っていきたい。

　経済政策位置については，ネオリベラル政策路線の結果であると認識された経済状況によって「道具的」に採用された性格が弱い（政策着目経済投票は重要でない），と解釈できることは先記のとおりである。加えて，「現在」の経済状況認識に関しての本章の解釈が正しければ，経済政策位置も，かなり長期的に形成されてきたものであろうと推察できる。前節で紹介した拡大戦線支持者に関するウルグアイ政治研究と組み合わせれば，経済政策位置が投票行動を決めているというよりも，かなり固定的な政党支持に経済政策位置が結び付いているがゆえの相関であろうと思われる。

　他方で，かなり固定的な政党支持に基づく投票と同時に，現職着目経済投票も明確に認められる —— すなわち，経済状況によって左右される投票も少なくともある程度存在する —— と推定できる。投票行動研究，少なくとも経済投票を重視する研究が広く知見としてきた，浮動票的な部分が存在し，それはマクロ経済状況に左右されるという現象は，ウルグアイにも当てはまり，その拡大戦線票にも当てはまる。ただし，2001年時点についての本章の分析は，ルーナやケイローロの研究がその結論とするほどには重要ではなかったとの結果を提出している。2002年危機以前においては，現職着目経済投票は，多くは多数説が挙げる諸要因で説明できる拡大戦線の得票拡大の，重要ではない1要因であった，と考えるべきであろう。図式的ではあるが，世代的蓄積などが重要な役割を果たした長期的拡大が減速していた2004年選挙で，経済投票が急激に拡大したとの解釈が，本章の分析結果と先行研究に最も整合的に，諸事実を説明できるだろう。2008年に関する分析結果は，2002年危機によって，それ以前について研究者が指摘してきた経済投票の拡大傾向が加速したとの解釈と矛盾しないが，その判断には，さらなる分析が必要である。

　以上は，投票行動分析としては，あまりに当たり前の結果かもしれない。かなり固定的な政党支持の投票と浮動票に分かれ，前者では，経済政策その他の色々な立場を伴った継続的党派性が重要であり，後者は政策内容をあまり重視せずに，経済状況をよくしてくれそうな候補に投票する性格が強い —— とい

うのは，投票行動分析の対象となってきた多くの国に共通する現象ではなかろうか。しかしそれは，ウルグアイの政党システム制度化の高さが，古くから民主主義が安定していた国々の多く（多くは先進国である）に匹敵することを示すものとして重要である。

VI 結論と含意

　以上の考察をまとめ，そのいくつかの含意を示して，本章をとじたい。まず，本章で行った先行研究検討と分析とをまとめれば，ウルグアイでは，固い支持基盤が重要だった政党システムが，同じく固い支持基盤を拡大していく形で台頭した左派政党が勢力を拡大する形で変容していき，最後の段階では，恐らくは徐々に重要になってきていた現職着目経済投票の要因も貢献して，左派政党が政権を獲得した過程があった ── というのが最も説得力のある解釈に思える。拡大戦線政権を維持させたウルグアイの人々の投票行動においても，同様の固い支持基盤と，恐らくそれよりは重要ではない現職着目経済投票とが，主要な要因であったと思われる。

　2004年とそれ以後の選挙では特にだが，現職着目経済投票が，実際の選挙結果を左右する重要な票になることは当然考えられる。ただし，これは本章の考察の範囲外だが，従来の多くの政治学・社会学の研究が共通して述べていたことであり［De Armas 2005：87, 89］，また，選挙結果・拡大戦線支持層に関する先行研究と本章の分析の示唆でもあるため，ウルグアイでは，安定的な支持に基づく政党への投票の割合が，他の安定した民主主義諸国に比べても（ある時期から，それまでに比べて弱まっているとしても）高く[43]，その変動では長期的なトレンドが重要である，との解釈が説得的であろう。21世紀初頭には，拡大戦線が一党優位かそれに近い政党の位置を保っているのも，その結果として理解しやすい（バスケスの人気など，短期的な要因も無視できないが）[44]。

---

[43] デ・アルマス［De Armas 2008：54］は，世論調査の結果から，左派ブロックか伝統2政党ブロックかの支持に固まっていない独立票を，20％から30％と推定している。ウルグアイで党派的アイデンティティーを持つ人が多く，米国に匹敵するほどであり，それが投票選択に及ぼす力も強いことについては，このテーマに関する重要な研究のグラフなど［Lupu 2015：234-35, 238］も示している。

[44] デ・アルマス［De Armas 2008：58-59］も，この時期のウルグアイの政党システムが，サルトーリの言うプレドミナント政党制に近いとしている。

次に，ウルグアイにおける左派への投票に関する仮説的結論を前提として，ベネズエラのチャベス票についての有力な研究や筆者の分析とも組み合わせて，本章のモチーフに戻っての示唆を述べたい。
　第1に，ウルグアイとベネズエラについての投票分析からは，政党システムが不安定化した程度に従い，そこでの投票に重要になるのが経済パフォーマンスである（すなわち，経済投票が重要になる）こと，それに対して，政党システムの制度化が高く，ネオリベラリズムからの政策の連続性が高い場合の投票においては，党派性が重要であることが示唆された。すなわち，制度化が高い場合と低い場合の違いのミクロ政治的基盤の1要素が，経済投票の重要さの差違であることが示唆された。
　急進的な経済政策を取った国の方が経済投票の役割が重要であったとの解釈が正しければ，ある意味では逆説的で，ある意味では当然の現象であろう。一方で，先進国で現職着目経済投票が広く重視されているとおり，経済が相対的に安定し，政策の差が相対的に小さい場合には，政権交代において，マクロ経済の状況が重要であるというイメージがある。そこからは，ラテンアメリカでは，政策の揺れが大きいタイプの国の方が，経済投票が政権を決定する性格が大きくなるというのは，一見パラドクスとも見える。それは，急進的な政策（特にチャベスのように「革命」や「社会主義」を綱領とする場合）への支持が，政策への強い支持であり，それゆえの社会の分極化を伴うと考えるのが自然であることとも矛盾する[45]。他方でしかし，政党システムが不安定であるほど，浮動票が多く，それゆえ，マクロ経済状況に左右されやすい票が多いことからは，安定した政党システムを特徴とする穏健左派タイプの国の方で経済投票が重要でないのは，当然のことにすぎない。恐らく，パラドクスと当然の並存は，次のように説明できる。経済投票で動く相対的に少数の票が結果を左右する選挙においても，もっと大量の票が浮動している選挙においても，経済投票が選挙を左右するが，有権者全体の中での経済投票の役割（割合）は，当然ながら後者がずっと大きいのである。
　第2に，本章では，ネオリベラリズムとの連続・逆転の程度を生む政党システムの制度化の差違について，それを決める要因は明らかにできなかった（フ

---

[45] 筆者の考えでは，このパラドクスを解く鍵は，ポジション経済投票の存在である。しかし，パラドクスはそれにとどまらない。政権に就いてからは，「革命」を進行させる政権への投票に関して，現職着目経済投票が重要であった。

ローレス＝マシーアスの研究と同様，元来，その局面を考察していない)。ただし，それまで党派性が強かったところでも，弱まってからは，経済パフォーマンスが重要になって，政策位置がそれほど重要でないこと（ベネズエラ）も，政党システムが安定しているところでは，経済政策選好が政党支持を決めているというより，固い党派性と経済政策選好とが結び付いた政党支持が重要であるとの示唆（ウルグアイ）も，ロバーツの第 2 命題よりも，経済パフォーマンスの悪化の大きさの差違に着目する第 1 命題との親和性が強い。すなわち，ロバーツが重視するそれ以前の政党システムのタイプとの関連は別として，従来は党派性が強かったところでは，それを弱める経済危機や経済状況悪化によって政党システムが不安定化するという仮説[46]と親和的であろう（その場合，従来の支持が，クライエンテリズム的かコーポラティズム的な分配に基づいていたとの解釈とも親和性がある）。党派的アイデンティティーが強い支持者が多いとされるPJ が大きく経済政策を変えても得票を失わず，経済危機が他の政党を瓦解させたアルゼンチンは，その仮説からよく説明できる。ウルグアイもかなり強烈な経済危機を経験したにもかかわらず，政党システムの不安定化が起こらなかったことは，経済パフォーマンスの悪化を重視することに疑問を呈するが，ウルグアイにおいても，経済危機が経済パフォーマンスに従う浮動票を増加させたのは確かに思える。

とすれば，本章の考察はロバーツの中心的命題の検討をしたものではないが，その第 2 命題のみを重視すること（ロバーツはそうしていないが）の危険を示唆している可能性もある。それ以前の政党システムの制度化が低下する程度が，その後の経緯に重要かもしれない。関連して，ネオリベラル改革の時期以前から制度化のレベルの高低が継続した国が多いことは，ロバーツの中心的枠組では扱われにくい。そして，フローレス＝マシーアスが言う論理はネオリベラル改革でも働く性格のものである [Flores-Macías 2012 : esp. 175]。すなわち，彼が正しければ，政党システムの制度化の度合いは，ネオリベラル改革が急進的に行われたか，穏健だったかも決めるはずである。先記したようにネオリベラル改革も穏健であったウルグアイは，政党システムの制度化の高さゆえに，経済政策の振れが少なかった事例として捉えられる。とすれば，以上述べたロ

---

46) ベネズエラの場合，経済停滞の傾向の継続と，ネオリベラルのショック政策（1989 年に行われ，カラカーソと呼ばれる暴動を生んだ）が，政党システムの不安定に重要な役割を果たした経済状況と考えられるかもしれない。

バーツの枠組の欠点は，その中心的な枠組において，ネオリベラル政策の急進・穏健の差違が要素になっておらず，一様にネオリベラル改革として扱われる傾向があることと表裏一体である[47]。

　本章の考察は，ロバーツの分析枠組を補完するものして，ネオリベラル期とそれ以後に関して，次のような分析視角に意味があることを示唆しているかもしれない。政党システムの不安定化度と政策の振れ幅の広さとをセットとして捉え，従来の党派性（もちろん，国によって，それがどの程度強い根を持つものかの差違も大きいはずだが）が経済パフォーマンスによって失われて，不安定化が起こる程度の分析から始め，その後，その流動性を前提にして，経済投票がどう働くかを見ていく視角である。

　さらに大風呂敷を広げれば，以上から導かれる一つの含意は次の点である。ラ米左派票についての従来の研究では，安定した経済・政治の国の投票分析の結果としては「当たり前の結論」となる投票行動が，アウトサイダーによる急激な政権獲得と一緒に「左派票」として扱われる傾向があったことは否定できない。一般に「ラテンアメリカの」政党システムや投票行動を考察の対象とすることは，その意義を明白にした比較で国のセットを扱う場合以外（そうした比較に適した諸国を地域内に含むことは確かだが），慎重であってよいかもしれない。ウルグアイは，ベネズエラよりも，他地域で，政党システムの制度化が高く，穏健なネオリベラリズムが続く諸国に似ている可能性もある。言い換えれば，政党システム制度化のレベルと，そこでの経済投票の役割に着目した本章の視角は，地域横断的に有効かもしれない。

---

47) この考察からは，ウルグアイと，急速で極端な程度のネオリベラル改革が行われ，その後逆転も大きかったアルゼンチンとの対照性が指摘できるかもしれない。その比較では，アルゼンチンの政党システムの制度化の低さは，その主要政党 PJ の制度化が低く，政策的に多様な要素を含み，時期による揺れが大きいことで現れることになる。なお，佐野［2009など］のネオリベラル・サイクルに関する分析は，サイクルの基盤にある論理を明らかにしたものだが，アルゼンチンなど，振り幅が大きな場合によく当てはまるものである。本章は，佐野がモデル化した論理が当てはまる度合いの差違を決めるものを明らかにしようとする試みでもあった。アルゼンチンとウルグアイは，ネオリベラリズムが世界経済の基調になった時点（軍政による導入の失敗という類似した経緯を辿った後の）において，対照的な経路を辿ったと言えよう。加えて，本章はサイクルが起こる因果メカニズムが経済パフォーマンスによる経済投票を媒介にしてであることを示唆し，経済と政治の関連を重視した点でも，佐野の考察とつながるものになっている。その妥当性はともかく，その解明の意図において，本章は佐野の研究を継承しようとする企てでもある。

第5章　ラテンアメリカ穏健左派支持における経済投票　163

謝辞：本章の草稿に対し，内田みどり氏，馬場香織氏から貴重なコメントをいただき，ウルグアイ政治の実態を反映した表現修正，分析結果解釈の修正，推敲など，重要な改善を行うことができた。コメントをいただいた後に加えた部分もあり，また，その指摘に答えきれなかった部分もあるはずで，言うまでもなく，本章に残る問題，間違いは全面的に筆者の責任である。

付録：使用する独立変数

V節2項の分析

(1) 社会全体的な現在の経済状況評価（社会全体・現在）。「国」の現在の経済状況を，「非常に良い―良い―普通―悪い―非常に悪い」の1～5からなる回答をそのまま変数とする。結果がプラス（オッズ比が1より大きい）であれば，経済状態が悪いと判断している人の方が拡大戦線に投票する蓋然性が高い。以下，3つの質問につき，同様である。

(2) 社会全体的なレトロスペクティヴ経済状況予想（社会全体・レトロ）。12カ月前からの変化を尋ねる質問に対する，「大きく改善」から「大きく悪化」の1～5段階からなる回答を，そのまま変数とする。

(3) ポケットブックの現在経済状況評価（ポケットブック・現在）。Latinobarómetroでは，「あなたの経済状況とあなたの家族の経済状況」に関する質問を行っている。次変数も同様。

(4) ポケットブックのレトロスペクティヴ予想（ポケットブック・レトロ）。

(5・6) 経済政策に関する態度。「国家は生産活動を民間セクターに任せなくてはならない」と「生産物の価格は自由競争で決定されなければならない」の意見に関して，「強く同意」から「強く反対」までの4段階での回答で，「経済介入」と「市場価格」の変数名とした。結果がプラスならば，市場重視に反対である方が拡大戦線に投票する蓋然性が高くなる。

(7) 本文にあるとおり。「民主主義の現状への満足」への「強く満足」「どちらかといえば満足」「あまり満足していない」「全く不満足」の4段階の回答をそのまま変数とした。結果がプラスであれば，民主主義の現状に不満である方が拡大戦線に投票する蓋然性が高い。

(8) 自己のイデオロギー位置（イデオロギー）。最も「左派」の0から最も「右派」の10までの11段階。そのまま変数とした。結果がマイナス（オッズ比が1未満）ならば，自分が左派であると思っている人の方が拡大戦線に投票する蓋然性が高い。

(9) 教育。サーベイの回答選択肢が最終学歴の年齢を答えさせるものであり，36歳までを含むため，LAPOPに合わせて6歳を0として18である24歳以上は同じ数字

とした。その結果，最終ランクの度数が多くなった。それでも LAPOP に比べて学歴が過度に高く出る変数となっているが，教育程度が高いほど拡大戦線に投票する傾向が増す分析結果が出ているため，この欠点により結果が隠れる心配はない。結果がプラスであれば，学歴が高いほどチャベス派に投票する蓋然性が高い。

（10）階級。サーベイに所得を回答する質問がなく，質問者による回答者の経済状況の評価による。「とてもよい」から「とても悪い」まで，1〜5の5段階からなる評価をそのまま変数とする。結果がプラスであれば，貧しいほど拡大戦線に投票する蓋然性が高いことを意味する。

（11）年齢。サーベイへの回答の実年齢をそのまま変数とした。結果がマイナスであれば，若いほど拡大戦線に投票する蓋然性が高い。

（12）性別。男性を0，女性を1とするダミー変数。結果がマイナスであれば，男性である方が拡大戦線に投票する可能性が高い。

V 節 3 項の分析

　経済状況認識の4変数，年齢，性別は上と同じ。ただし，LAPOPでは，ポケットブック評価についての質問は「あなたの経済状況」の語で行われている。民主主義現状評価は，質問文はほぼ同じで回答の方向も4段階も同じだが，「とても満足」「満足」「不満」「とても不満」である。イデオロギーは，1〜10の10段階。

　経済政策に関する態度は，最重要産業・企業の国営か民営化を尋ねた質問への回答の7段階をそのまま変数「国営対民営」とする。結果がプラスならば，市場重視に反対である方が拡大戦線に投票する蓋然性が高くなる。

　「教育」については，LAPOPでは，教育機関に通った最終学年を尋ねており（最終ランクがオープン），それをそのまま用いる（0〜18）。結果がプラスであれば，高学歴なほど拡大戦線に投票する蓋然性が高い。

　「所得」については，前節で用いたサーベイとは異なり，LAPOPでは，自らの家庭の収入を，収入なしの0から高額の10まで11に区分された収入額のランクのなかのどこに当たるかを回答させる。その質問への回答を，そのまま用いる。前節とは逆に数字が大きいほど収入が高いため，結果がマイナスであれば，貧しいほど拡大戦線に投票する蓋然性が高いことを意味する。

参考文献

Altman, David［2010］"The 2009 Elections in Uruguay." *Electoral Studies*, 29: 521-540.
Altman, David and Rossana Castiglini［2006］"The 2004 Uruguayan Elections: A Political Earthquake Foretold." *Electoral Studies*, 25 (1): 147-154.

Armellini, Mauricio [2005] "Algunas notas sobre las decisiones electorales en Uruguay." Buquet, ed. 2005, 111-122.

Baker, Andy [2009] *The Market and the Masses in Latin America : Policy Reform and Consumption in Leberalizing Economies.* Cambridge : Cambridge University Press.

Baker, Andy and Kenneth F. Greene [2011] "The Latin American Left's Mandate : Free-Market Policies and Issue Voting in New Democracies." *World Politics*, 63 (1) : 43-77.

Baker, Andy and Kenneth F. Greene [2015] "Positional Issue Voting in Latin America." Carlin et al. eds, 2015, 173-94.

Buequet, Daniel [2005] "Elecciones uruguayas 2004-2005 : de la vieja oposición a la nueva mayoría." Buquet, ed. 2005, 11-26.

Buquet, Daniel [2009] "Uruguay 2008 : De las reformas a la competencia electoral." *Revista de Ciencia Política*, 29 (2) : 611-632.

Buquet, Daniel (ed.) [2005] *Las claves del cambio. Ciclo electoral y nuevo gobierno 2004/2005.* Montevideo : EBO-IC.

Canzani, Agustín [2005] "Cómo llegar a buen puerto : un análisis desde la opinión pública de la trayectoria electoral del EPFA." Buquet, ed. 2005, 63-86.

Canzani, Agustín [2010] "Un país suavemente ondulado. Resultados y desafíos de las elecciones uruguayas de 2009." *Nueva Sociedad,* 225 : 18-30.

Carlin, Ryan E. et al. (eds.) [2015] *The Latin American Voter : Pursuing Representation and Accountability in Challenging Contexts.* Ann Arbor : University of Michigan Press.

Cason, Jeffrey [2002] "Electoral Reform, Institutional Change and Party Adaptation in Uruguay." *Latin American Politics and Society*, 44 (3) : 89-109.

Chasquetti, Daniel and Adolfo Garcé [2005] "Unidos por la historia : desempeño electoral y perspectivas de colorados y blancos como bloque político." Buquet, ed. 2005, 123-148.

De Armas, Gustavo [2005] "Autopsia de los votantes : los efectos de la campaña en la decisión electoral." Buquet, ed. 2005, 87-110.

De Armas, Gustavo [2008] "Debilitamiento del efecto demográfico y consolidación de un nuevo sistema de partidos : evidencia de las elecciones 2009 en Uruguay." *Revista Uruguaya de Ciencia Política*, 18 (1) : 41-63.

Flores-Macías, Gustavo A. [2012] *After Neoliberalism? The Left and Economic Reforms in Latin America.* New York : Oxford University Press.

Garcé, Adolfo [2010] "Uruguay 2009 : de Tabaré Vázquez a José Mujica." *Revista de Ciencia Política*, 30 (2) : 499-535.

González, Luis E. [1995] "Continuity and Change in the Uruguayan Party System." Scott Mainwaring and Timothy P. Scully (eds.), *Building Democratic Institutions : Party Systems in Latin America.* Stanford : Stanford University Press, 138-163.

Hunter, Wendy and Timothy J. Power [2007] "Rewarding Lula : Executive Power, Social Policy and the Brazilian Elections of 2006." *Latin American Politics and Society*, 49 (1) : 1-30.

Lanzaro, Jorge [2011] "Uruguay : A Social Democratic Government in Latin America." Steven Levitsky and Kenneth Roberts (eds.), *The Resurgence of the Latin American Left.* Baltimore : Johns Hopkins University Press, 348-374.

Lanzaro, Jorge and Guztavo de Armas [2012] "Clases medias y procesos electorales en una democracia de partidos." Ludolfo Paramio (ed.), *Clases medias y procesos electorales en América Latina*. Madrid: Los Libros de la Catarata, 34-83.

Luna, Juan Pablo [2002] "¿Pesimismo estructural o voto económico? *MacroPolitics* en Uruguay." *Revista Uruguaya de Ciencia Política*, 13: 123-151.

Luna, Juan Pablo [2007] "Frente Amplio and the Crafting of a Social Democratic Alternative in Uruguay." *Latin American Politics and Society*, 49 (4): 1-30.

Lupu, Noam [2015] "Partisanship in Latin America." Carlin et al. eds., 2015, 226-45.

Moreira, Constanza [2005] "El voto moderno y el voto clasista revisado: explicando el desempeño electoral de la izquierda en las elecciones de 2004 en Uruguay." Buquet, ed. 2005, 27-42.

Queirolo, Rosario [2006] "La elecciones uruguayas de 2004: la izquierda como la única oposición creíble." *Colombia Internacional*, 64: 34-49.

Queirolo, Rosario [2013] *The Success of the Left in Latin America: Untainted Parties, Market Reforms and Voting Behavior*. Notre Dame: University of Notre Dame Press.

Roberts, Kenneth M. [2014] *Changing Course in Latin America: Party Systems in the Neoliberal Era*. Cambridge: Cambridge University Press.

Seawright, Jason [2012] *Party-System Collapse: The Roots of Crisis in Peru and Venezuela*. Stanford: Stanford University Press.

Selios, Lucía and Daniela Vairo [2012] "Elecciones 2009 en Uruguay: permanencia de lealtades políticas y accountability electoral." *Opinião Pública*, 18 (1): 198-215.

Teperoglou, Eftichia and Emmanouil Tsatsanis [2015] "Dealignment, De-legitimation and the Implosion of the Two-Party System in Greece: The Earthequake Election of 6 May 2012." Pedro C. Magalhães (ed.), *Financial Crisis, Austerity and Electoral Politics: European Voter Responses to the Global Economic Collapse 2009-2013*. London: Routledge, 98-118.

Weyland, Kurt [2002] *The Politics of Market Reform in Fragile Democracies: Argentina, Brazil, Peru and Venezuela*. Princeton: Princeton University Press.

Weyland, Kurt [2003] "Economic Voting Reconsidered: Crisis and Charisma in the Election of Hugo Chávez." *Comparative Political Studies*, 36 (7): 822-848.

Yaffé, Jaime [2005a] *Al centro y adentro. La renovación de la izquierda y el triunfo del Frente Amplio en Uruguay*. Montevideo: Instituto de Ciencia Política, Facultad de Ciencias Sociales, Universidad de la República.

Yaffé, Jaime [2005b] "Réquiem para el *Réquiem para la Izquierda*. El triunfo del FA: de la competencia interpartidaria al desempeño electoral." Buquet, ed. 2005, 43-62.

出岡直也［2014］「『ボリーバル革命』における投票行動——ベネズエラ1998～2010年の選挙に関する一考察」上谷直克編『「ポスト新自由主義期」ラテンアメリカにおける政治参加』日本貿易振興機構アジア経済研究所，23-81頁．

出岡直也［2016］「政党システム瓦解の理論に向けて（書評論文）」『国際政治』185号，141-155頁．

上谷直克［2013］「新自由主義の功罪と『左傾化』——背景と実際」村上勇介・仙石学編『ネオリベラリズムの実践現場——中東欧・ロシアとラテンアメリカ』京都大学学術出版会，233-271頁．

内田みどり［2010］「2期目に入ったウルグアイ左派政権——2009年大統領・国政選挙の経緯」『ラテンアメリカ・レポート』27巻1号，27-35頁．

佐藤美季［2005］「ウルグアイにおける左派政権誕生 —— 脱ネオリベラルを目指すバスケス政権」『ラテンアメリカ・レポート』22巻1号，42-52頁．
佐野誠［2013］『99％のための経済学・理論編 ——「新自由主義サイクル」，TPP，所得再分配，「共生経済社会」』新評論．

第6章

ポスト新自由主義期ラテンアメリカの「右旋回」
ペルーとホンジュラスの事例から

村上勇介

I　ポスト新自由主義段階にあるラテンアメリカ

　過去30年余りの間，ラテンアメリカは，新自由主義（ネオリベラリズム）に沿った改革の時代からポスト新自由主義の段階へと，展開を遂げてきた。前者の新自由主義改革は，1970年代までの約半世紀にわたり追求された「国家中心モデル」の破綻を受けて始まった。このモデルは，輸入代替工業化を柱として国家主導型の経済社会発展を指向した。しかし，植民地時代から続く大きな社会的格差を背景とする偏狭な国内市場を満たしてからは，発展が続かなかった。国内の資本不足を補うための対外債務も，限界に達した。そして，1970年代に発生した国際的な経済危機は，状況を悪化させ，超高率インフレを招いた。1980年代には，ラテンアメリカは4桁から5桁に達する年間インフレ率とそれに伴う社会的混乱を経験する。

　困難に直面し追い詰められたラテンアメリカ諸国は，新自由主義路線に基づいて，構造改革による経済調整と市場指向の経済運営を推進すること以外に活路を見出せなくなった。均衡財政のため，下層の生活を支える目的の補助金などを含め，歳出の削減が実施された。国家による経済や市場の統制は緩和ないし撤廃され，国営企業の民営化，外国資本や民間資本の導入が促された。そうした一連の政策により，国家の規模と機能は1970年代までと比較すると，大幅に縮減した。総じて，新自由主義改革は，超高率インフレを終息し，経済と社会に安定をもたらした。1990年代半ばからは，ほとんどの国で年率のインフレが一桁の数字に落ち着き，経済は成長を取り戻した。

　対照的に，新自由主義路線は，ミクロ経済的，構造的な問題については，十分な成果を挙げることはできなかった。たとえば，ジニ係数は悪化する傾向が一般的であった。また，就業率は横ばいでほとんど改善せず，インフォーマルセクターも拡大した。中央と地方の間の地域間格差も一層開いた［村上 2013；2015］。

　経済と社会が安定化してしばらく時間が経つと，人々は安定を当たり前のことだとして認識するようになる。そして，格差，雇用，貧困など，悪化したミクロ経済的，構造的な問題の克服を求めた。1990年代終盤には，そのころ発生した国際的な経済危機を契機に，新自由主義路線への風当たりが強くなった。そうした変化の中から，新自由主義路線に批判的な左派勢力が台頭した。そして，今世紀に入ると，左派勢力が政権を握る国が増加した。そうした現象は，

「左傾化」や「左旋回」と呼ばれている。

　ただ細かく観察すると，現在のラテンアメリカは，1990年代のような，全体として一定の支配的な方向に向かいつつあるというよりは，まだら模様の状態である。まず，左派といっても，大別すれば，ネオリベラリズムを徹底的に批判し，20世紀に追求されたような，積極的な役割を担う国家の必要性を主張する急進派と，マクロ経済の面ではネオリベラリズム路線を踏襲し安定を維持しつつ，社会政策や貧困対策の拡充を重視する穏健派の2つが存在する。前者は，ベネズエラ，エクアドル，ボリビア，ニカラグアなどで，後者はブラジル，ウルグアイ，チリなどが代表的である。そして，両派の中間に位置するアルゼンチンのようなケースもある［遅野井・宇佐美 2008］。他方では，新自由主義路線を堅持するコロンビアやメキシコ，グアテマラなどが存在する。

　いずれにせよ，新自由主義路線を支持する立場の右派勢力も，格差や貧困といった経済社会的な課題を無視できなくなっている。新自由主義が全盛である時代は過ぎたという意味で，ラテンアメリカはポスト新自由主義の時代に入っている［村上 2015］。

　新自由主義全盛の1990年代との対比で顕著に見える「左傾化」，「左旋回」を受け，研究者は左派政権のあり方に大きな関心を向けてきた。各国の左派政権の性格や政策のあり方をめぐる相違とその原因について，経済構造，社会経済的文脈，国家や政党政治の特徴などの観点から分析が提示されてきた［上谷 2013］。筆者も，新自由主義改革の導入時期と政党政治のあり方の違いから，相違が生ずることを論じた［村上 2013］。

　左派勢力の台頭に関心が向けられる一方，先行研究では，今世紀のラテンアメリカ政治の動態が比較分析される際に，新自由主義路線を堅持する国が存在することは重視されてこなかった。まして，左派政権として誕生しながら，あるいは左派へ「転向」したものの，「右旋回」した事例が，比較分析の関心対象となることもなかった。本論は，ポスト新自由主義期ラテンアメリカに関する総合的な比較分析に向けた作業の一つとして，この時期に現れた「右旋回」の事例を比較分析する。それは同時に，ポスト新自由主義期のラテンアメリカにおいて，新自由主義路線が生命力を維持している原因を照射することにもなる。序章で紹介された新自由主義路線の一定の影響力の継続状況の原因をめぐる議論にひきつければ，外部アクターによる制度的な担保や「新自由主義サイクル」の一環という視点よりは，数から見れば少数の勢力が新自由主義路線の

継続を支える「民主主義の赤字」説を支持する。それを，構造的な背景から分析するものである。

取り上げる事例は，ペルーとホンジュラスである。ペルーでは，「急進左派」勢力を率いる軍人出身のオジャンタ・ウマラ (Ollanta Humala) が政権に就くが，同政権 (2011～2016 年) は，新自由主義路線寄りの姿勢を強めていった。他方，ホンジュラスでは，2006 年に大統領となった，大農園主で保守系勢力出身のマヌエル・セラヤ (Manuel Zelaya) が 2007 年に「急進左派」のベネズエラへ接近し，急速な「左傾化」を見せるものの，2009 年にクーデタが発生し，国外退去を余儀なくされた。強制的な「右旋回」により，ホンジュラスの「左旋回」した政権は終焉を迎えた。

II　ペルーの「急進左派」勢力の台頭と政権の軌跡

ウマラは，軍人出身で，大統領に当選した 2011 年選挙の前に実施された 2006 年大統領選挙に向けて 2005 年 10 月，ペルー民族主義者党 (Partido Nacionalista Peruano) を結成し，政界に名乗りを上げた。それまで，ウマラは，側近の汚職が発覚し既に動揺していたアルベルト・フジモリ (Alberto Fujimori) 政権 (1990～2000 年) の末期，2000 年 10 月下旬に，もはや正統性を失ったとして，フジモリ政権に対し反乱を起こしたことで知られていた。反乱は数日のうちに鎮圧され，ウマラは退役を余儀なくされる。フジモリ政権崩壊後にウマラは現役への復帰を許されるが，政界への意欲を隠さなかったことから，大使館付武官として最初にフランス，続いて韓国に派遣された。韓国に駐在中の 2004 年 12 月，再度の退役を余儀なくされる。

ウマラは，配偶者ナディン・エレディア (Nadír Heredia)，ならびにウマラと同じ元軍人（後に大統領顧問となるアドリアン・ビジャフエルテ (Adrián Villafuerte) や首相となるオスカル・バルデス (Oscar Valdés) など）とともにペルー民族主義者党を結成した。しかし，政党登録に必要な有権者の署名を集めることができず，政党登録済みであった別の左派政党（ペルー統一運動）の候補者として立候補した。2006 年の選挙では，ラテンアメリカの急進左派の盟主，ベネズエラのウゴ・チャベス (Hugo Chávez) に接近し，チリを中心とする外資に敵対的な姿勢を示すなど，急進左派路線を標榜した。選挙戦では，新自由主義に批判的な有権者の支持を集め，投票意思調査では 30％ 前後の支持率と 1～2 位を占

めたものの，急進的，排外的といった負のイメージがつきまとい，支持を伸長できなかった。投票では31％の得票率で1位となり，2位のアプラ党のアラン・ガルシア（Alan García）とともに決選投票へと進んだ。決選投票では，中道左派を標榜し右派勢力が支持したガルシアに，ウマラが左派系の様々な小勢力の支持を集めて肉薄したものの，得票率5％弱の差で敗れた。

　2011年の選挙に向け，自らのペルー民族主義者党の政党登録を済ませたウマラは，2010年12月に発表した選挙綱領において，前回の選挙と同様の急進左派の立場を明確にしていた。選挙綱領では，「社会的包摂による大転換」を目ざし「新自由主義モデルの独裁を破棄すべき」と主張した。選挙綱領のタイトルとしても使用された「大転換」（Gran Transformación）は，経済学者カール・ポランニーに倣ったもので，2011年の選挙戦において，ペルー民族主義党の標語にもなった。

　だが，2011年1月に選挙戦が本格化すると，ウマラは急進左派の主張を引っ込め，穏健左派（中道左派）へと立場を変えた。前回の選挙で親密性をアピールしたチャベスの名前は出さず，ラテンアメリカの穏健左派の代表であるブラジルのルイス・イナシオ・ルラ（Luiz Inácio Lula）を理想とし，範とすることを明らかにした。ルラの側近のルイス・ファブレ（Luis Favre）を広報顧問に迎えることもした。

　選挙戦の出だしでは，それまでの急進的なイメージが災いし，投票意思調査で4位であった。選挙戦が進むにつれ，他の候補者のつまずきとともに，穏健左派の主張が徐々に浸透し，ウマラは支持を伸ばした。4月の投票では，前回の選挙と同様の31％を得たウマラが1位となり，23％を集めて2位につけたケイコ・フジモリ（Keiko Fujimori）との決選投票に臨んだ。決選投票に向けた選挙戦では，父親が大統領だった1990年代の非民主的という否定的なイメージを払拭できなかったケイコ・フジモリを，穏健左派のイメージを固めたウマラが得票率3％弱の差で下し，大統領の座を手に入れた。

　7月の大統領就任演説では，「マクロ経済面での財政均衡への圧力とならないよう，徐々にかつ着実に大転換を実現することが我々にとっての挑戦である」と急進路線からのトーンダウンを改めて強調した。経済路線は，新自由主義路線の基本的な枠組みを維持しつつ，社会経済課題への取り組みを積極的に行う，とする中道左派で行くことを確認したのである。そして，ガルシア前政権期に中央銀行総裁を務めてきたフリオ・ベラルデ（Julio Velarde）を留任させ，同じ

く前政権期に財務次官を務めたルイス・カスティジャ（Luis Castilla）を経済財政大臣に任命するなど，経済チームを新自由主義派で固め，従来どおりのマクロ経済運営を維持する意思を別の形で示した。他方，社会包摂（inclusión social）の推進を前面に打ち出し，新自由主義路線の負の遺産を解消することを目標に掲げた。社会包摂を実現するための諸政策の財源には，当時，国内総生産の15％にあたる税収を，任期終了時の2016年には18％にまで上げ，その増分を宛てるとした。

　以後，4年間にわたり，ウマラ政権は，ことあるごとに，社会包摂が政権の中心政策であることを強調してきたが，実際には，均衡財政を堅持する方針と外国資本による投資の促進により重点を置いた政策を展開してきた。経済財政大臣は，2014年9月に，カスティジャからアルフォンソ・セグラ（Alfonso Segura）に交代した。金融界出身のセグラは，新自由主義者であり，引き続き財政均衡を主軸とする経済運営を行った。

　また，ウマラ政権による社会包摂の具体的な政策として，乳児童に対する給食支援の拡充，高等教育に進む学生への奨学金や一律年金の創設などが実施され，政府としても大々的な宣伝をした。だが，ブラジルやチリなど他の国の中道左派政権に匹敵するような，中長期的な社会発展のために十分な効果が期待できるレベルで実施されなかった。また，単発の個別政策という性格のもので，何らかの全体像の中に位置づけたり，他の政策と連関させることもしなかった。そもそも，そうした全体計画は議論もされてきていない。そうしたウマラ政権による社会政策は，ガルシア前政権までの社会政策と比較すると特筆して異なった内容を持つものではなく，基本的な部分の継承とある程度の向上というレベルにとどまっていた。

　最低賃金も，政権発足後の2011年8月に，それまでの600ヌエボソル（217米ドル）から675ヌエボソ（250米ドル）に引き上げられ，翌2012年6月には750ヌエボソル（280米ドル）へと再度引き上げられた。だが，政権が2年目に入って以降は，労働側が再三再四にわたり引き上げを要求したにもかかわらず，さらなる改定は実施せず，政権末期の2016年5月になってようやく850ソル（265ドル，現行）に引き上げられた[1]。

　ウマラ政権の「右旋回」をもっとも印象づけているのは，今世紀初めの世界

1）　カッコ内のドル換算表示は，引き上げがあった月の平均為替率で計算している。

的なコモディティ輸出ブームによってペルーにおいても盛んとなった外資による資源開発計画をめぐり，地元住民が環境問題や開発に伴う社会支援政策の実施についての要求を突き付けて企業側と激しく対立する事件が発生した際の姿勢である。ウマラ政権は選挙運動時の開発反対の立場を一切忘却し，表向き中立的ながら実質的には企業寄りの姿勢をとり，住民側の動員を力で抑えようとしてきた。代表的な事件として，コンガ鉱山とティアマリア鉱山の紛争がある。

最初のコンガ鉱山は，ペルー北部のカハマルカ州にあり，金などが採掘される。ウマラ政権が発足して間もなくの 2011 年 11 月より，鉱山開発に伴う環境破壊を問題視した近隣住民が反対運動を活発化させた。ウマラ政権は，大統領就任時に任命した中道左派系の首相を 12 月に交代させた後，ウマラと同じ軍人出身でそれまで内務大臣を務めていたバルデスを首相とする中道右派系の内閣を発足させ，反対運動を抑圧する挙に出た。すると，鉱山開発反対運動は，カハマルカ州全体を巻き込んだ反中央政府，反ウマラ政権の運動へと拡大し，治安部隊と住民の対立が激化した。コンガ紛争は，2012 年 8 月に，政府が開発計画の凍結を宣言し，開発側が環境保護と社会開発に向けた方策を探ることとなり，激烈化の一途をたどっていた状況は沈静化した。しかし，8 月の決定の前の 7 月にウマラは，軍人出身の首相を中道系の弁護士出身の人物に再度，交代させる人事を行わざるを得なかった。

もう一つのティアマリア鉱山は，南部のアレキパ州にあり，銅を産出する。鉱山の周辺やその近くを通る川に沿って広がる農地への環境問題に対する懸念を発端として，2015 年 4 月より，地域住民による反対運動が活発化した。抗議活動を抑えようとする当局との間で対立が激化する中，翌 5 月には，紛争地域一帯に，政府は非常事態宣言を発令し，軍を投入し沈静化を図った。しかし，その後も紛争は治まらず，政府はプロジェクトの停止に追い込まれた。

III 「右旋回」の構造的背景

ペルーにおいて左派が新自由主義に「転向」する例は，ウマラ政権に限ったことではない。ウマラ政権の前のガルシア政権（2006〜2011 年）も，元来は社会民主主義を標榜する中道左派勢力であるにもかかわらず，そして，大統領に当選した 2006 年の選挙戦では「穏健左派」路線，つまり，マクロ経済面では

財政均衡を基盤とした新自由主義路線を堅持しつつ，格差や貧困など社会経済課題の克服に向けて社会政策を拡充する方向性を強調したにもかかわらず，政権に就くや，外国資本の導入と経済発展を最優先させる姿勢を明確にした。

　ペルーにおける「右旋回」の原因については，選挙過程や成立した政権が直面する状況，政治家の性格といった点が指摘されている[2]。本分析は，ウマラとガルシアの両政権に共通する原因として，また，選挙や政治の過程を規定するより根本的な要因として，構造的な特徴を重視する。1990年代以降，一貫して追求されてきた新自由主義路線が，経済の安定と成長を実現する一方，少数の「勝者」と多数の「敗者」を生み出す中で，歴史的な格差構造を温存する結果を招いたことである。新自由主義の受益者が同路線を変えさせない影響力を持ち，伝統的な小党分裂化の政治がそれを許容する，という構図となっている。そのため，選挙や政治の過程において，新自由主義派の受益勢力が，左派勢力に拒否権を発動できるのである。本節では，そうした構図について，より詳しく分析する。

1　所得再分配を伴わない経済成長とその帰結

　ペルーにおいて新自由主義経済路線を推進したのは，「国家中心モデル」の破綻への対処に失敗し，1980年代に経済と社会が大混乱に陥った状況の下で成立したアルベルト・フジモリ政権であった。同政権は超高率インフレを終息させ，市場経済原理を徹底し，社会を安定化させ，経済を回復基調に戻した［村上 2004］。

　フジモリ政権は，権威主義的な性格を強め，汚職によって崩壊する。フジモリ政権崩壊後も，後継のバレンティン・パニアグア（Valentín Paniagua）暫定政権（2000～2001年），アレハンドロ・トレド（Alejandro Toledo）政権（2001～2006年），ガルシア政権が，新自由主義路線を推進した。トレド政権下の2002年6月には，インフレターゲット制が採用され，今日まで続けられてきている。

　過去20年にわたり経済路線が政権交代後も一貫して維持されたのは，ペルーでは，1950年代以降において初めてである。対照的に，1980年代までは，政

---

2) López [2013] は，新自由主義路線が機能しているとするプラグマティックな思考，決選投票制という選挙制度の影響，経済界などの「実権力」（poderes fácticos）による汚職の3つを指摘する。

表 6-1 主要経済社会指標

	1999	2000	2001	2002	2003	2004	2005	2006	2007	2008	2009	2010	2011
実質国内総生産 (GDP) 成長率 (%)	0.9	3.0	0.2	5.0	4.0	5.0	6.8	7.7	8.9	9.8	0.9	8.8	6.9
インフレ率 (%)	3.7	3.7	-0.1	1.5	2.5	3.5	1.5	1.1	3.9	6.7	0.2	2.1	4.7
輸出													
総額 (百万ドル)	6087.5	6954.9	7025.7	7713.9	9090.7	12809.2	17367.7	23830.1	28093.8	31018.5	26961.7	35564.7	46268.5
前年比 (%)	5.7	14.2	1.0	9.8	17.8	40.9	35.6	37.2	17.9	10.4	-13.1	31.9	30.1
鉱産物 (百万ドル) [A]	3008.0	3220.1	3205.3	3809.0	4689.9	7123.8	9789.9	14734.5	17439.3	18101.0	16382.3	21722.8	27361.5
石油・関連産物 (百万ドル) [B]	250.8	380.7	391.3	451.1	621.0	646.0	1525.6	1817.7	2306.2	2681.5	1920.5	3088.0	4704.3
前年比 [A] + [B] (前年比, %)	8.6	9.5	-0.1	15.6	19.8	31.6	31.3	31.6	16.2	5.0	-13.5	26.2	14.8
総額に占める [A] + [B] (%)	53.5	51.8	51.2	55.2	58.4	60.7	65.2	69.5	70.3	67.0	67.9	69.8	69.3
中央政府													
財政収支 (プライマリー収支, 対 GDP%)	-1.0	-0.5	-0.3	-0.1	0.3	0.6	1.1	3.3	3.5	3.6	-0.5	1.1	2.0
財政収支 (総合, 対 GDP%)	-3.1	-2.7	-3.0	-2.1	-1.7	-1.3	-0.7	1.5	1.8	2.2	-1.7	0.0	0.9
税収 (対 GDP%)	12.7	12.3	12.3	12.1	12.9	13.1	13.6	15.2	15.6	15.7	13.7	14.8	15.5
歳出 (対 GDP%)	18.1	18.0	17.3	16.6	16.7	16.2	16.5	16.1	16.4	16.2	17.8	17.4	17.3
ジニ係数	0.545		0.525		0.530				0.500	0.476	0.469	0.458	
都市失業率 (%)	9.2	8.5	9.3	9.4	9.4	9.4	9.6	8.5	8.4	8.4	8.4	7.9	

出典：BCRP [2014], CEPAL [2010-2013] を基に筆者作成

権交代の度に，経済路線も振り子のように転換するのが常であった［Gonzáles y Samamé 1991］。1980年代の極度の不安定が，多くのペルー人にトラウマとなり，振り子の戻りを抑えたということができる。

今世紀のゼロ年代には，世界的な資本主義経済の拡大を受けて起きたコモディティブームにより，ペルーは，ラテンアメリカの中でも高い経済成長を記録した国の一つとなった。銅をはじめとする鉱産物の輸出が飛躍的に拡大したことがペルーの経済成長を牽引した（表6-1）。

他方，ミクロ経済面では成果が十分ではない。「マクロ経済でのブームとミクロ経済での悪状況」である［Schuldt 2004］。経済成長は，人々のミクロ経済面での向上に繋がらず，貧困，失業，低賃金，格差といった問題が未解決のままである。多くのペルー人は，マクロ経済の成果を日常生活の面で感じることができないでいるのである。

ミクロ経済面での乏しい成果は，幾つかの指標によって確認できる。例えば，失業とジニ係数である（表6-1）。都市失業率の水準は，ゼロ年代，同水準で推移し，大きな変化は見られなかった。ジニ係数は，一定の水準で進められた貧困対策のために減少傾向を示してはいるものの，その割合は軽微なレベルに留まっている。

著しい改善は，世帯所得による階層についても見られない。所得が高い世帯から低い世帯まで4つの範疇（低所得世帯にあたる全体の40％が範疇IV，高所得世帯の10％が範疇I，その間をさらに，より所得の低い世帯の30％の範疇IIIとより高い世帯の20％の範疇II）に分けて各々の範疇に所属する世帯の収入の合計が世帯収入全体に占める割合を示したのが図6-1である。最低のIVと続いて

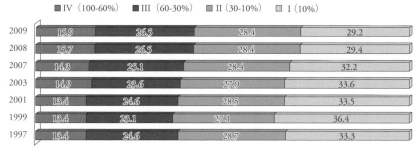

図6-1 世帯収入別階層
出典：CEPAL［2011: cuadro 12 del anexo］を基に筆者作成

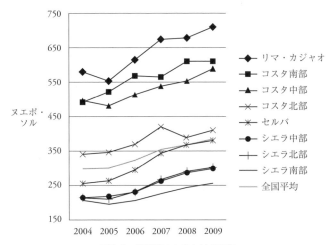

図6-2　地域別1人あたりの月収
出典：Webb y Fernández (eds.) [2011] を基に筆者作成

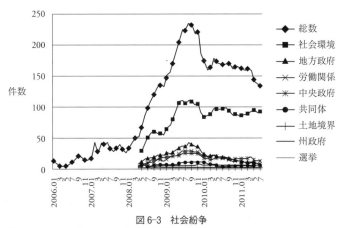

図6-3　社会紛争
出典：Defensoría [2006-2011] を基に筆者作成

低いIIIの占める割合が増加し，最高のIが減少している。しかし，その変化はわずかである。植民地時代から続いている経済社会的格差構造は，急速で目覚ましい経済成長に比し，改善の幅はわずかであり，克服されてきてはいないのである。

　格差は，地域間にも存在する。新自由主義の成果は，地域により違いが観察されるのである。2004年から2010年の一人当たりの月収を見るとその差が歴

然としている。コスタは北部，中部，南部のいずれも，全国平均を超えている。これ対し，シエラとセルバは全国平均を下回る水準で推移してきている（図6-2）[3]。

　ペルーの地域間格差は，その近代化の過程と密接に関わっている［村上 2004］。ペルーの近代化の過程は19世紀の終わりに始まり，工業化政策により1950年代から加速した。それは，コスタ，特にその北部と首都リマを含む中部を潤したが，シエラには効果が及ばなかった。機械や原材料などの資本財および技術は輸入に頼ったためである。加えて，ペルーの有権者の過半数以上を占め生活水準の向上を歴代政権に求めた都市住民の歓心を買うため，海外から安い食料品を輸入し安価で提供するというコスタ住民優遇政策をとったこともあった［Cotler 1978：286］。こうしたコスタにおける製造業の発展政策とコスタ住民に対する優遇政策は農業，特にシエラの農業を没落させた。

　20世紀後半，ペルーは，15年，20年といった，持続的な経済成長を経験したことがなく，地域間格差を克服する機会，条件に恵まれなかった［村上 2004］。そして，ゼロ年代に好景気を迎えた現在も，地域間格差を抜本的に改善する好機としていないのである。

　他方，「ミクロ経済面での悪状況」は，様々な社会紛争を引き起こす原因となった。2001年9月，就任して間もないトレドの人気が低下し始めると，街頭に出て政府や政策に抗議するデモや集会に参加する人々が増え始めた。この月の終わりから同年の終わりにかけて，毎週，ペルーのどこかで最低1回の抗議行動が観察された。2002年からは，1日平均で，20件前後の何らかの抗議行動が見られた。具体的には，ペルーの国家警察の統計によると，2001年に1,826件，2002年に6,240件，2003年に8,532件，2004年の1月から10月までに8,956件の抗議行動があった［*Caretas* No. 1848］。

　社会紛争に関する護民官（オンブズマン）局の報告も，社会紛争が時間の経過とともに増加したことを示している（図6-3）。2007年までは，護民官局が把握した社会紛争は50件以下であった。それが，翌2008年には50件を超え

3）　ペルーは，大きく，コスタ（costa──海岸地域），シエラ（sierra──アンデス高地），セルバ（selva──アマゾン地域）の三つの地域に分けられる。コスタは太平洋岸の高度800〜1000メートルまでの地域で，国土の11％を占める。シエラはコスタの東側，アンデス山脈の東斜面の標高1000メートルまでの地域に広がり，国土の32％に当たる。セルバはシエラの東側で，国土の58％の広さをもつ。

第6章　ポスト新自由主義期ラテンアメリカの「右旋回」

た後，増加傾向が続き，250件台に達した。2010年後半からは選挙の季節に入り（2010年10月に地方統一選挙，2011年4月に大統領・国会議員選挙），社会紛争の総数自体は多少減少したものの，毎月3桁の社会紛争が記録されてきた。こうした中には，激しい対立が起き死者が出る事例も存在する。

　護民官局が把握した社会紛争の中で，近年，発生件数が最も多いのは「社会環境」（socioambiental）に関する紛争，つまり，鉱山開発をめぐる社会紛争である。鉱産資源輸出ブームを反映し，外資などが入り盛んに開発されるようになった状況を反映している。

2　断片化と合意形成不能の政治

　格差や貧困，社会紛争などの諸課題を前に，どういう政治が展開してきたのか。簡潔に述べれば，制度化に乏しく，その結果，合意ないし了解を主要政治勢力間で形成できない，というペルー政治の伝統的特徴を色濃く反映した政治である。ここでの制度とは，ある社会の成員の間で，特定の目的や価値の実現のために，明示的ないし暗黙に，承認，共有あるいは黙認される行動定型，規範，ルール，合意，了解事項である。乏しい制度化は，カウディジョ（政治的有力者）によって支配され，ペルー社会に広く根を張ることのない政治勢力によって引き起こされている［村上 2004］。

　ペルー政治は，政党などの政治勢力が個別利益の拡大を目指し，相互に覇を競い合う権力闘争の場と化す傾向が強い。その政治勢力は，垂直的，権威主義的な形で形成されるパトロン・クライアント関係を基礎に，一人の有力者（カウディジョ）によって形成される［村上 2004］。

　ペルーでは，パトロン・クライアント関係に基づいて独自の政治勢力を形成し権力を競い合うという行動定型は共有されてきた。そうした低レベルの制度化は観察されてきた。しかし，それに留まり，主要な政治勢力の間で，政治的な意思決定過程あるいは中長期的に実施される具体的な政策に関する規範やルールの形成ないし行動定型，了解の共有といった，高度の制度化は観察されてこなかった。その中で国家は，パトロン・クライアント関係を維持し，拡大するための「戦利品」と考えられてきた。政治は，一方の側の利は他方の側の損失と捉えるゼロサムゲームとなり，参加者の利害を調整することができない。そして，政治が出口のない袋小路に陥り，軍が介入する事態が何度となく観察

されてきた［村上 2004］。権力が少数者の手にあった寡頭支配の最終段階の最中の1919年以降，立憲秩序であれ，軍の力に頼った実質的な支配であれ，12年以上続いたことがないのである［McClintock 1996 : 53］。

　また，政党は，地理的に限定された存在しか示してきていない。歴史的に，政党とその指導者は，有権者の過半数以上が常に存在するコスタの都市部に対する関心を優先させてきた。全国レベルに根を張り，ペルーの各地に組織的基盤を張り巡らし，中長期的に幅広い支持を維持できる政党は未だ現れたことがない。ペルーで最強の組織力を持ってきた政党であるアプラ党とて，コスタの中部から北部を支持基盤としている。コスタ南部や，シエラやセルバ地域では，持続的な支持基盤を有したことはない［村上 2004］。

　1980年の民政移管後の政治も，制度化の点では大きな進展は見られなかった。1980年代のペルーの主要政党勢力間では，立憲民主主義体制の枠組みを尊重する了解が存在したものの，具体的な政策に関しては，「会合，対話，そして現実には履行されなかった合意のレトリックがあった」に過ぎなかった［Tanaka 1998 : 68, 84］。同時に，主要各党は全国レベルで幅広い支持基盤を社会に張り巡らすことはなく，その存在はペルーの一定の地域に限定されていた。さらには，経済危機とテロリズムの拡大が交錯し経済社会問題が複合的に深刻化する中，そうした問題を克服あるいは緩和するに十分な政策をとることにも失敗し，国民の支持と信頼を失っていった。

　他方，ペルー社会では，経済のインフォーマル化の進行とともに労働組合など歴史的に社会の利益を表出してきた団体の重要性が低下し，特定あるいは個別の利益を表出することに関心を集中させる圧力団体的な社会運動が拡大する「社会の原子化」が観察された。政党の脆弱化は，1980年代に進んだ「社会の原子化」過程と共鳴しつつ発生した。「社会の原子化」過程では，一定の地域や分野に限定された社会運動が増殖するものの，相互に有機的な関係を形成，拡大する傾向は弱まる。水平的な繋がりが薄まる一方，政治的な力を発揮することが難しくなり，社会からの要求が政治の場に反映しなくなる。ペルーの政党は，すでに指摘した最高指導者中心の構造的な問題を抱えていて，もともと社会との繋がりが強くなかった。「社会の原子化」は，政党の弱かった社会との繋がりを一層細くした［村上 2004］。

　政党勢力が人々の信頼を失う危機的な状況の下，1990年に大統領に選出されたフジモリも，制度化しない政治を変えることはなかった。大統領就任後，

フジモリは，権威主義的に経済改革とテロ対策を実施し，幸運にも助けられ，ペルー社会を安定化させる。そして，貧困層の社会経済状況を向上させる政策を熱心に進めた。その成果を高く評価した多くのペルー人は，1995年のフジモリ再選を支持した。だがその後，フジモリはその主要な関心を，発展の課題から，憲法の精神に反した大統領の連続三選の追求へ移し，政権の権威主義的性格を強めた。国民は，経済社会問題の点で具体的な成果に乏しかったフジモリへの支持を徐々に低下させた。フジモリはその逆風をついて立候補し，連続三選を果たすものの，国際的には，その選挙過程が公正とは認知されなかった。三期目が始まって間もなく，最も近かった大統領顧問の汚職事件が発覚し，日本訪問中に，大統領職を解任された。フジモリは，政党が脆弱化する制度融解過程で政権に就いた。制度融解を前提に政治を行い，これを増幅させた。これと並行し，ペルー社会の「原子化」も進んだ［村上 2004］。

　フジモリ政権崩壊後も，ペルー政治は制度化の点では大きな進展が観察されていない。「経済の振り子」は止められ，既に指摘したようにマクロ経済政策の一貫性，継続性は維持されてきたことは事実である。しかし，主要政治勢力の間で，格差や貧困の是正，ペルー社会の発展のための積極的な政策といった，将来に向けた重要な政策課題に関しては，合意どころか了解すらも形成されていない［村上 2004；2015］。

　同時に，ゼロ年代において，ペルー政治は断片化の傾向を強めた。地方選挙の結果がその傾向を示している（表6-2）。地方選挙における「勝者」は，「その他」，つまり地方運動や無所属系の勢力であるが，その間には，有機的な繋がりが存在するわけではない。州，郡，区の3つのレベル，いずれにおいても勝利する，あるいは一定の得票力を持つ政治勢力が存在しないのである。

　ペルーの主要政治勢力は，意思決定過程の定式化や合意・了解形成の点で制度化に失敗してきた。社会の目標とその具体的過程に関し合意ないし了解することについて，進展が見られず，「決められない政治」が続いてきた。1990年代からマクロ経済面については基本的な了解が存在してきたものの，それを基盤にどう社会を発展させるかの具体的な道筋や国家の役割についての議論が進み，社会に一定の了解が存在するに至ることはなかった。新自由主義路線を批判する勢力は存在してきたが，それらも多数派を形成する力を持つことのない少数派であり，その主張や提案に対する支持を広げることができなかった。そうした中，財界やテクノクラートなど，新自由主義推進派が存在感と影響力を

表6-2 地方選挙結果

		PAP	PP	UN	SP	AP	UPP	MNI	VV/AF/SC	PNP	その他	有効票
州	2002	1,800,715 24.1%	1,007,784 13.5%	644,024 8.6%	466,148 6.2%	441,536 5.9%	418,046 5.6%	215,247 2.9%	—	—	2,476,407 33.2%	7,469,907 100%
	2006	1,586,429 18.5%	130,723 1.5%	250,567 2.9%	43,069 0.5%	172,099 2.0%	474,004 5.5%	117,001 1.4%	—	—	4,898,627 57.0%	8,589,547 100%
	2010	906,349 10.5%	148,485 1.7%	57,613 0.7%	160,091 1.9%	237,334 2.7%	80,821 0.9%	22,461 0.3%	195,040 2.3%	721,988 8.4%	6,692,707 77.4%	8,645,857 100%
郡	2002	1,302,440 12.1%	834,931 7.8%	1,901,225 17.7%	1,575,603 14.7%	513,382 4.8%	245,744 2.3%	217,509 2.0%	336,688 3.9%	3,308 0.0%	4,093,420 38.1%	10,754,907 100%
	2006	1,716,319 14.8%	38,561 0.3%	2,159,590 18.6%	620,729 5.3%	443,254 3.8%	660,832 5.7%	37,998 0.3%	70,653 0.7%	—	4,889,632 42.0%	11,628,234 100%
	2010	783,581 5.8%	205,427 1.5%	1,812,099 13.3%	417,568 3.1%	422,973 3.1%	90,507 0.7%	33,804 0.2%	316,787 2.7%	744,532 6.4%	9,489,762 69.7%	13,616,372 100%
区	2002	968,006 13.1%	532,473 7.2%	1,104,425 15.0%	1,114,153 15.1%	338,677 4.6%	174,420 2.4%	130,124 1.8%	338,567 2.5%	22,084 0.2%	2,960,405 40.1%	7,376,913 100%
	2006	1,190,990 15.1%	69,554 0.9%	1,205,451 15.3%	746,357 9.5%	267,372 3.4%	430,424 5.5%	43,183 0.5%	54,230 0.7%	—	3,168,282 40.2%	7,879,682 100%
	2010	669,973 6.9%	422,221 4.3%	1,032,078 10.6%	616,179 6.3%	267,193 2.7%	122,133 1.3%	18,543 0.2%	308,446 3.9%	449,623 5.7%	6381138 65.5%	9735884 100%
									188,947 1.9%	17,479 0.2%		

出典：全国選挙過程事務所（ONPE）の公式結果を基に筆者作成

注：四捨五入のため、各欄の合計が100％にならない場合がある。略語は次のとおり。PAP＝アプラ党。PP＝「可能なペルー」党。UN＝国民連帯連合。SP＝「我々はペルーである」運動。AP＝人民行動党。UPP＝ペルー統一運動。MNI＝新左翼運動。VV/AF/SC＝「隣人よ、前進しよう」運動／未来連合／「我々は実行する」運動（フジモリ派）。PNP＝ペルー民族主義党。ハイフン（―）は候補者を立てていなかったか、設立されていなかったことを示す。

有してきた［村上 2003；2015］。

Ⅳ　ホンジュラスの事例

1　ホンジュラスの強制的な「右旋回」

　中米に位置するホンジュラスでは，政党政治の軸が定まらないペルーとは異なり，中道の自由党と中道右派の国民党という 2 つの政党が政治を担う歴史を有する。ラテンアメリカの多くの国の例に漏れず，繰り返し現れる軍政とも無縁ではなかったものの，政治が軍人の手から離れる際には，前述の二大政党が，パトロン・クライアント関係に基づく利権政治を仕切ってきた[4]。

　中米地域は，1970 年代後半から 1980 年代まで，中米紛争と呼ばれる，アメリカ合衆国と旧ソ連との間の代理戦争に悩まされる。ニカラグアとエルサルバドルを「主戦場」とする中米紛争の影響をホンジュラスも受けたが，アメリカ合衆国の庇護の下，内戦が発生することはなかった。中米紛争の最中の 1982 年にホンジュラスは民政移管し，伝統的な二大政党制が復活する。

　ホンジュラスの「右旋回」は，そうした二大政党制のダイナミズムの下で発生した。発端は，2005 年に自由党のセラヤが大統領に就任したことである。大農園主出身で企業家でもあるセラヤは，経済団体会長の経験もある自由党の政治家であり，大統領就任当時は，従前どおりに新自由主義的な経済路線を変えることはないと考えられていた。事実，政権の初期は，アメリカ合衆国との関係を重視する点を含め，それまでの政権の政策を踏襲する姿勢だった。

　風向きが変わり始めるのは，輸入に頼っている原油価格の高騰への対応が首尾よくいかず，その影響が深刻し始めた 2007 年に入ってからである。原意価格問題の克服のため，セラヤ政権が，ラテンアメリカにおける急進左派の「盟主」であるチャベス率いる産油国のベネズエラに接近した。すでにこの頃，同様の問題を抱えていた他の中米諸国が，安価な原油を提供するベネズエラに頼る姿勢を明らかにしていた。急進左派のニカラグア（サンディニスタ民族解放戦線のダニエル・オルテガ［Daniel Ortega］政権）のみならず，新自由主義路線を歩んでいたグアテマラ（国民大連合のオスカル・ベルシュ［Oscar Berger］政権）

　4）　本項での記述は，林［2009；2010］に依拠している。

やエルサルバドル（民族主義共和同盟のアントニオ・サカ［Antonio Socca］政権）もである。ホンジュラスも，そうした隣国に倣う形で，ベネズエラに支援を求めた。ホンジュラスは，2008年1月にベネズエラとの間で，原油供与を受けるためのペトロカリブ協定を締結した他，同年8月には，アメリカ合衆国の覇権に対抗しチャベスが創設，推進していた米州ボリバル同盟[5]にも加盟する。

そうした外交面での動きの一方，2008年の後半には，内政面でもセラヤ政権は「左傾化」を加速させる。米州ボリバル同盟に加盟後，セラヤは国内の経済グループに対する批判を強め，労働者や貧困層などの新自由主義路線の「敗者」に対する施策の重要性を強調するようになる。そして，2008年12月には，財界の反対を押し切って，最低賃金を大幅に引き上げるに至る。「左傾化」が進む中で，セラヤは，翌年の11月に予定されていていた次の大統領選挙をにらみ，大統領の連続再選禁止の憲法規定を改正し，自らの再選を目指そうとしたことから，野党の国民党のみならず，出身政党の自由党の多数派との対立が決定的となった。こうした憲法規定の「改正」は，ベネズエラのチャベスに始まり，エクアドルのラファエル・コレア（Rafael Corea）やボリビアのエボ・モラレス（Evo Morales）が先例となっているもので，急進左派勢力が，国内の覇権確立に向けて採用する「常套手段」であった。

2008年終盤から，ホンジュラスの政局は，憲法改正の是非をめぐる国民投票の実施をめぐり，セラヤ派と反セラヤ派の対立が激化し，混乱の度を高めていった。憲法改正のための制憲議会の招集がセラヤ側より提起され，2009年に入ると，政治の争点は，制憲議会選挙の実施の可否をめぐる国民投票の実施をめぐるものとなった。そうした中，セラヤ政権は，その国民投票の是非について世論調査を6月29日に実施することにした。その前日の28日，軍がセラヤを隣国コスタリカに国外追放し，クーデタを敢行した。暫定大統領には，国会が指名した国会議長が就いた。

ホンジュラスでのクーデタは，1980年前後から押し寄せた「民主化の第三の波」以降，クーデタは珍しくなったラテンアメリカにおいて，2002年のベネズエラでのクーデタ未遂事件以来のクーデタであった。国連をはじめアメリ

---

[5] 2004年にベネズエラとキューバが主導して設立し，当初は「米州ボリバル代替イニシアティブ」（Alternativa Bolivariana para los Pueblos de Nuestra América）と呼んでいた。2009年に米州ボリバル同盟（Alianza Bolivariana para los Pueblos de Nuestra América）に改名した。ここでは，後者を使用している。

カ合衆国，EU，そして，アメリカ大陸の国々で構成する米州機構も，クーデタによって成立した暫定政権を承認しなかった。ただ，その一方で，非難の度合いには，程度の違いがあった。ベネズエラなどの急進左派は強いトーンであったのに対し，アメリカ合衆国は「外国からの干渉を受けずに，対立する勢力の間で解決に向けた合意が形成される」ことの重要性を強調した。最初にコスタリカ，続いて米州機構とアメリカ合衆国が対立する勢力の間を仲介し，事態の打開に向けた模索が続けられた。2009年10月30日に，セラヤ側と暫定政権との間で一定の合意が成立した。ただ，セラヤの政権復帰や新たな暫定政権を招集する主体については合意がなかった。そうした中，事態はクーデタ後に成立した暫定政権の主導で進み，アメリカ合衆国はそれを容認した。その帰結として，11月29日には予定どおり大統領選挙が実施された。同選挙は，その公正さと透明性について，特に強い疑義が提起されることはなく，セラヤをめぐり分裂し力を落とした自由党に代わり，国民党の候補ボルフィリオ・ロボ（Porfirio Lobo）が大統領に当選した。

　セラヤの任期終了後に大統領に就いたロボ政権下で，セラヤに対する恩赦が認められ，2011年にセラヤが帰国したことを受け，米州機構の制裁が解かれるなど国際社会との関係が改善した。また，ロボ政権において，経済路線は新自由主義に戻った。

2　新自由主義改革とその帰結

　前述のように，中米紛争とアメリカ合衆国の圧倒的な影響の下という国際環境の中で，1982年に民政移管したホンジュラスでは，伝統的な二大政党制の下での政治が展開する。経済面では，ホンジュラスは，元来，バナナやコーヒーを代表とする第一次産品輸出により，アメリカ合衆国をはじめとする外国との経済関係が重要で，ラテンアメリカの中でもコロンビアと並んで，市場の自由化度の点では，高い方の部類に入っていた。中米紛争の影響を受けつつも内戦は抱えなかったホンジュラスでは，1980年代の後半には，主にアメリカ合衆国向けの輸出産業が発展し始め，1990年代に入り推進された新自由主義改革路線によって，大きく伸長した[6]。

---

6) 本項の記述は，Booth［2010］，Lehoucq［2012］，Robinson［2003］に依拠している。

二大政党間で権力が争われる一方，ホンジュラスも「国家中心モデル」の破綻を逃れることはできず，1980年代末から新自由主義改革路線を歩み始めた。当時政権にあった国民党が始めた新自由主義改革は，その後を継いだ自由党政権でも引き継がれていった。

　注目すべきは，1990年代以降の新自由主義路線による経済発展は，首都テグシガルパのあるホンジュラスの南部と，最大の輸出港を抱えるサンペドロスラ（San Pedro Sula）という港町を中心とする北部を経済的に潤してきたことである。東部と西部は，新自由主義改革路線によって生み出された富の分け前に，十分には与かっていない。新自由主義改革路線により勃興した新興企業家勢力は，伝統的な二大政党に対する影響力を強め，積極的に党運営に関わる者もいた。クーデタの原因を作った「左旋回」を演じたセラヤは，新自由主義改革路線の発展による利益をあまり受けなかった東部の出身である。つまり，セラヤによる「左傾化」を阻止し，「右旋回」を強制したのは，新自由主義改革路線によって「勝者」となった地域を代表する政治勢力であった。

　セラヤが「左旋回」した原因としては，新自由主義路線の利益をあまり受けなかった地域の出身ということよりは，次期大統領選挙への出馬と連続再選の実現という政治的な野望の方が強かった。ただセラヤの「左旋回」は，新自由主義路線による裨益が少なかった地域の出身であったことも背景にあったことは記憶されておいてよい。

　ただしホンジュラスの「右旋回」は，同国の政党政治が流動化する情勢の中での出来事であった可能性が高いことも指摘しておく必要がある。ロボ政権の任期満了に伴って実施された2013年の大統領選挙では，国民党の候補が当選し，政権を維持したものの，得票率は37％と，前回の57％という過半数を超える水準からは大きく後退した。また，国民党と伝統的に票を分け合ってきた自由党は20％と第三位に後退し，代わって29％の得票率で二位につけたのが，セラヤが創設した新党であった。同党は，セラヤが主張した左派路線を標榜し，新自由主義路線を強く批判した。その支持が拡大したことは，二大政党によって推進されてきた新自由主義路線に対する批判がホンジュラスにおいても本格的に現われていることを意味している。それが，「左旋回」した多くの国のように，さらに支持を拡大し，左派路線の政策を実行できるだけの十分な支持基盤を構築することができるのか，あるいは，ペルーのように，政権には就けるものの，新自由主義派の圧力に抗することができずに，結局は，新自

主義路線になびいてしまうことになるのかは,今後の動向を見守る必要がある。

V　ポスト新自由主義期の「右旋回」の構造的な背景

　本分析は,ポスト新自由主義段階に入ったと捉えることができる今世紀のラテンアメリカにおいて,「右旋回」が起きたペルーの事例を中心に,そしてホンジュラスの事例を補強材料としつつ,「右旋回」の構造的な背景について考察してきた。

　ペルーの事例から指摘できる点は,新自由主義改革による経済発展が格差構造を再生産する過程で,その「勝者」が新自由主義路線の支持勢力として存在し,一定の影響力を有していることである。フジモリ政権下の1990年代以降に推進されてきた新自由主義改革路線は,「勝者」と「敗者」を生み出し,歴史的に存在してきたペルー社会の格差構造を強化した。「敗者」に分類される人々は,人口の過半数以上を占める貧困層であり,新自由主義改革路線が惹起した格差や貧困などの課題の是正を求めるが,新自由主義路線支持勢力(経済界,経済テクノクラート,新自由主義で発展した地域など)を十分に抑えることができない。ペルーで展開している政治は,有力者を中心とする個人主義的な政党による小党分裂化する政治であり,右派であれ,左派であれ,過半数あるいはそれに近い多数派を形成し中長期にわたり維持できる政治勢力が現れることはない。そうした政治が展開する中,新自由主義路線支持派は,最低限でも,経済政策の方向性を変えようとする左派に対する拒否権勢力として存在している。

　ホンジュラスの事例も,新自由主義改革路線による経済発展が生んだ「勝者」と「敗者」の構図が,政党政治が流動化する可能性のある過程にあることを背景に,「左傾化」を強制的に阻止したことを示している。ホンジュラスでは,新自由主義改革目線を推進した二大政党が,ポスト新自由主義期に入り,格差や貧困などの経済社会問題をめぐる批判を受け,その勢力を低下させているところにある。そうした文脈はペルーのケースとは異なっているが,ペルーと似ているのは,二大政党制が支配的だったときのような,過半数近い支持を得ることができる勢力が存在していない状況である。新自由主義改革路線に不満を持つ勢力が拡大を始めたところであり,どれくらいの規模になるかは,今後の動向を見て判断しなければならない。ただ,2008年から09年にかけてのセラ

ヤ政権の「左傾化」の過程は，ホンジュラスの南部と北部を中心に存在する，新自由主義改革の「勝者」である同改革推進派の反対で頓挫したことは間違いない。

　本分析は，ポスト新自由主義期のラテンアメリカにおける「右旋回」を分析するに当たっては，地理的な分布を含め，新自由主義改革路線による経済発展が生んだ不平等な結果を，重要な視点の一要素とする必要があることを示している。特に，経済成長が再分配を伴わず格差是正が進まない構図の下で，それまでの新自由主義的な政策の恩恵を受ける一定の層やグループ，地域が，新自由主義路線の変更に対する拒否権勢力となっていることである。そして，新自由主義改革路線に反対する，あるいは同路線とは一線を画する諸勢力の間での分裂が，そうした拒否権の作用を可能にしていることも見逃してはならない点である。

　本分析と関連して考慮すべき点として，左派的な政策を推進するための資金的制約についての「現実主義的な」認識がある。左派とされる政権が，実際には，主張するほど左派的な政策をとっていないことは指摘されてきた［Flores 2012］。特に，急進左派政権については，ボリビアとエクアドルが，石油，天然ガスという自然資源をそれぞれが有しつつも，それからの収入がベネズエラほどには潤沢ではないことから，社会政策などの施策を実施するための財源として税収を増加させるために，外国投資を促進して経済発展を図る必要がある，という現実主義的な認識に基づいて，「右傾化」していることがある［Murakami 2014］。本分析で出てきたペルーのウマラも，社会政策の充実のために税収を増加させる必要性を就任演説で訴えていた。そうした現実主義的な認識が新自由主義改革路線を存続させている可能性を含めて，より総合的に分析することが必要である。今後の課題としたい。

参考文献

BCRP（Banco Central de Reserva del Perú）［2014］"Cuadros anuales históricos". Disponible en : http://www.bcrp.gob.pe/estadisticas/cuadros-anuales-historicos.html（última consulta : 3 de febrero 2014）.
Booth, John A., Christine J. Wade and Thomas W. Wakler［2010］*Understanding Central America : Global Forces, Rebellion and Change*. 5th. edicion, Boulder, Colorado : Westview Press.
CEPAL（Comisión Económica para América Latina y el Caribe）［2010-2013］*Panorama social de América Latina 2010-2013*. Santiago : CEPAL（publicación anual）.

Cotler, Julio [1978] *Clases, Estado y nación en el Perú*. Lima : Instituto de Estudios Peruanos (IEP).

Defensoría (Defensoría del Pueblo) [2006-2011] *Reporte* (*Reporte de conflictos sociales*). Lima : Defensoría del Pueblo, 23-89 (publicación mensual).

Flores-García, Gustavo [2012] *After Neoliberalism? : The Left and Economic Reforms in Latin America*. New York : Oxford University Press.

González de Olarte, Efraín y Lilian Samamé [1991] *El péndulo peruano : políticas económicas, gobernabilidad y subdesarrollo, 1963 - 1990*. Lima : IEP y Consorcio de Investigación Económica.

Lehoucq, Fabrice [2012] *The Politics of Modern Central America : Civil War, Democratization and Underdevelopment*. New York : Cambridge University Press.

López, Sineio [2013] *Alan García : los años del perro del hortelano(2006-2011)*. Lima : Lapix editores.

McClintock, Cynthia [1996] "La voluntad política presidencial y la ruptura constitucional de 1992 en el Perú". En Tuesta Soldevilla, Fernando, ed., *Los enigmas del poder : Fujimori 1990-1996*. Lima : Fundación Friedrich Ebert.

Murakami, Yusuke (ed.) [2014] *La actualidad política de los países andinos centrales en el gobierno de izquierda*. Lima : IEP.

ONPE (Oficina Nacional de Procesos Electorales) [2003] *Elecciones regionales y municipales 2002 y municipales complementarias 2003 : informe de resultados*. Lima : ONPE.

ONPE (Oficina Nacional de Procesos Electorales) [2007] *Elecciones regionales y municipales 2006 : informe de resultados*. Lima : ONPE.

ONPE (Oficina Nacional de Procesos Electorales) [2012] *Perú : elecciones regionales y municipales y referéndum nacional 2010*. 2 tomos, Lima : ONPE.

Robinson, William I. [2003] *Transnational Conflicts : Central America, Social Change and Globalization*. London : Verso.

Schuldt, Jürgen [2004] *Bonanza macroeconómica y malestar microeconómica : apuntes*. Lima : Centro de Investigación de la Universidad del Pacífico.

Tanaka, Martín [1998] *Los espejismos de la democracia : el colapso del sistema de partidos en el Perú, 1980-1995, en perspectiva comparada*. Lima : IEP.

Webb, Richard y Graciela Fernández Baca (eds.) [2011] *Perú en números 2011*. Lima : Instituto Cuánto.

上谷直克［2013］「新自由主義の功罪と『左傾化』——背景と実際」村上勇介・仙石学編『ネオリベラリズムの実践現場——中東欧・ロシアとラテンアメリカ』京都大学学術出版会，233-271頁.

遅野井茂雄・宇佐見耕一編［2008］『21世紀ラテンアメリカの左派政権——虚像と実像』日本貿易振興機構アジア経済研究所.

林和宏［2009］「ホンジュラス・『クーデター』——その背景と事態推移に関する一考察」『ラテンアメリカ・レポート』26（2）：33-38頁.

林和宏［2010］「ホンジュラス2009年総選挙——暫定政権下での実施とその後の動向」『ラテンアメリカ・レポート』27（1）：36-45頁.

村上勇介［2004］『フジモリ時代のペルー——救世主を求める人々，制度化しない政治』平

凡社.

村上勇介［2013］「ネオリベラリズムと政党 —— ラテンアメリカの政治変動」村上勇介・仙石学編『ネオリベラリズムの実践現場 —— 中東欧・ロシアとラテンアメリカ』京都大学学術出版会, 199-231頁.

村上勇介編［2015］『21世紀ラテンアメリカの挑戦 —— ネオリベラリズムによる亀裂を超えて』京都大学学術出版会.

索引

15-M（「怒れる者たち」；スペインの大衆運動）　120
ANO 2011（チェコの政党）　78, 82-83, 85-87
EU　46, 72, 74
OECD　73, 76, 81
TOP 09（チェコの政党）　78, 80, 82-87

アウトサイダー　129, 133, 135, 163
安定・成長プログラム（PEC；ポルトガル）　114
育児休暇　76
移行コスト　15-16, 22-23, 29-30
ウマラ，オジャンタ　173
失われた10年（ポルトガル）　109
裏返しの社会民主主義　105
欧州危機　97
穏健左派　129, 132, 135, 161, 176→左派

カーネーション革命（ポルトガル）　100
改革党（エストニアの政党）　45-51, 53-56, 58, 60-62
カウディジョ（政治的有力者；ペルー）　182
家族政策　68
カハ（貯蓄金融機関；スペイン）　117
基金型年金　15-17, 21, 23-27, 29, 31-34, 36-39
急進左派　132, 135, 173→左派
教育政策　70, 77
教育制度改革　80
キリスト教民主連合―人民党（チェコの政党）　84
緊縮財政　52, 113
経済投票
　　現職着目経済投票　130-132, 134, 141, 149, 156
　　政策着目経済投票　131-132, 134, 144, 149, 153, 156, 159
　　ポジション経済投票　130, 132, 155-156, 161
　　現職着目経済投票　130-132, 134, 141, 149, 156→経済投票
建設的不信任制度　100
国民党（ホンジュラスの政党）　186
コスタ（海岸地域，ペルー）　181
国家中心モデル　171
コンガ鉱山（ペルー）　176
再家族化　121
財政赤字キャップ　119
再調整　111
サイバー攻撃　51
左派　171
　　穏健左派　129, 132, 135, 161, 176→左派
　　急進左派　132, 135, 173→左派
シエラ（sierra アンデス高地；ペルー）　181
児童手当　70
市民プラットフォーム（ポーランドの政党）　17, 27, 31-32, 34-35, 38
市民民主党（チェコの政党）　28, 31, 35, 78, 80, 82-85, 87
社会アジェンダ（EU）　72
社会政策　72
社会的格差　45, 59
社会的協調　106
社会的協調常設委員会（ポルトガル）　102
社会的統合　72, 75
社会的投資戦略　67
社会の原子化　183

195

社会紛争　181
社会包摂政策（ペルー）　175
社会民主党（チェコの政党）　30-31, 78, 82-84, 87
自由党（ホンジェラスの政党）　186
授業料負担（公立学校の；チェコ）　81, 85
勝者なき選挙（ポルトガル）　115
職業教育　77
ショック療法　108
スタンドバイ・クレジット　100
政策着目経済投票　131-132, 134, 144, 149, 153, 156, 159→経済投票
制度／制度化　182
制度的拒否権プレイヤー　122
世界銀行　6, 15-16
世界金融危機　45-46
積極的労働市場政策　76, 103
セラヤ、マヌエル　173, 186
セルバ（アマゾン地域；ペルー）　181
選挙変易性　47, 57
早期トラック分岐の教育制度（チェコ）　70-71, 80

「第3の道」（ポルトガル社会党の政策）　106
多柱型年金制度　15, 23, 28
チャベス、ウゴ　130, 152, 161, 173, 186
中央党（エストニアの政党）　47, 49-52, 54-56, 58, 61-62
中米紛争　186
トゥスク、ドナルド　33-34
トロイカ　98
ドロール・パッケージ　101
ネチャス、ペトル　28, 30

農民党（ポーランドの政党）　27, 31-32

ハード・アクティヴェーション　110
バスケス、タバレ　136, 139, 145, 150, 160
パトロン・クライアント関係　182, 186
バブル　110
半大統領制（ポルトガル）　99
フィデス（ハンガリーの政党）　17, 27-28
フジモリ、アルベルト　177
プランE（スペイン）　117
米州機構　188
米州ボリバル同盟　187
ベズディエク委員会（チェコ）　28-29
ペトロカリブ協定（ホンジェラス－ベネズエラ）　187
ペルー民族主義者党（ペルーの政党）　173
法と正義（ポーランドの政党）　18, 31-32, 34, 38
ポジション経済投票　130, 132, 155-156, 161→経済投票

マーストリヒト収斂基準　106
ムヒカ、ホセ　137, 145, 156
ユーロ加盟　52
ユーログループ　97
ヨーロッパ発展のためのブルガリア市民（ブルガリアの政党）　17, 36-37

リーマン・ショック　97
リスボン戦略　72, 108
両親休暇　79, 83
両親手当　76, 79, 83
ルラ、ルイス・イナシオ　174
労働市場の二重化　104
労働者憲章法（スペイン）　104
ロシア語系住民（エストニア）　51-52, 56, 61

［著者紹介］

【編者】

仙石　学（せんごく　まなぶ）　序章および第 1 章担当
1964 年生　北海道大学スラブ・ユーラシア研究センター教授
比較政治学，中東欧比較政治経済専攻
最近の業績は「動揺するヨーロッパ―中東欧諸国はどこに活路を求めるのか？」村上勇介・帯谷知可編『融解と再創造の世界秩序』（青弓社，2016 年），『ネオリベラリズムの実践現場―中東欧・ロシアとラテンアメリカ』（村上勇介と共編）（京都大学学術出版会，2013 年）他。

【執筆者】

小森宏美（こもり　ひろみ）　第 2 章担当
1969 年生　早稲田大学教育・総合科学学術院教授
ロシア・東欧現代史専攻
最近の業績は，『パスポート学』（陳天璽他と共編著）（北海道大学出版会，2016 年），『変動期ヨーロッパの社会科教育―多様性と統合』（編著）（学文社，2016 年）他。

中田瑞穂（なかだ　みずほ）　第 3 章担当
1968 年生　明治学院大学国際学部教授
東中欧比較政治・比較政治史専攻
最近の業績は「チェコにおけるポスト社会主義のハイブリッド福祉レジーム」新川敏光編『福祉レジーム』（ミネルヴァ書房，2015 年），『『農民と労働者の民主主義』―戦間期チェコスロヴァキア政治史』（名古屋大学出版会，2012 年）他。

横田正顕（よこた　まさあき）　第 4 章担当
1964 年生　東北大学大学院法学研究科教授
比較政治，欧州政治史専攻
最近の業績は「南欧政治における代表と統合の背理―欧州債務危機とデモクラシーの縮減」日本政治学会編『代表と統合の政治変容』（木鐸社，2015 年），「危機の中のスペイン自治州国家―再集権化とカタルーニャ独立問題」『法学（東北大学）』第 80 巻第 1 号（2016）他。

出岡直也（いづおか　なおや）　第 5 章担当
1959 年生　慶應義塾大学法学部教授
ラテンアメリカ地域研究，政治学専攻
最近の業績は「参加型予算（ブラジル，ポルト・アレグレ市）」篠原一編『討議デモクラシーの挑戦―ミニ・パブリックスが拓く新しい政治』（岩波書店，2012 年），「協同セルフヘルプ型（「クラブ財型」）集合行為におけるコミットメントと忠誠 ── ラテンアメリカの事例から」日本政治学会編『政治における忠誠と倫理の理念化』（木鐸社，2011 年）他。

村上勇介（むらかみ　ゆうすけ）　第 6 章担当
1964 年生　京都大学東南アジア地域研究センター准教授
ラテンアメリカ地域研究，政治学専攻
最近の業績は『融解と再創造の世界秩序』（帯谷知可との共編）（青弓社，2016 年），『21 世紀ラテンアメリカの挑戦―ネオリベラリズムによる亀裂を超えて』（編著）（京都大学学術出版会，2015 年），他。

脱新自由主義の時代？──新しい政治経済秩序の模索
〈地域研究のフロンティア 6〉　　　　　　　Ⓒ Manabu SENGOKU 2017

2017年3月31日　初版第一刷発行

編者	仙石	学
発行人	末原	達郎

発行所　　京都大学学術出版会
　　　　　京都市左京区吉田近衛町69番地
　　　　　京都大学吉田南構内（〒606-8315）
　　　　　電　話　(075) 761-6182
　　　　　FAX　(075) 761-6190
　　　　　URL http://www.kyoto-up.or.jp
　　　　　振　替　01000-8-64677

ISBN978-4-8140-0103-3　　　印刷・製本　亜細亜印刷株式会社
Printed in Japan　　　　　　　装　幀　　鷺草デザイン事務所
　　　　　　　　　　　　　　定価はカバーに表示してあります

本書のコピー，スキャン，デジタル化等の無断複製は著作権法上での例外を除き禁じられています。本書を代行業者等の第三者に依頼してスキャンやデジタル化することは，たとえ個人や家庭内での利用でも著作権法違反です。